北京邮电大学 2022 年学生工作论文案例集

主编 吴建伟

北京邮电大学出版社
www.buptpress.com

图书在版编目（CIP）数据

北京邮电大学 2022 年学生工作论文案例集 / 吴建伟主编 . -- 北京：北京邮电大学出版社，2022.12
ISBN 978-7-5635-6857-4

Ⅰ．①北… Ⅱ．①吴… Ⅲ．①北京邮电大学—学生工作—文集—2022 Ⅳ．①G645.5-53

中国版本图书馆 CIP 数据核字(2022)第 253722 号

策划编辑：马晓仟　　责任编辑：孙宏颖　陶　恒　　责任校对：张会良　　封面设计：七星博纳

出版发行：北京邮电大学出版社
社　　址：北京市海淀区西土城路 10 号
邮政编码：100876
发 行 部：电话 010-62282185　传真：010-62283578
E-mail：publish@bupt.edu.cn
经　　销：各地新华书店
印　　刷：唐山玺诚印务有限公司
开　　本：787 mm×1 092 mm　1/16
印　　张：18
字　　数：468 千字
版　　次：2022 年 12 月第 1 版
印　　次：2022 年 12 月第 1 次印刷

ISBN 978-7-5635-6857-4　　　　　　　　　　　　　　　　　　　定价：68.00 元

· 如有印装质量问题，请与北京邮电大学出版社发行部联系 ·

编审委员会

主　编　吴建伟

副主编　赵纪宁

委　员　（以姓氏笔画为序）

尤雪尘　刘　佳　刘春晓　刘　帝　汤思源　苏　菲

李瑾梁　张　平　陆若然　陈　炜　武　婧　明　敏

赵　丹　姜彦竹

序

党的二十大报告指出："教育是国之大计、党之大计。培养什么人、怎样培养人、为谁培养人是教育的根本问题。育人的根本在于立德。"高校学生思想政治工作是高校党委全面贯彻党的教育方针，落实立德树人根本任务，培养德智体美劳全面发展的社会主义建设者和接班人的重要体现和重要抓手，是体现高校办学性质、办学方向和办学质量的核心内容。党的十八大以来，以习近平同志为核心的党中央高度重视高校学生思想政治工作，将加强和改进高校思想政治工作作为新时代治国理政的重要内容和有效方式。习近平总书记多次对高校思想政治工作发表重要讲话、作出指示批示，党中央和相关部门出台系列加强和改进高校思想政治工作的文件举措，推动高校思想政治工作提升至治国理政战略层面和高等教育核心位置，推动高校思想政治工作实现全面创新发展。

辅导员等学生工作队伍是学生思想政治工作的关键力量，也是"大思政"格局中不可或缺的组成部分，他（她）们在长期从事学生思想政治工作的学习实践中积累了一定的理论素养和较为丰富的实践经验，这些经验十分有必要及时进行总结归纳，加以提炼概括，指导工作实践。特别是面对当前"两个大局"下学生群体思想动向、精神状态的快速发展变化，高校学生思想政治工作要因事而化、因时而进、因势而新，要求学生工作队伍既要精通专业知识，做好"经师"，又要涵养德行，成为"人师"，做"经师"和"人师"的统一者。

北京邮电大学党委高度重视学校学生工作队伍的理论研究和实践探索。为推动本校学生工作队伍切实承担好新时代、新征程上的育人使命，自2022年3月起，面向全校学生工作队伍征集学术论文和工作案例，以期通过总结工作经验、加强工作研究、提升理论素养、提高工作质量的闭环流动，深入推进学生工作专业化、职业化、专家化。

一篇篇引人深思的学术论文，凝聚着立德树人的生动实践，承载着师生共同成长的记忆；一个个感人至深的育人案例，记录着心灵相通的对话，迸溅出师生思想碰撞的火花。本书按照辅导员的九大职责分类排序，包含38篇学术论文、39篇工作案例，有力搭建起了学生工作队伍理论研究和工作经验的交流平台。特别值得一提的是，其中有27篇论文和6篇案例是基于学校党建和思想政治研究会的课题进行研究的，为进一步加强学校党建和思政工作贡献了智慧和力量。

"文者，贯道之器也。"本书最大的特点就是"实"，凝聚着我校学生工作队伍在工作一线产生的实实在在的经验感悟、实践智慧和心声体会，有较强的时代性、针对性、创新性和可操作性。38篇学术论文主题突出、分析深刻、方法科学，39篇工作案例特色鲜明、形象生动、措施具体，既有理论高度又有实践深度，既有理论解读又有实践指导，可以说是新时代大学生思想政治教育工作课题的一篇北邮答卷。

北京邮电大学党委书记　吴建伟
2022 年 12 月于北京

目 录

一、论文篇

高校辅导员工作"胡焕庸线"的探究与思考 3
新形势下工科高校学生党史教育路径探析 8
新时代高校开展学生党员培训教育的实践与探索
　　——以北京邮电大学为例 13
高校辅导员开展大学生意识形态工作方法浅析 16
论辅导员在高校意识形态工作中的工作内容与责任 21
浅析新时代背景下高校辅导员工作的形势与路径 26
新时代研究生思想政治教育的社团途径探析 30
三全育人背景下辅导员、班主任、导师三支思政工作队伍建设探析
　　——以北京邮电大学电子工程学院为例 36
研究生导师立德树人评价体系研究 41
高校少数民族学生教育管理工作路径探索 45
浅谈新形势下首都高校港澳台学生国情教育的实践探索 50
"三全育人"视域下学院基层团组织在大学生思想政治教育工作中作用的发挥研究 54
研究生辅导员与导师协同育人
　　——提升育人实效 59
主体间性视域下加强大学生党员理想信念教育途径探析 63
加强研究生支部建设 助力双一流学科发展 68
研究生党支部"横纵结合"设置模式的探索与思考 72
高校研究生基层党建的新举措、新方法
　　——以北京邮电大学理学院研究生物理党支部为例 76

新形势下高校服务型基层党支部建设问题研究
　　——以北京邮电大学经济管理学院沙河校区党支部为例 …………………… 80

党建带团建
　　——加强高校共青团基层组织建设实施路径研究 …………………………… 84

浅谈人力资源管理视角下的高校学生干部培养 ……………………………………… 88

高校研究生导学关系的影响因素及建构探究 ………………………………………… 91

大学生学业倦怠的现状、成因及干预
　　——基于生命意义感的视角 …………………………………………………… 96

高校辅导员在大学生学风建设中的作用探究 ………………………………………… 101

重大疫情对高校学生心理状态的影响及应对策略研究 ……………………………… 105

"三全育人"视域下学生信息化平台育人模式研究
　　——以北京邮电大学为例 ……………………………………………………… 109

基于大数据背景的精准资助质量提升研究
　　——以北京邮电大学为例 ……………………………………………………… 113

大数据时代高校学生管理工作智能化的构建研究 …………………………………… 120

关于"四位一体"新生引航工程的模式探索 …………………………………………… 124

奏响三部曲，推进做好"开学第一课" ………………………………………………… 128

新时代高校国旗护卫队创新性建设与育人实践 ……………………………………… 132

网络新媒体下大学生思政工作的探究及路径 ………………………………………… 136

大数据时代精准思政的作用机理与发展路径研究 …………………………………… 140

"三全育人"视域下高校网络思政工作的实践与探索
　　——以北京邮电大学电子工程学院为例 ……………………………………… 144

高校网络舆情泛化对大学生思想政治教育的影响及应对 …………………………… 148

高等院校在网络思想政治教育中的困难及途径 ……………………………………… 152

引导学生树立服务国家重大需要的正确择业观的路径探析 ………………………… 155

以北京邮电大学为例浅析冬奥志愿服务经历对当代大学生就业择业观念塑造的影响 …… 159

成长发展需要视域下的高校辅导员职业发展能力1＋4模型 ………………………… 165

二、案例篇

紧抓"管靠引"撬杆 探寻思政工作进科研团队新路径	173
"三全育人"中家校共育模式探索	176
研究生导师与辅导员"三个一"协同育人模式探索	
——基于北京邮电大学思政进科研团队工作的教育经验	178
危机预防与干预中家校合作模式探索	181
新生引航,明"经"修"行"	183
重视培养少数民族学生干部	186
寝室矛盾与人际关系重建	188
被"乌云"笼罩的女孩	192
拒绝"躺平"！新发展形势下学生发展规划案例分析	195
原生家庭对学生性格的影响	198
导育结合,化解新生团支书的消极情绪	200
处理导学纠纷需多听少"站队"	202
新时代高校"5431"发展型资助育人模式探索	205
标本兼治,从"心"启航	
——学业引发心理问题的工作案例分析	208
学业困难学生案例分析与对策研究	210
深度辅导,解决学生专业选择问题	213
留级生学业困难导致心理失调	216
防微杜渐做在前,化解危机见实效	218
师生协作,积极应对学业压力	221
相聚云端,勤学不辍	
——主题学风教育三步工作法	223
关于高校参军退伍学生返校后适应性辅导的探索	225
精准资助坚守育人初心,守护残疾学生成长成才	228

抓住契机,"选"好听众
  ——如何合理有效开展征兵工作 ··· 230
爱润无声,希望永在 ·· 232
心理育人视域下大学生生命教育实践路径探索 ··· 234
做好日常工作,为学生心理系上"安全带" ··· 236
探索家校互联新方式,开拓心理育人工作新格局 ··· 239
5千米的温暖,每时每刻的守护,让每一个明天都值得期待 ··························· 242
同心合力,化险为夷
  ——研究生心理危机的协同处理 ··· 245
X服毒自杀未遂事件的处理与分析 ··· 248
不同寻常的十天
  ——人工智能学院学生紧急事件处理 ·· 251
高校少数民族学生病故突发事件规范处理探究
  ——以××学院学生艾某某病故突发事件为例 ································· 254
拨开迷雾,探寻真相
  ——浅谈复杂场景下家校沟通的技巧 ·· 258
疫情时代新媒体场域中辅导员工作的思考 ··· 261
脚踏实地　行稳致远 ·· 265
网络舆情案例分析 ·· 267
微信公众号心理育人平台的探索与实践 ·· 269
学院二级关工委助力学生部门运用新媒体有效开展思政教育的做法与经验 ····· 271
疫情常态化下毕业班辅导员如何应对学生的就业压力? ······························· 274

一、论文篇

高校辅导员工作"胡焕庸线"的探究与思考

经济管理学院　董灵心

摘　要　立德树人是我国高等教育的中心环节和根本任务,是我国高等教育思想政治工作的顶层内容之一。辅导员作为开展思想政治教育工作的中坚力量,肩负着培育大学生思想政治工作的重要使命。本文以文献分析法、访谈法、数据调研法为基本方法,以胡焕庸线为概念切入点,通过将胡焕庸线与辅导员工作实际进行类比,结合数据调研结果剖析辅导员开展思想政治教育工作的困境,进而探讨并得出辅导员加强思想政治教育工作的意见与建议,为丰富高校思想政治教育方法论体系提供新角度,为高校将隐性思想政治教育与显性思想政治教育有效结合并推动思想政治工作贯穿人才培养全过程提供新载体,为高校开展思想政治教育工作提供新思路。

关键词　胡焕庸线;思想政治教育;隐性思想政治教育

思想政治教育工作是学校各项工作的生命线。党的十八大以来,以习近平同志为核心的党中央将高校思想政治教育放在突出位置,2014年,教育部印发的《高等学校辅导员职业能力标准(暂行)》把辅导员的职业功能分为九大方面,第一条是思想政治教育,2017年,新修订的《普通高等学校辅导员队伍建设规定》重申了辅导员工作的九大主要职责,第一条是思想理论教育与价值引领。习近平总书记在全国高校思想政治工作会议上强调,"做好高校思想政治工作,要因事而化、因时而进、因势而新"[①];在全国教育大会上要求,"要精心培养和组织一支会做思想政治工作的政工队伍,把思想政治工作做在日常、做到个人"[②]。新时代赋予辅导员工作新的时代内涵,高校辅导员肩负着落实立德树人根本任务的重要时代课题,辅导员是高校学生日常思想政治教育的组织者、实施者、指导者,承担着"三辅三主六导四员"的重要职责。如何更有效地做好思想政治教育工作是辅导员工作的重点和难点,如何在处理日常事务的过程中更有效地开展思想政治教育工作更是辅导员工作的难点。

一、胡焕庸线与高校辅导员工作的"胡焕庸线"

胡焕庸线是我国人口地理的分界线,是我国著名地理学家胡焕庸于1935年,根据当时我国的人口密度分布情况创制的。胡焕庸线倾斜约45度,从黑龙江瑷珲(今黑河)到云南腾冲,

---

① 吴晶,胡浩.习近平在全国高校思想政治工作会议上强调 把思想政治工作贯穿教育教学全过程 开创我国高等教育事业发展新局面[J].中国高等教育,2016(24):5-7.
② 《为党育人 为国育才——以习近平同志为核心的党中央关心学校思想政治工作纪实》。新华社,2021年12月1日。

将我国版图划分为西北和东南两个部分：东南部分的面积虽然只有我国总面积的36％，但人口密度却非常大，这部分版图的人口是我国总人口数量的96％；西北部分虽然面积大，但却地广人稀，人口仅占全国人口的4％。[1]

从古至今，我国西北地区地广人稀而东南地区地狭人稠一直成为大家的共识，但是并没有人能对这一认知进行证明。而胡焕庸引进西方现代地理学理论及方法，提出了"黑河-腾冲线"，将我国划分为西北和东南两大基本差异区，为后续的相关研究提供了强有力的佐证。[2]该线被美国俄亥俄州立大学的田心源教授称为"胡焕庸线"，并被国内外学者广泛沿用至今。

而辅导员在实际工作中，在处理日常事务上花了大量时间，而思想政治教育工作作为核心工作却在其上花费的时间较少，这种"本末倒置"的现象与胡焕庸线的内涵一致。辅导员是开展大学生思想政治教育工作的骨干力量，同时，思想理论教育和价值引领也是辅导员的首要职责。反观辅导员的实际工作，"千条线、一根针"，繁杂的事务性工作占据了其大量的时间精力，从而阻碍了其思想政治教育作用的有效发挥，因此明晰职责侧重，扭转实际工作中的错位现象，探究辅导员工作"胡焕庸线"的成因，进而探究如何打破辅导员工作的"胡焕庸线"，对于辅导员立足实际、转移重心、有效开展思政教育工作具有重要意义。

二、高校辅导员开展思想政治教育工作的困境及高校辅导员工作"胡焕庸线"的成因

对高校辅导员进行无压力式的访谈，了解其思想政治教育工作开展现状、开展难点、开展方式，为本文进一步的调查研究提供基础和依据。轻松的访谈形式能让受访者处在放松的状态，更准确地说出其内心真正的想法和意见，为本文的研究以及高校思想政治建设提出宝贵的意见。

1. 开展思想政治教育工作的时间精力不足

俗话说辅导员的工作是"两眼一睁，忙到熄灯"，访谈调查及数据调研结果也表明，国内高校辅导员的工作时间整体偏长。66.7％的高校辅导员平均每周的工作时间为51～70 h。而这其中，9.4％的辅导员每周用于思政教育活动的时间大于4 h，42.9％的辅导员介于2～3 h之间，小于等于1 h者占28.6％，几乎没有思政教育时间的辅导员占19.1％。[3]这组数据表明，高校辅导员工作时间较长且任务繁重，并且冗杂的日常事务工作占用了较多精力，这导致高校辅导员在开展思想政治教育工作时面临没有时间可用的"左右为难"处境，许多辅导员开展思想政治教育工作时常只能利用学生的课余时间进行。例如，将走访宿舍安排在学生比较集中的晚上九点、十点，将班会、谈话等活动安排在午休时间，将学生活动安排在学生统一没课的时间或周末。

2. 开展思想政治教育工作的核心素养不足

历年调研结果表明，在实际工作中，辅导员通常以"灌输式"及"说教式"的方式开展思想政治教育工作，因此对于学生的个性化特征和多元化诉求存在关注不足的情况。与此同时，出身思想政治教育和相关专业的辅导员甚少，以学生身份优干保研进而毕业后转为辅导员的占多数，如我校2022年聘任专职辅导员8名，其中出身思想政治教育相关专业的不足半数。辅导员队伍专业化程度不足，势必会导致思想政治教育的核心素养不足，思想政治教育工作内涵不够、深度欠缺、实效不佳。

此外,随着互联网的快速发展,信息传播方式从原来的单向传播方式,变成了现在的交互式传播方式,互联网与思政工作的不断融合,使得青年学生不再只是受众,其也成了信息资源交互的主体。而这虽然加快了信息传播交互的速度,但信息泛化也会导致信息资源价值导向的偏差,对于青年学生的价值观和理想信念可能会产生不可低估的负面影响,使教育者在信息传播渠道方面的优势逐步减弱,增强了思想引领的难度,削弱了思政工作者的话语权,增加了舆情危机的风险。

辅导员忙不忙?真的很忙,也许大部分时间要处理事务性工作,还是有一部分时间去做思想政治教育工作,但有时面对一些热点、焦点的棘手问题常常感到乏力,不知所措,于是有些辅导员把为数不多的时间、精力又放到熟悉的事务性工作上面了,长此以往,才形成了所谓的"胡焕庸线"。

三、打破高校辅导员工作"胡焕庸线"的对策与建议

1. 开展大调研,在思政教育上有新方向

围绕四个紧扣,做好四个问需(紧扣新的群体特点,洞察"学生之需";紧扣新的历史方位,洞察"时代之需";紧扣新的时代环境,洞察"朋辈之需";紧扣新的形势发展,洞察"国家之需"),搭建"四紧扣四问需"需求调研框架,科学提升工作针对性、工作全面性,实现供给侧结构性改革,见图1。

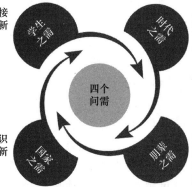

图1 "四紧扣四问需"需求调研框架

2. 争做"大先生",在思政教育上有新格局

习近平总书记用"拔节孕穗期""小麦的灌浆期"来形容青少年阶段的重要性,他们正处于人生观与价值观形成及确立的关键时期,在信息甄别、问题判断及状况分析方面仍显稚嫩。而在这个关键的人生阶段,教师应坚持培育引导学生,将育人、育心、育德有效结合。

习近平总书记强调教师要成为塑造学生品格、品行、品味的"大先生","做学生锤炼品格的引路人","做学生奉献祖国的引路人"。在思想方面,教师的思想政治状况具有很强的示范性,教师的一言一行都会对学生的品行、做事的方式与方法带来一定的影响。教师要以德立身、以德立学、以德施教,用自己的示范作用将思政教育一点一滴、循序渐进地浸入学生的心田。在行动层面,习近平总书记强调教育者先受教育,让教师更好地承担起学生健康成长指导者和引路人的责任。这就给辅导员提出了新要求,一是开展理论学习研究,提升其思政知识理论水

平。组织读书分享会、经验交流会等,提升辅导员自身的理论水平和指导能力,并鼓励辅导员通过撰写案例、论文、课题等,将好经验、好做法落在笔尖,提升自身的科研能力,增强主动学习意识。二是参加专业培训实践,增强其实践指导能力。组织辅导员参与校内外专业培训会,组织实践交流论坛,在实践中不断分享交流,为有效开展思政教育工作提供实操指南。三是加强师德师风建设,做学问之师、品行之师。培养社会主义建设者和接班人,迫切需要我们的教师既精通专业知识,做好"经师",又具备涵养德行,成为"人师",努力做传道授业解惑的"经师"和"人师"的统一者,做学生为学、为事、为人的示范,促进学生全面发展。

3. 汇聚大队伍,在思政教育上有新行动

选拔思政工作者不能含糊,坚决摒弃思政工作人人都能做的观点,要像选拔技术骨干一样,抱着严谨的态度,通过科学的方法进行选拔,实现思政队伍结构优化。以"政治强、作风正、纪律严、业务精"为标准,严格抓好辅导员的选聘工作,从根本上保障思政从业者的素质,建立一支效能性高、素养高、觉悟高的思政队伍。着力加强思政队伍的专业化、职业化建设,打造既有动力又有活力的"车头能带、节节能快、全面覆盖"的思政工作"动车组"。[4]

4. 办好大课堂,在思政教育上有新突破

全力推动"课程思政"建设,着力培育一批充满思政元素、发挥思政功效的示范课,开发一批特色课程,培养一批名师团队,深入挖掘课程思政内涵,引领全校各类课程不断挖掘课程思政元素。疫情期间利用"云课堂"开展"云思政",积极落实"停课不停学,停课不停教"的要求,将"战疫"故事转化为加强爱国主义教育、社会责任感教育、生命教育、感恩教育的鲜活教材,推进在线教学与课程思政深度融合,积极构建后疫情时代"互联网+课程思政"的教学体系,充分利用自媒体功能的优势为高校思想政治教育服务,把思政育人的校园小课堂建到现实生动的社会大课堂、建到覆盖全体学生群体的移动互联网,带动青年学生以力所能及的形式与以习近平同志为核心的党中央同心同路、同向同行、同频共振。

5. 锻造大熔炉,在思政教育上有新面貌

习近平总书记用"盐"来比喻思想政治工作的重要作用。盐对于人体非常重要,但是人的生活不能只有盐,还要有食物和水。思政教育就要像人体吸收盐分那样,通过各种食物,一点点地渗入,这样才能够更好地被人体吸收。具体地,思想政治工作应该是全方位的、无处不在的、无时不在的,是融入式的、嵌入式的、渗入式的,应成为生活中不可缺少的"盐",既食之有味,又感觉不到"盐"的存在。[5]隐性思想政治教育工作要潜移默化,要润物无声。所以说,营造良好的思政氛围,做好思想政治工作的"精神营养大餐",是思政工作能够高效开展的关键。

本文通过引入胡焕庸线,以文献分析法、访谈法、数据调研法为基本方法,通过实际访谈及数据调研深入剖析辅导员开展思政工作的困境,将胡焕庸线与辅导员工作实际进行类比,探究辅导员工作"胡焕庸线"的成因,进而探讨并得出辅导员加强思政工作的意见与建议。新形势为研究带来了独特的视野,疫情时代利用自媒体功能的优势为高校思想政治教育服务也是本文的重点之一。

大学生思想政治教育是一项功在当代、利在千秋的德政工程,辅导员作为高校思想政治教育工作战线的排头兵,应永葆"闯"的精神、"创"的劲头、"干"的作风,守正创新,不断提升育人实力、育人实效,增强时代感和吸引力,为时代育新人,为教育谱新篇。

参 考 文 献

[1] 滕艳,周飞飞.重读"胡焕庸线"[N].中国国土资源报,2012-06-27(5).

［2］ 唐博.胡焕庸与神秘的"胡焕庸线"[J].地图,2011(4):110-116.
［3］ 王文东.谈高校思想政治教育辅导员的工作职责[J].国网技术学院学报,2017,20(5):77-80.
［4］ 严丽纯.加强高校思政队伍建设的思考[J].思想理论教育导刊,2010(4):105-106.
［5］ 布超.习近平总书记关于隐性思想政治教育的重要论述的理论逻辑及重要意义[J].学校党建与思想教育,2022(1):59-62.

新形势下工科高校学生党史教育路径探析

电子工程学院　王　欣

摘　要　新形势下,工科高校的主要任务就是培养专业能力过硬、政治坚定的优秀人才。而党史教育是高校思想政治教育的重要内容。提升高校党史育人的针对性和实效性,对于增强大学生思想政治素质有着重要的促进作用。在党史教育常态化背景下,本文通过走访和问卷调查的形式,以某工科高校为例,分析工科学生对于党史教育的态度,结合"00后"工科学生的特点,总结目前党史教育面临的挑战,从发挥育人合力、延伸育人场域、深度融入专业教育,以及完善知识结构体系等方面提出具体对策,以期提高工科高校学生对党史的认知水平。

关键词　党史教育;工科高校;常态化

一、新时期工科高校开展党史学习教育的时代背景

一部中国共产党的历史,就是一部党领导中国人民不断夺取新胜利的光荣历史。新时代背景下,加强党史教育正当其时。习近平总书记在党史学习教育动员大会上强调,在全党开展党史学习教育,是党中央立足党的百年历史新起点、统筹中华民族伟大复兴战略全局和世界百年未有之大变局、为动员全党全国满怀信心投身全面建设社会主义现代化国家而作出的重大决策[1]。在庆祝中国共产党成立100周年大会上,总书记回顾中国共产党百年奋斗的辉煌历程,精辟概括伟大建党精神,全面总结以史为鉴、开创未来的九个必须。在党史学习教育总结会议召开之际,习近平总书记强调,要认真总结这次党史学习教育的成功经验,建立常态化长效化制度机制,不断巩固拓展党史学习教育成果[2]。2022年,中共中央办公厅印发了《关于推动党史学习教育常态化长效化的意见》,这也为新时代高校开展大学生党史教育、提升党史育人成效提供了根本遵循。

青年是祖国的未来、民族的希望,青年的成长关系着国家和民族的发展。全国高校思想政治工作会议、全国教育大会论述了高校如何培养青年人才的思想。当代青年作为进行社会主义建设的主力军,学习党史不仅能够增强他们的理想信念,更能够抵制错误思潮对他们的影响。因此,针对高校学生开展党史教育意义重大、影响深远。

高校肩负着为党和国家培养中国特色社会主义接班人和建设者的重要使命,加强对大学生的党史学习教育,强化党史育人功能,是落实"立德树人"根本任务、打造高校铸魂育人工程的必然要求[3]。工科是我国第一大学科,拥有最多的专业和师生。工科发展道路和以科学教育为基础的工科教育道路,形成了具有鲜明时代特色的办学理念,在社会发展和经济建设中发

挥了举足轻重的作用。工科的教学模式特点和学生思维特点使得党史教育在工科高校呈现了新的特点,面临着新的挑战。基于目前工科高校培养人才的特点,厘清工科高校学生学习党史的现状、重点与难点是工科高校思政教育工作者需要思考的问题。

二、工科高校学生对于党史学习教育的态度

开展党史教育既是落实高校"立德树人"的根本任务,也是新时代思想政治教育工作的重要使命。目前,"00后"大学生已经步入大学校园,他们成长的社会环境、家庭背景等与过去的大学生相比有很大的变化,要做好学生党史学习教育工作,要先了解学生对于党史学习教育的态度。

本文采取了走访调研与发放问卷相结合的方式,以某工科高校的学生为对象进行调研,对当前学生对于党史教育所持态度和目前工科高校开展党史教育的现状及存在的问题进行研究。调研及分析结果如下。

本次调研面向本、硕、博各年级学生,共发放并回收有效问卷1 533份。调查结果显示:目前学生对于党史学习教育持正面态度。高达94.71%的学生认为参加党史学习教育非常有必要或比较有必要,这说明绝大部分学生赞同学习党史具有重大的现实意义。对于目前高校开展的党史学习教育,92.96%的学生表示满意,其中,57.73%的学生表示非常满意,35.23%的学生表示比较满意。可以看出学生对于党史学习教育的开展还是比较肯定的。此外,对于目前高校组织的党史教育内容和形式,91.19%的学生认为非常或者比较丰富,可以看出现阶段的高校党史学习教育具有一定的感染力。

同时,99.8%的学生参加过学校举办的党史学习教育,这说明目前高校开展党史学习教育基本可以达到全覆盖的目标。而关于参加教育活动的情况,87.48%的学生的态度是相对积极的。但是也不乏学生只是为了完成任务而参与活动。学生缺席党史学习教育的原因主要集中在活动时间与学业冲突,62.43%的学生都表示有该方面的问题。另外也有28.18%的学生认为党史学习教育重形式、轻内容,实效性不足。

当前各高校开展的党史学习教育,均取得了良好的效果。但从本次调查结果的分析来看,工科高校的党史教育工作仍然存在着一些具体的问题。

三、在新时代背景下,工科高校党史教育面临的挑战

新时代有新的机遇,同时也有新的困难和挑战,党史教育同样存在新问题。工科高校特有的教育模式和工科学生特有的思维特点让工科高校开展党史教育工作面临一定的难度,亟待重视。

(一)力量分散,党史教育缺乏统筹力

在三全育人的大思政格局下,高校开展党史教育工作,思政课教师、专业课教师、高校辅导员、党务工作者以及其他党员均扮演着不同的角色,承担着不同的岗位任务,各有优势、各有分工。但是,这种"背对背"的工作模式使得其相互之间缺乏交流,甚至存在信息壁垒,无法形成互相有效的补充,使得工作开展经常费时费力,事倍功半。

(二) 单向灌输,党史教育缺乏吸引力

随着网络的不断发展,传统课堂的教育方式虽然影响力有所下降,但是,目前大多数的学生仍主要通过课堂教学来获取党史知识,在本次调研中,关于目前主要通过哪种途径来获取党史知识,高达77.89%的学生将课堂教学作为选择。因此,课堂仍是党史教育的重要阵地,属于党史教育的正面影响因子。但是目前在传统课堂上开展党史教育存在的问题也比较突出。部分教师照本宣科式的教学方法,无法激发学生的学习动力和调动学生的积极性,往往收效甚微。所以,传统课堂教育相对于网络、实践等新的学习形式而言,其实效性和影响力仍存在一定的差距。

同时,通过调研发现,虽然大部分学生认为参加党史教育非常有必要或比较有必要,但是,在是否会主动获取党史知识方面,调研结果显示,选择经常、偶尔、很少、不会的学生的占比分别为25.44%、47.36%、18.40%、8.81%。这在一定程度上反映了大多数青年大学生能够采取理性的态度对待党史学习,但是当他们真正参与党史学习时,行动上却存在惰性,主动性较差。

(三) 脱离专业,党史教育缺乏融入性

一般来讲,很多工科高等院校对于科研的关注度比较高,而对于党史教育有很大程度的忽略[4]。同时,日益严峻的就业形势导致学生追求实用主义,大部分学生对思想政治理论课、党史教育的兴趣不高。那么在专业性较强的工科高校中,重专业、轻党史的现象也是比较常见的。所以目前工科高校学生的党史教育,面临着一个巨大难题,就是党史学习和专业学习之间的"矛盾"。

通过调研我们发现,62.43%的学生缺席党史学习教育最主要的理由集中在活动时间与学业冲突。这一现象就要求我们要找到专业课程与党史教育之间相互融合的关键,进而帮助工科高校学生提高自己的综合素质。

(四) 碎片学习,党史教育缺乏系统性

与其他学科相比,工科高校的学生在对党史问题的认识上存在其固有的特点,他们更注重理论的实用性和逻辑性。同时,科学技术的快速发展使得学生可以随时随地获得党史知识。这带来便利的同时,也导致学生的学习越来越碎片化[5]。本次问卷中关于党史学习存在的主要问题一题,近一半的学生认为在党史教育中存在不系统、知识零散化的问题。碎片化学习有时仅满足于抓重点、抓精髓,极其容易出现思维的局限性和知识的片面性。而且碎片化的阅读容易造成学生在党史学习时其认知只停留在"知其然",而不明"其所以然",无法形成全面、整体、辩证的历史思维,更无力在把握历史发展规律的基础上通过细微的历史事件窥探历史发展演变的趋势和潮流。

四、在党史教育常态化背景下,高校开展党史教育的工作方式

改善并提高当前工科高校学生的党史教育水平,关系到青年学生基本政治思想的养成,也关系到今后很长一段时间和谐社会的构建。因此,在党史教育常态化背景下,探索一条适合于工科高校学生的党史教育工作路径是当前思政工作的一项重要内容。

(一)健全联动机制,凝聚合力,提升党史认知水平

习近平总书记强调:"办好中国的事情,关键在党。"党史教育需要学校党委统一要求、统一部署才能形成教育合力。首先,高校层面要健全党史学习教育长效机制,同时,做好大思政的顶层设计,在工作格局、队伍建设、支持保障等方面采取有效措施,让党史教育融入学校育人的点滴之间[6]。其次,由学校相关部门牵头,充分发挥党政领导干部、思政课教师的引领作用,发挥"关键少数"带动绝大多数的示范作用,提高教师队伍的整体素质。最后,打通思政教师、专业课教师、辅导员、党务工作者、管理干部、师生党员骨干之间的信息壁垒,建立一支优质的党史育人队伍,强化校内联动机制,形成教育合力,真正形成全员育人格局。

(二)化被动为主动,围绕学生,两个课堂相互促进

课堂教学是学生获取知识的主要渠道。但是,其弊端也非常明显。因此,高校思政工作者在开展党史教育工作时,要在坚守课堂教学主阵地的同时,不断延伸党史育人场域。在第一课堂上,充分利用多媒体教学资源,适当引用一些优秀的影视作品进行党史教育,让党史教育立体化。同时,运用讨论式教学、抛出思考题等方式,引导学生主动探索,达到更好的育人效果。在第二课堂上,鼓励学生带着问题去实践。目前,全国各地红色教育资源越来越丰富,高校应精心组织,通过主题党团日、思政课实践教学、暑期社会实践等途径,指导学生开展实践,通过生动形象的现场观摩,增强学生学习党史的体验感和获得感。此外,要利用好重大纪念日、重大节日、重大党史事件中蕴含的党史教育资源,开展主题教育,引导学生形成坚定的信仰。两个课堂相辅相成,互相促进,变被动为主动,有效将学生的理性态度转化为实际行动,提升党史教育的实效性。

(三)挖掘党史资源,融入专业,实现二者有机统一

工科是应用数学、物理学、化学等基础科学的原理,结合生产实践所积累的技术经验而发展起来的学科,通常更注重实际应用。当然,在党的百年光辉历史中,也留下了无数科技工作者奋斗的足迹。工科高校可以深度挖掘其专业领域与党史上重大事件、重点人物的交融点,让党史教育更贴近专业,同时让专业教育更有灵魂。例如,信息通信专业可以结合地下电台英雄李白的典型事迹进行党史教育。实现党史教育与知识体系教育的有机统一,引导学生加强专业认同感的同时,激发学生知史爱党、爱国情怀。真正达到党史教育和专业教育同向同行,增强党史育人的针对性和感召力。

(四)树立正确党史观,融会贯通,完善知识结构体系

随着科技进步、阅读载体的变化,碎片化学习模式应运而生。但是,碎片化学习模式很难将知识系统化、理论化呈现,容易导致形成以偏概全式的历史认知。因此,在党史学习过程中,高校学生要端起历史规律的望远镜去细心观望,以符合事物发展规律为根本。学习党史,要首先扎稳树根,树立正确的党史观;打造牢固的树干,理顺纵向脉络;在此基础上,修理枝叶,将每一年发生的历史事件都填充进去,掌握横向史实。高校学生只有建立完整的党史知识脉络,才能深刻认识历史规律,从党史中汲取精神养分,真正达到党史教育的目的,砥砺理想信念,激发奋进之力。

国家的建设和发展离不开中国共产党的正确领导,而中国共产党的发展需要新鲜血液的

不断注入,因此在高校开展党史教育,无论是对强化人民对党的认识,还是对推动党的队伍的建设都具有十分重要的意义。所以工科高校要围绕学生,健全联动机制,合理利用各种党史资源,对学生进行党史教育,培养新一代德智体美劳全面发展、综合素质过硬的社会主义建设者和接班人。只要我们能够将党史教育的重要性认识清楚,积极地投入教育实践中,相信工科高校的党史教育水平一定能再上一个新台阶,为和谐社会的构建贡献出应有的力量。

参 考 文 献

[1] 习近平.在党史学习教育动员大会上的讲话[J].天津市工会管理干部学院学报,2021,38(2):1-9.

[2] 班永杰.建立党史学习教育常态化长效化制度机制[J].红旗文稿,2022(2):23-25.

[3] 胡偌菲,陈昊.新时代高校党史育人功能及实践路径[J].陕西教育(高教版),2021(7):8-9.

[4] 吕奇.浅议当前工科高校学生的国情及党史教育[J].长春教育学院学报,2012,28(4):71-72.

[5] 何益忠,王策.论大学生党史学习教育的环境变化和路径优化[J].思想政治课研究,2021(4):73-82.

[6] 王敏,刘学伟,肖立东.以党史教育催化大学生成长成才[J].边疆经济与文化,2021(7):88-90.

新时代高校开展学生党员培训教育的实践与探索
——以北京邮电大学为例

学生工作部(处)　姜彦竹

摘　要　党员的教育培训工作是党的建设的一项基础性工作,高校学生党员作为党员队伍中最年轻、最有创新力的一支队伍,其教育培训工作是高校学生党建工作的重要组成部分。为此,北京邮电大学积极探索,围绕"政治坚定、德才兼备、模范表率、勇担重任"的培养目标,以理论培训、团队实践、名师讲座、课题研究为培训载体,扎实开展系列化培养教育活动,为改善和加强学生党员培训教育工作,深化高校党员教育培训工作改革提供参考。

关键词　党员培训;实践探索;党史教育

党员教育培训的根本目的是使党员坚定共产主义远大理想和中国特色社会主义共同理想,理解党的基本路线、方针和政策,学习用马克思主义的立场、观点、方法认识社会,解决真懂真信问题,成为合格优秀的共产党员。[1]面对新时代党的建设总要求和百年未有之大变局带来的机遇和挑战,如何开展学生党员培训教育工作,是高校思想政治教育工作者面临的重要课题。高校要从学生党员的成才培育方面入手,引入新机制创新大学生党员发展教育工作机制,健全高校大学生党员发展教育工作体系,坚持立德树人根本任务,用中国特色社会主义最新理论成果武装学生,为中华民族伟大复兴输送更多优秀的建设者和可靠接班人。[2]

北京邮电大学深入学习贯彻习近平新时代中国特色社会主义思想和党的二十大精神,落实全国高校思想政治工作会议和全国教育大会精神,不断探索党员培训教育新模式,以理论学习、实践探索、党史教育为主要抓手,着力培养一批爱国爱民、勇于创新、本领过硬、实学实干的青年学生党员骨干队伍。

一、理论学习走实走深走心,课堂方寸发掘红色基因

习近平总书记指出,当代中国青年是与新时代同向同行、共同前进的一代,生逢盛世,肩负重任。高校学生党员培训教育工作要重点围绕学生党员骨干的时代责任与历史使命开展理论教学,立足国际形势,学习"一带一路"精神;立足大数据时代特点,体悟"数字政府"建设难点;立足高等教育时代变局,掌握教育改革知识;立足法治社会发展特点,明晰"中国特色社会主义法治体系"建设工作;立足现阶段社会主义文化发展特点,洞察"中国特色社会主义文化"特点;立足新时代文化传媒特点,领略新时代中国共产党政治文化传播的话语体系构建。

理论教学用红色基因浇铸青春底色,名篇研读借纸墨书香品尝信仰味道。在课堂教学之

余,利用课余时间广泛开展红色经典作品阅读,通过设计整体阅读清单、选定个人阅读篇目、统一发放书籍的方式严格落实阅读活动的三步保障。通过"有仪式,分组读;讲感受,齐分享;重效果,写报告"的三步读书计划,共完成学习《习近平总书记教育重要论述讲义》、学习"四史"等学习论坛4场,撰写读书报告10万余字。组织学生党员在阅读中培根铸魂、启智润心,明辨是非曲直,增强自我定力,矢志追求更有高度、更有境界、更有品位的人生。

二、实践探索用情用力用行,躬身前行筑牢党员初心

习近平总书记指出,当代青年应该实学实干,脚踏实地、埋头苦干,孜孜不倦、如饥似渴,在攀登知识高峰的过程中追求卓越,在肩负时代重任时行胜于言,在真刀真枪的实干中成就一番事业。组织学生党员参观故宫博物院,体悟工匠精神、感受大国智慧;参观月球样品与探月工程食物,领会伟大航天精神,砥砺意志品质;参观宋庆龄故居,重温宋庆龄同志的生平,强化爱国理念;在什刹海畔回忆老红军王文、王凤岐的建立秘密电台、屡传情报的故事,学习抗战精神,感悟民族气节;参观鲁迅博物馆,在鲁迅先生生平中感悟高尚爱国情操,筑牢红色底蕴;参观梅兰芳博物馆,培育伟大爱国主义情怀,树立远大理想目标;参观蓟城纪念柱与北京建都纪念阙,铭刻北京建都历史,传承北京精神。

在实践课堂外,亦展大情怀,学生党员无论身处何处都应牢记自己的党员使命,假期返乡遇到疫情反弹情况,多位学生党员奔赴防控一线,积极投身家乡疫情防控;为了进一步推动首都垃圾分类工作顺利进行,积极参与桶前职守志愿服务;"纯洁的冰雪,激情的约会",参加冬奥测试活动志愿服务,他们牢记胸前党徽和国旗赋予他们的使命,让北邮人的微笑成为奥林匹克公园公共区最闪亮的名片。

三、党史教育做优做细做精,明理增信镌刻时代使命

高校学生党员培训教育工作应高度重视红色基因挖掘,将党史学习教育贯穿培训教学计划。党史课"中国共产党是谁"引导学员们深入学习共产党人如何进行伟大斗争、建设伟大工程、推进伟大事业、实现伟大梦想的关键历程。观看"名师大家讲党史"第五讲,学员们领悟到要增强初心如磐、使命在肩的历史担当,时刻准备承接复兴重任。"爱国主义与中国制造"主题讲座引导青年党员认识到党是如何带领全国人民一步步摆脱"洋货"时代、振兴民族产业的。"中国共产党为什么能够建立新中国"主题讲座从民心、军力、党力三个方面介绍中华人民共和国成立过程中党的伟大贡献。组织党史学习知识竞赛,在竞赛过程中感受体悟学史明理,学史增信,学史崇德,学史力行。观看北邮党史学习教育原创舞台剧《寻找李白》,在李白烈士永不消逝的电波中,学习他始终坚守共产党人的初心和使命,将"电台重于生命"作为一生红色信仰的伟大品质。参加北邮"烛光奖"、"全国大学生党史知识竞答大会"云端答题和"奋斗百年路 启航新征程"诵读比赛等活动,学生党员进一步坚定了自身理想信念,在未来的奋进征程中赓续红色血脉,淬炼品德修为,努力让青春在党和人民需要的地方绽放绚丽之花。

百年未有之大变局对高校基层党员培养教育工作提出了更高的要求,在高校学生党员培训教育工作中要运用系统思维、底线思维和创新思维应对新问题、新变化与新挑战。不断增强工作主动性,提前统筹、规划;不断增强工作针对性,亮出北邮品牌、特色;不断增强工作吸引力,增加学生体验、互动环节。进一步引导学生勇担"传邮万里,国脉所系"的北邮使命,牢记

"网络强国,网信报国"的任务要求,立大志、明大德、成大才、担大任,勇立百年时代潮头,贡献青年蓬勃力量,努力成为堪当民族复兴重任的时代新人。

参 考 文 献

[1] 李洁,唐鑫.高校党员教育培训体系构建研究[J].中国人民大学教育学刊,2018(2):118-129.
[2] 庄光杰,陈婷,徐畅.新时代加强高校学生党员后续教育培养与管理的探索[J].南方论刊,2020(12):64-66.

高校辅导员开展大学生意识形态工作方法浅析

研究生工作部　刘　佳

现代邮政学院(自动化学院)　张　权

摘　要　意识形态工作是思想政治教育工作的重要组成部分,进入新时代以来,高校思想政治教育工作总体呈现较好态势,工作成果显著,然而,目前依然有各种社会思潮、网络舆情、西方强势文化等充斥校园,悄无声息地影响、干扰马克思主义在高校意识形态领域的指导地位。本文以北京邮电大学学生为对象,通过问卷调查法,探究开展大学生意识形态工作存在的重难点问题,并针对问题从辅导员工作视角探寻解决方案,总结工作方法。

关键词　意识形态;新时代;大学生;辅导员;思想政治教育

习近平总书记指出[1],意识形态工作是一项极端重要的工作。这说明在意识形态工作领域,依然需要注意防范和化解风险。全国高校思想政治工作会议强调[2],要切实加强和改进新形势下高校思想政治工作,为实现"两个一百年"奋斗目标、实现中华民族伟大复兴中国梦,培养又红又专、德才兼备、全面发展的中国特色社会主义合格建设者和可靠接班人。作为高校思想政治教育工作者,辅导员应当充分发挥思想引领作用,积极传播马克思主义思想,宣传好习近平新时代中国特色社会主义思想,防微杜渐,守好意识形态的主阵地。本文通过问卷调查的方式进行调研,抓取意识形态领域存在的问题,并就相关问题提出改进方案。

一、做好大学生群体意识形态工作的重要意义

(一)做好意识形态工作是应对反动思想渗透的重要抓手

中国的逐渐强大,已经是大势所趋。然而以美国为首的西方资本主义国家正在通过舆论引导,妄图占领"道德"高地,从而阻止中国的发展,这是其试图抹黑社会主义国家所使用的一贯伎俩。大学生群体由于其自身的局限性,往往会受错误言论的蛊惑,尤其是在信息技术高度发达的今天,一些错误言论往往会借助于网络迅速传播,导致舆论场变得格外复杂,难以实现全面监管。辅导员作为思想政治教育工作者必须抓小抓细,在学生的日常管理过程中开展好意识形态引导工作,拓展宣传渠道,打通沟通壁垒,打赢这场没有硝烟的战争[3]。

(二)做好意识形态工作是落实立德树人根本任务的前提

辅导员只有把握意识形态的主动权,才能实现思想引领的目标。辅导员一旦放松对意识

形态工作的把控,就将失去思想引领上的主动权和话语权,必然会迷失正确的政治方向。习近平总书记指出[4],高校肩负着学习研究宣传马克思主义、培养中国特色社会主义事业建设者和接班人的重大任务。加强党对高校的领导,加强和改进高校党的建设,是办好中国特色社会主义大学的根本保证。因此,党领导下的高校必须坚持党的教育方针,作为高校辅导员,我们首先要当好党的"传声筒",把党的声音全面、准确地传递给学生。这就意味着,宣传舆论的高地决不能被其他任何声音攻陷[5]。

落实党的教育方针,其根本目的是为党育人,为国育才,就是要培养一批批胸怀理想、立志报国的创新人才,为中国特色社会主义建设服务。所以要培养好社会主义建设者和接班人,落实好立德树人的根本任务,就必须贯彻落实好党的教育方针,就必须扫清障碍,排除一切误导性的声音,把握意识形态工作主动权。

(三)做好意识形态工作是大学生网络思政教育的重要组成部分

《普通高等学校辅导员队伍建设规定》明确提出[6],高校辅导员要开展好网络思想政治教育,运用新媒体新技术,推动思想政治工作传统优势与信息技术高度融合;构建网络思想政治教育重要阵地,积极传播先进文化;加强学生网络素养教育,积极培养校园好网民,引导学生创作网络文化作品,弘扬主旋律,传播正能量。开展网络思想政治教育就是要在新时代背景下,利用互联网技术,切合大学生成长特点进行思想政治引领工作。而意识形态领域存在的风险挑战为这项工作的开展设置了障碍,同时,网络宣传阵地往往是最容易产生意识形态风险的领域。因此,要落实辅导员网络思政教育职责,就应该铲除意识形态领域可能存在的风险因素,净化好网络空间。

二、大学生群体意识形态工作存在的问题

党的十八大以来,意识形态工作领域整体态势较好,但是,互联网技术的发展、大量信息的涌入,以及西方敌对势力的针对和工作对象的特殊性,导致高校意识形态工作依然面临着严峻的挑战。

(一)网络成为敌对势力意识形态渗透的重要工具

伴随着互联网技术的快速发展和智能手机的普及,网络已经成为当代大学生获取信息的常规手段。网络的普及为生活带来便捷的同时,也为意识形态工作带来了新的挑战。2013年,在全国宣传思想工作会议上,习近平总书记指出,互联网是我们面临的"最大变量",根据形势发展需要,要把网上舆论工作作为宣传思想工作的重中之重来抓[7]。相关统计结果显示,网络思政是大学生最不了解的辅导员工作职责之一,如图1所示。同时,"翻墙"已经成为大学生一种普遍的上网方式(图2),而浏览到的内容常常伴随有与事实不相符或断章取义的恶意抹黑中国的视频内容(图3)。

伴随着第五次信息革命的到来,依靠出版物和电视媒体传播信息已很难获取足够多的受众。而目前的大学生,大多是互联网"原住民",他们几乎将网络作为获取信息的唯一手段。不可否认,网络已经成为当代大学生学习与生活不可或缺的重要获取资源的工具,但其也成了难以监管的舆论"战场"。一方面,西方网络强国不断利用互联网传播普世价值、新自由主义和历史虚无主义等错误思想,同时企图利用互联网技术,传播抹黑中国的言论;另一方面,国内目前

发展不平衡不充分所引发的矛盾,往往能够通过网络一夜之间发酵。

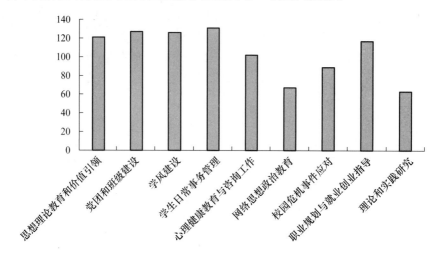

图 1　大学生对辅导员工作职责了解程度调查柱状图

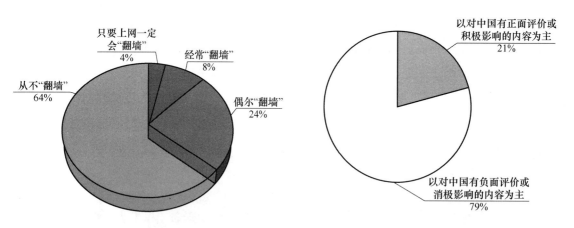

图 2　大学生上网"翻墙"情况调查饼状图　　图 3　大学生浏览到的与中国相关的视频内容类型

综上所述,网络目前已经成为影响大学生思想成长的重要因素,如何利用好网络阵地进行价值引领,已经成为当前思想政治教育工作者需要研究的重要课题。

(二)学生思想成长规律与当前教育模式之间的冲突

大学生群体在结束高中的紧张学习后,立刻进入大学学习阶段。学生进入大学后,学校和学院都会迅速开展提高大学生适应能力的各类活动,帮助大学新生尽快适应大学生活,促进学生"德智体美劳"全面发展。然而,根据新生反馈,学生在入学之初对于辅导员的定位认知并不清晰。这主要是由于在上一学习阶段中,往往以智育培养为主,在学生的思想成长上做功不足,导致思想成长存在断档期,学生快速进入大学阶段后,自主接收信息、处理事务,由于对意识形态领域的不敏感,往往导致初入大学的大学生很难对信息做出甄别,影响判断[8]。

综上所述,互联网环境的复杂性和学生思想成长过程断档,给了错误思潮进入大学校园的可乘之机。守好意识形态责任田,是辅导员工作中的重要环节。

三、加强大学生群体意识形态教育工作的举措

做好意识形态教育工作,辅导员要坚持"明""暗"两条线,才能真正化解校园内意识形态领域风险。

(一) 充分发挥学生党员在意识形态工作中的引导作用

学生党员是大学生中思想最先进的人群,在大学生思想引领中发挥着重要作用,是辅导员开展思想政治教育工作的重要抓手。在当前的辅导员工作中,学生党员一直承担着"先锋队"功能,因此在意识形态工作中,共产党员必须承担好使命。

要充分发挥学生党员在青年中的"领头羊"作用。在学生党支部中,落实好"三会一课"制度,通过教育培训,提高学生党员的政治理论素养,做好学生党员的理想信念教育。让学生党员深入团支部,充分发挥党员的先锋模范作用,将先进思想传播到广大青年学子当中,帮助广大青年树立坚定的理想信念。

(二) 充分发挥新媒体在意识形态领域的主导地位

辅导员应当切实做好舆情分析工作,并利用新媒体进行思想引领。一方面,要建立起全面系统的网络舆情监管和预警机制,用好班长、宿舍长等基层班干部,加强大学生群体对媒体信息攫取的偏好监管,对于不好的苗头要及时发现,准确研判,并加以制止,加大对"翻墙"上网情况的督导力度;另一方面,要利用好官方网络宣传平台,努力打造精品媒体矩阵,利用官方媒体准确、灵活的特点吸引青年学生,并通过大学生群体乐于接受的方式,加强理想信念教育,落实党的教育方针。只有加强监管,正确引导,敢于在学校、学院的官方媒体上发声,才能有效筑牢大学生意识形态领域容易攻破的防线。

(三) 充分发挥学生活动的思想引领功能

辅导员应该充分把握大学生群体思想活跃、行动力强的特点,鼓励学生积极参加文体活动,发挥好学生干部在大学生当中的组织力和号召力,将积极向上的文体活动发展成意识形态工作的重要阵地。大学生普遍乐于在文体活动舞台上发挥个人的爱好和特长,同时也乐于观看学校组织的各类文体活动,因此,辅导员应该利用好大学生的这一特点,引导学生干部在思想上明确各类文体活动应该蕴含的思想引领性作用,用大学生易于接受的形式进行表现,从而使大学生在组织活动、参与活动的过程中接受教育。

四、结语

意识形态工作始终是高校思想政治教育的一项重点工作,需要常抓不懈,久久为功。面对错综复杂的国际形势和处于转型期的国内发展形势,大学生群体的意识形态工作正在进入一个关键时期。意识形态领域是各种思潮的集散地,要办好社会主义教育,就必须将意识形态的主动权牢牢掌握在党的手中,高校辅导员应当将这项工作与日常管理紧密结合,发挥好学生党员和学生骨干的作用,利用网络新媒体平台和学生活动,及时掌握意识形态领域话语权,帮助大学生规避意识形态风险。

参 考 文 献

[1] 佘双好.打好宣传思想工作主动战的动员令——纪念习近平总书记8·19在全国宣传思想工作会议讲话五周年[J].思想政治教育研究,2018,34(4):1-6.

[2] 教育部.始终坚持社会主义办学方向 切实加强和改进高校思想政治工作:教育部党组学习传达全国高校思想政治工作会议精神[J].中国高等教育,2016(24):8-9.

[3] 周福战,牟霖.新时期高校网络意识形态工作的形势和对策[J].大连理工大学学报(社会科学版),2017,38(4):146-151.

[4] 坚持立德树人思想引领 加强改进高校党建工作[J].高校教育管理,2015,9(2):65.

[5] 郑家娜.新时期高校意识形态工作面临的挑战和对策分析[J].黑河学院学报,2019,10(6):49-51.

[6] 教育部下发普通高等学校辅导员队伍建设规定[J].中国教工,2017(11):25-26.

[7] 马修文.如何把"九个坚持"作为宣传思想工作的根本遵循[J].党课参考,2018(18):4-24.

[8] 于颖,吕静波,王璐琦.新时期高校意识形态工作问题研究及对策[J].现代交际,2019(15):183.

论辅导员在高校意识形态工作中的工作内容与责任

学生工作部(处)　秦　莉

摘　要　落实高校意识形态责任制对努力培养中国特色社会主义建设者和接班人工作具有战略性、价值性和现实性的重大意义。作为高校意识形态工作的主力军,辅导员面对意识形态工作,要明晰工作内容、掌握工作方法、落实工作责任、增强队伍建设,加强意识形态工作的正向宣传引导和反向防范应对,教育引导广大学生成为坚定的马克思主义信仰者、践行者、维护者,维护党和国家的意识形态安全。

关键词　意识形态工作;思想政治工作;辅导员

意识形态是系统地、直接地、自觉地反映社会经济形态和政治制度的思想体系,是社会意识诸形式中构成观念上层建筑的核心部分[1]。在马克思主义理论的指导下,中国共产党人结合中国革命和建设实践,丰富和发展了中国化的马克思主义意识形态理论。意识形态工作是党的一项极端重要的工作,关乎旗帜、关乎道路、关乎国家政治安全[2]。高校是巩固马克思主义指导地位、发展社会主义意识形态的重要阵地,担负着为中国特色社会主义培养建设者和接班人的重大使命。高校意识形态工作事关坚持社会主义办学方向、立德树人的根本任务。在高校深入推进意识形态工作的过程中,辅导员作为高校思想政治工作的主力军,是意识形态领导权的巩固和安全建设的重要力量。落实辅导员在高校意识形态工作中的责任,有利于高校把意识形态工作责任制推向完善,亦有利于辅导员的专业化发展。

一、辅导员在高校意识形态工作中的主要工作内容

习近平总书记在全国宣传思想工作会议上指出:"建设具有强大凝聚力和引领力的社会主义意识形态,是全党特别是宣传思想战线必须担负起的一个战略任务。"[3]该论述深刻地回答了建设什么样的社会主义意识形态、怎样建设社会主义意识形态等重大理论和实践问题,是做好意识形态工作的根本遵循[3]。意识形态建设是高校思想政治工作的核心与灵魂,高校思想政治工作是意识形态建设在高等教育领域的延伸与体现。意识形态工作和思想政治工作都是中国共产党领导下的工作,高校只有掌握意识形态工作和思想政治工作主导权,才能保证高校始终成为培养社会主义建设者和接班人的坚强阵地。

高校意识形态工作是在高校党委顶层设计、统筹规划、整体布局下开展的。辅导员工作作为高校意识形态工作的一部分,其工作的对象是在校学生,要不断巩固全体学生在思想上、行

动上与全党全社会团结统一。具体有以下五个着力点。一是理论的传播与认同。做好做强马克思主义宣传教育工作，弘扬主旋律，传播正能量，坚持学而信、信而行，特别是在帮助学生学懂弄通习近平新时代中国特色社会主义思想上下功夫。二是信念的根植与深化。教育引导青年学生牢固树立远大理想，补足精神之"钙"，使学生不断增强"四个自信"，把中国梦和个人梦结合起来，画出新时代的"同心圆"。三是价值的追求与践行。坚持思想引领，坚持以人为本，在立足现实和改进创新中，教育和引导广大青年学生把社会主义核心价值观内化为精神追求、外化为自觉行动。四是文化的传承与发展。在推进中华优秀传统文化、历史文化、革命文化的传承中，创造性地转化、创新性地发展校园文化，以服务人才培养为目标，以文化人，以文育人。五是安全的构建与应对。采取科学有效的措施，防范和应对高校学生面对的意识形态挑战和危机，争夺互联网舆论斗争主战场，与高校内各部门形成协同效应，确保高校安全稳定。

二、辅导员在高校意识形态工作中的突出问题

当前，西方资本主义世界意识形态的侵蚀、国内多元利益主体对社会主流意识形态的分化、新媒体技术对意识形态阵地的冲击等，在一定程度上动摇了人们对马克思主义的信仰和对社会主义的信念。处在社会大环境下的大学生，世界观、人生观、价值观尚未成熟，鉴别力和抵抗力较弱。辅导员肩负着为其"扣好人生第一粒扣子"的重要职责，直接影响着学生意识形态的方向，关乎意识形态工作的胜利成果。根据相关调研分析，高校辅导员在开展意识形态工作中存在以下突出问题。

一是高校辅导员自身理论素养不足。有些辅导员在工作中易轻理论学习、重业务管理，对意识形态问题缺乏重视性和警惕性，存在本领恐慌，遇到相关问题无从下手、无计可施、无能为力，导致实际工作效果不尽人意。

二是高校辅导员意识形态引导责任不明确。当今国内外思潮的传播与渗透，如新自由主义思潮、社会民主主义思潮、文化保守主义思潮、历史虚无主义思潮[4]等，都对马克思主义在我国的主导地位造成了冲击。高校辅导员有把握政治方向和舆论导向，引导学生正确辨析各种社会思潮的重要责任，而应对各种社会思潮的冲击，有些辅导员在做意识形态工作时往往以"避而不谈"或"围追堵截"为主，回避或禁止学生公开谈论，没有引导学生增强主流意识形态认同。

三是有些高校辅导员在意识形态工作网络阵地维护上做得不到位。有些辅导员在工作中存在缺乏通过网络传播意识形态内容的工作思路，工作方法简单粗暴，创新能力亟待提高等问题，具体体现在网络阵地抢占的意识不足、相关课程的创新不足、技术手段的利用不足、互动与引导不足等方面。

三、辅导员在高校意识形态工作中的责任路径

我国意识形态工作不断面临新的挑战，高校应以新思想、新行动应对新时代的要求，因事而化、因时而进、因势而新。一支政治强、业务精、纪律严、作风正的意识形态工作队伍，是确保高校意识形态建设有效开展的关键性保障因素。高校辅导员作为意识形态工作队伍的一线力量，应牢牢把握意识形态工作内容，以问题为导向，避免上述工作中的突出问题，强化队伍建设和责任落实，扎实有效推进高校意识形态工作。

(一)加强辅导员队伍建设

加强辅导员队伍的政治建设和理论武装。2014年,习近平总书记与北京师范大学师生座谈时提出了"四有"好老师,把"有理想信念"放在了首位。2017年,教育部颁布的《普通高等学校辅导员队伍建设规定》对辅导员提出的首要标准是"政治强"。高校辅导员必须突出政治导向,作为马克思主义信仰的传播者,使学生树立起对我国社会主义意识形态的坚定认同和信仰。一是辅导员要深入学习理论知识,自身实现思想认同、信仰一致。二是辅导员要掌握意识形态的基本理论、发展规律、工作范畴、工作方法等方面的知识[5],关注时事政治、社会热点,能运用马克思主义思想、习近平新时代中国特色社会主义思想明辨是非、正向宣传引导,掌握意识形态工作规律,改善工作方法。三是辅导员要在高校思想政治工作队伍建设保障机制下,积极主动完善自身知识体系建设,不断提升专业素养。

以人为本,把握学生特点和内在需求。习近平总书记指出,思想政治工作从根本上说是做人的工作[6]。辅导员要牢记立德树人的根本任务,在思想政治工作开展过程中,根据意识形态工作的动态变化,遵循学生成长规律,结合学生的思想状况,切实提高意识形态教育引导的吸引力和感染力。一是积极研判,主动引导。辅导员要增强自身对社会热点、难点问题的观察力、判断力和说服力,不仅要解决学生学业、生活上的困难,更要解开学生思想、心理上的疙瘩,夯实意识形态教育的感召力和领导力。二是注重网络安全,利用新媒体抢占意识形态阵地。辅导员要提高"两微一端"等网络渠道的建设能力,创新网络思想政治教育,坚持"内容为王",放大主流声音,反击错误思想和言论,营造充满正能量的网络育人环境。三是继承传统,勇于创新。辅导员要在继承思想政治工作"传统"的同时,注重"创新",特别是在实践创新上狠下功夫。辅导员要围绕"培育和践行社会主义核心价值观"这一目标,教育引导学生知行合一、全面发展,投入生产劳动和社会建设服务中,成为走在时代前面的奋进者、开拓者、奉献者。

(二)加强正向宣传引导

习近平总书记指出,当前思想舆论领域大致有红色、黑色、灰色"三个地带"[7]。高校辅导员作为阵地排头兵,要增强阵地意识,加强阵地管理,不仅要做到守土有责、守土负责、守土尽责,还要做到勇于扩土、开疆拓境。辅导员要充分发挥自身作用,强化学生党团建设,牢固意识形态工作堡垒。一是以学生党建、团建为抓手,形成组织育人的长效机制。结合"两学一做"学习教育常态化,依托"三会一课"、主题党日、主题团日,开展好"不忘初心、牢记使命"主题教育等活动,创建学习型党组织、团组织,保证学生党员、团员在思想上、态度上、作风上不松劲。创新校园文化建设,提升文化育人实效。二是在党和国家的顶层设计指导和部署下,开展好主题教育活动,包括理想信念教育、社会主义核心价值观教育、中华优秀传统文化教育和革命文化教育等。在活动设计和组织过程中,辅导员应结合时代发展,紧扣国家脉搏。如结合新中国成立七十周年、新冠肺炎疫情防控等,开展好爱国主义教育活动,增强大学生的主流意识形态认同;结合就业创业形势,深化理想信念教育,鼓励学生担当起新时代的光荣使命,将个人梦融入伟大的中国梦;结合学生学业考试、论文发表、就业创业,开展学业诚信、学术诚信、就业诚信教育活动,增强广大学生诚信意识;结合读经典、诵经典活动,加强社会主义先进文化教育,传承和弘扬中华优秀传统文化,增强学生文化自信。"网络育人"于2017年被纳入"十大育人"体系,校园网络成为意识形态工作主战场之一。三是提升网络文明素养,创作网络文化产品,用充满感染力和号召力的作品,传播主旋律、弘扬正能量,在网络阵地上不断增强党的思想理论工作的战斗力,用中国化的马克思主义意识形态去占领一切网络化的思想文化空间,守护好网络精神家园。深入实践育人建设,多措并举践行社会主义核心价值观。实践是检验理论正确性、提高理论认识水平的必然环节[8]。四是在实践育人的组织和指导过程中,要紧密结合国家需求、高校专业特色、学生个人成长开展工作,深化意识形态影响。以重大节日或重大事件为契机,开展"致敬逆行者"英雄报告会、"脱贫攻坚标兵"报告会等,深化学生"浸入式"思想政治教育学习体验;结合学生专业要求,开展专业知识实践活动,如参与创新创业大赛、高新技术成果展等;结合国家需求与自身优势,开展志愿服务活动,如参与新中国成立七十周年群众联欢活动、2022年北京冬奥会等;结合国家需求与高校专业特色,开展职业规划与发展活动,如职业能力大赛、模拟联合国活动等。

(三) 加强反向防范应对

一是严格思想文化阵地管理,警惕错误意识形态向校园传导。面对趋于复杂化、隐蔽化的意识形态斗争,高校辅导员在组织、审批各项学生活动时,特别是对人文社科类讲座、企业宣讲等活动,要谨慎审核、严格把关,看清活动背后是否有敌对政治经济意图,避免学生被利用。高校辅导员要对校园网络安全工作时刻警惕,紧抓校园网络安全管理,调动学生骨干工作队伍,建立网格化的校园舆情监控与反馈机制,及时发现并处理错误言论和歪曲的热点敏感问题,避免其干扰学生思想。二是强化校园安全意识,排查化解学生思想隐患。辅导员要面向学生开展国家安全教育、网络安全教育、法制教育等,明确警戒红线,规范行为准则,打好线上线下意识形态安全预防针。高校辅导员要在尊重学生信仰的同时,紧抓少数民族学生思想政治工作,警惕校园周边非法传教人员,抵御境外势力利用宗教向校园渗透。辅导员要踏实开展学生深度辅导工作,细心观察学生在学业、生活、交友等方面的变化,注重人文关怀和心理疏导,增强心理健康教育实效,尽力避免学生因负面情绪和不良心态而发生极端危机事件。

综上,辅导员在高校意识形态工作中的责任,就是在高校党委的领导下,不断加强自身队伍建设,将意识形态工作融入日常工作中,从"正""反"两个方向入手,即加强正向宣传引导,加强反向防范应对,牢牢守住学生的意识形态红色堡垒。

高校意识形态工作是维护党和国家意识形态安全的重要屏障,高校党委要坚持把立德树人作为中心环节,把思想政治工作贯穿教育教学全过程,实现全程育人、全方位育人,牢牢把握高校意识形态工作领导权,确保高校成为坚持党的领导的坚强阵地[6]。高校辅导员要围绕学生、关照学生、服务学生,在校党委的统筹规划、整体部署下,扎实稳妥、积极创新地开展意识形态工作,使广大学生成为坚定的马克思主义信仰者、践行者、维护者,维护党和国家的意识形态安全,为实现中华民族伟大复兴的中国梦保驾护航。

本文系2019年度北京高校思想政治工作研究一般课题"高校辅导员意识形态工作责任制落实情况考核指标体系研究——以北京邮电大学为例"(BJSZ2019YB12)的阶段性成果。

参 考 文 献

[1] 陆俊,殷玉洁.关于高校法学教育的意识形态功能问题的思考[J].北京科技大学学报(社会科学版),2014,30(2):62-66.

[2] 杨胜才.论国家意识形态安全的民族院校责任[J].学校党建与思想教育,2016(18):10-12.

[3] 建设具有强大凝聚力和引领力的社会主义意识形态[EB/OL].(2018-09-21)[2022-05-

02]. http://theory.people.com.cn/n1/2018/0921/c40531-30306407.html.
[4] 朱汉国.当代中国社会思潮研究[M].北京:北京师范大学出版社,2012:1.
[5] 加强高校辅导员意识形态工作能力的培养[EB/OL].(2015-02-11)[2022-05-02]. https://world.huanqiu.com/article/9CaKrnJHJeX.
[6] 习近平:把思想政治工作贯穿教育教学全过程 开创我国高等教育事业发展新局面[EB/OL].(2016-12-09)[2022-05-02]. http://cpc.people.com.cn/n1/2016/1209/c64094-28936173.html.
[7] 用社会主义核心价值观凝心聚力——关于建设社会主义文化强国[EB/OL].(2016-05-05)[2022-05-02]. http://cpc.people.com.cn/n1/2016/0505/c64094-28325925.html.
[8] 冯刚.探索思想政治教育发展的内生动力[M].北京:人民出版社,2017:122.

浅析新时代背景下高校辅导员工作的形势与路径

人工智能学院　田　雪

摘　要　党的十九大报告指出,中国特色社会主义进入新时代。在新时代背景下,党和国家对思想政治工作提出了新的要求,高校辅导员工作也面临着新的挑战与机遇。辅导员需转变思维与理念,认清新形势,找到新路径,改进高校思想政治教育工作模式,创新工作路径,从管理者向服务者转变,努力发展研究,成长为专家型辅导员,切实提高工作实效性。

关键词　新时代;路径;专家型辅导员;思想政治工作

青年是社会力量中最为朝气蓬勃、富有创造力与活力的一代人,而青年时期正是世界观、人生观、价值观形成之时,青年缺乏社会经验,需要有正确的教育引导。高校要坚持立德树人根本任务,其中思想政治工作是关键环节。辅导员作为高校学生工作的骨干力量,如何做好学生思想教育工作,面临着新的要求和挑战。

一、新时代背景下高校辅导员工作形势

(一)落实立德树人根本任务

习近平总书记在全国高校思想政治工作会议上强调:"高校思想政治工作关系高校培养什么样的人、如何培养人以及为谁培养人这个根本问题。要坚持把立德树人作为中心环节,把思想政治工作贯穿教育教学全过程,实现全程育人、全方位育人,努力开创我国高等教育事业发展新局面。"对于高校辅导员而言,最主要、最艰巨的任务应该是做好人的工作。当代大学生进入"00"后时代,思想活跃,个性突出,信息来源广泛,因此也容易受到社会不良风气的影响。辅导员作为学生成长的引路人,引导学生树立正确的社会主义核心价值观是辅导员的工作使命。辅导员应深刻认识立德树人根本任务,加强自身思想道德水平和理论修养,坚持言传和身教相结合,不能只是一味地灌输与照本宣科,帮助学生树立正确的思想观念和道德标准,使社会主义核心价值观转化为学生的行为规范,培养学生成为有担当、有作为的新时代青年。

(二)利用思想理论"武装"头脑

党的十九大报告提出习近平新时代中国特色社会主义思想,这为社会发展提供了新的理论指导。作为高校思想政治教育工作者,辅导员亟须学习新思想、新理论,时刻保持思想的先进性,以便做好大学生思想引领工作,帮助学生增强"四个意识",坚定"四个自信",做到"两个

维护"。

2017年,教育部发布了《普通高等学校辅导员队伍建设规定》,明确了高校辅导员职务职级"双线"晋升要求,以推动辅导员队伍专业化、职业化建设。这样更加要求辅导员增强理论学习意识和理论研究水平,提升职业技能,才能逐步满足新时代对高校思想政治工作者的新要求。

(三)创新思想政治教育方式

高校辅导员工作需要围绕学生、关照学生、服务学生,了解并关注当代大学生群体特征,因材施教、因势利导。中国互联网络信息中心第49次的调查统计报告显示,截至2021年12月,我国网民规模达10.32亿,互联网普及率达73.0%。20～39岁网民群体占网民整体的37.2%,占比最高。大学生正属于这一群体。这为辅导员开展思想政治教育工作带来了新的挑战与机遇。互联网时代辅导员与学生交流的渠道拓宽了,这使辅导员的工作更加便捷、有效率、有时效性。但是,新媒体的迅猛发展使得学生接收的信息更加多元,思维更加活跃,表达更加自由。而网络信息良莠不齐,充斥着一些享乐主义、拜金主义、个人主义等不良思想,甚至还存在网络诈骗、网络赌博、网络色情等非法组织行为,使得学生极易受到社会中不良风气的影响。当代大学生追求个性发展,不喜欢被生硬灌输思想等特点,对辅导员开展思想政治教育工作提出了新的要求[1]。新时代的辅导员需要学会利用新媒介、新渠道开展工作,以加强思政教育的实效性。

二、新时代背景下高校辅导员工作路径

(一)重视学习研究,努力发展为专家型辅导员

高校辅导员需要与时俱进,强化学习和研究能力,要学会研究大学生的特征,以便有的放矢地开展工作,使学生"内化于心,外化于行"。辅导员专家化是提升高校学生事务管理水平的现实之需[2]。

根据教育部发布的《普通高等学校辅导员队伍建设规定》,辅导员的工作包含九大职责。职责的细分需要通晓学生事务管理工作的专家型辅导员队伍,以此促进高校学生工作持续高效开展。过去,辅导员工作更多依赖经验开展,很多工作的模式和方法常年相近,容易忽视或回避工作中出现的新问题,而学生群体在不断更新与变化,若仅凭经验之谈,已无法有效地处理好学生思想政治工作。因此,辅导员逐渐成为复合性岗位,需要更加综合的职业能力与素养。尤其在辅导员"双线晋升"的背景下,无论从高校思政工作,还是从自身职业发展而言,辅导员亟须把握岗位职责关键,努力修炼内功,发掘自身优势与专长,重点承担某方面学生工作职能,参与教学与研究实践,借助培训、进修、研讨等多种途径提升自我专业水平,逐步成为某方面专家型人才。这是辅导员专业化、职业化的必要趋势和要求。

(二)坚持服务育人,从管理者向服务者转变

在全国高校思想政治工作会议中,习近平总书记强调:"思想政治工作从根本上说是做人的工作,必须围绕学生、关照学生、服务学生,不断提高学生思想水平、政治觉悟、道德品质、文化素养,让学生成为德才兼备、全面发展的人才。"所以,培养优秀大学生重在综合素质全面发

展。大学阶段是学生们成长成才、充分发挥个人能力的重要时期。教育部发布的《普通高等学校学生管理规定》指出,"鼓励和支持学生实行自我管理、自我服务、自我教育、自我监督"。辅导员工作应坚持"放、管、导"相结合,将育人和管理相结合,鼓励学生自我管理,加之辅导员监督引导,充分提供学生发挥创造的空间和舞台。

辅导员在工作中要了解学生动态和诉求。学生在不同成长阶段会有不同的问题,比如,在入学时会涉及新生适应性问题,在毕业时会遇到职业生涯规划问题。辅导员在处理问题时,应采用不同方式与方法,帮助学生找到问题根源,为学生提供解决思路和渠道,引导其渡过难关。大学生处在成长的"拔节孕穗期",辅导员应努力成为学生成长的人生导师和知心朋友,培养学生提升自我管理、自我解决问题的能力,起到育人实效。

(三)创新工作路径,重视网络思想政治教育

作为高校辅导员,做好学生思想政治教育工作是首要任务,如何提高学生工作的实效性是关键问题。这就需要辅导员把握新时代大学生的群体特点,具有创新性思维,开拓育人新路径。

习近平总书记在全国高校思想政治工作会议上强调:"要运用新媒体新技术使工作活起来,推动思想政治工作传统优势同信息技术高度融合,增强时代感和吸引力。"这对新时代辅导员网络思政教育工作提出了新的要求与指导。首先,辅导员亟须提升媒介素养。媒介素养是指人们面对媒介各种信息时的选择能力、理解能力、质疑能力、评估能力、创造和生产能力以及思辨的反应能力[3]。提升媒介素养要求辅导员坚持正确的价值观,用批判的思维甄别信息,教育引导学生,还需要对新媒体增强认知与运用能力,才能够守好新媒体主阵地。辅导员要努力提升网络技能,善用网络工具,培养用户思维,提升网络育人实效[4]。其次,创新传播内容形式。新媒体时代,互联网传播以内容为主。网络思想政治教育面向大学生群体,更需要有创造力和吸引力的优质网络文化内容才能达到育人效果[5]。根据对我校学生上网习惯进行问卷调查的结果显示,学生对网络语言较为了解的群体占比约为51.99%,对网络语言非常了解的群体占比约为12.78%。约57.95%的学生表示偶尔使用网络语言,约21.02%的学生经常使用网络语言,占据较高受访比例。辅导员需突破老套、脱离实际的教育内容,贴近受教育者的生活,善于运用网络语言。此外,在了解学生喜欢的学习内容形式时,约70.17%的学生选择图片类,其次依次是文字类、视频类。可见,以漫画、动画、vlog等学生喜闻乐见的形式开展学习教育,将发挥更大的作用。再次,打造精品网络文化作品。通过开展特色学生活动,形成品牌效应,制作周边文化产品,大力培育校园文化。最后,发挥意见领袖作用。信息通过意见领袖传播更有说服力。加强网络舆论监控,掌握学生习惯使用的网络平台,注意关注学生言论动态,及时了解并发现学生群体的个性及共性问题,将教育与自我教育相结合解决实际问题。

三、结语

活跃在高校一线的辅导员应当意识到新时代大学生思想政治教育工作的挑战与变革。需要把握住新时代、新形势、新契机,运用新思路、新理念加强工作的实效性。辅导员在"双线晋升"的道路中,一方面要做好学生思想引领工作,将工作落实、落小、落细;另一方面要提升工作素养能力,将理论联系实际,将实践提炼研究,努力向专家型辅导员迈进,为培养堪当民族复兴重任的时代新人而奋斗。

参 考 文 献

[1] 李容容.浅析新时代背景下辅导员做好大学生思政工作的新思路[J].青春岁月,2019(29):149.
[2] 沈光.高校呼唤专家型辅导员[J].人民论坛,2017(5):122-123.
[3] 邱沛篁,蒋晓丽,吴建.媒介素质教育论集[M].成都:四川大学出版社,2004.
[4] 董伟平.探索网络时代高校辅导员工作方法创新[J].山东纺织经济,2018(3):56-58.
[5] 徐杨.运用新媒体推进大学生思想政治教育研究[D].沈阳:辽宁大学,2016.

新时代研究生思想政治教育的社团途径探析

计算机学院(国家示范性软件学院) 刘 杨

摘 要 随着中国特色社会主义进入新时代,高校思政教育工作也迎来了机遇和挑战。研究生教育是为社会主义现代化建设输送高端人才的主要途径,是人才培养的高层次,因此创新教育路径、增强育人实效尤为重要。本文拟结合新时代研究生思想特点和思政教育现状,以思政教育的社团途径为着力点,在导师协同育人视域下对新时代研究生思政教育的路径创新和实现途径做探析。

关键词 研究生;思政教育;导师;社团途径

习近平总书记在全国高校思想政治工作会议上指出,做好高校思想政治工作,要因事而化、因时而进、因势而新,要遵循思想政治工作规律,遵循教书育人规律,遵循学生成长规律,这对新形势下做好高校学生思想政治工作提出了总要求。[1]习近平总书记在十九大报告中指出:"青年一代有理想、有本领、有担当,国家就有前途,民族就有希望""中国梦终将在一代代青年的接力奋斗中变为现实"[2]。从国家的大政方针中不难看出,结合新时代特点和青年学生特点不断提高思想政治工作能力和水平是关乎中华民族伟大复兴的教育使命,要主动适应时代和实践发展新变化,遵循三个规律,推动思想政治工作模式创新,在继承和发扬思想政治工作传统优势的同时,切实增强工作的时代感和实效性,通过路径创新致力于使我国研究生思想政治教育迈向新的阶段[3]。

一、新时代研究生的思想特点和成长规律

在新形势、新思潮的影响下,研究生招生规模逐渐扩大,研究生的数量和质量、成长需求、关注热点也相应地发生了变化,如何应对变化特点通过行之有效的方式推进育人实效是德育工作开展的关键所在。这就要求思想政治教育工作者深入了解研究生的思想特点,遵循成长规律,开展行之有效的教育教学工作,加强工作路径创新,不断探索、挖掘符合研究生特点和时代要求的思想政治教育开展路径。

(一)新时代研究生的思想特点

研究生群体有较高的学识和成熟稳定的思想意识,以现实需求为导向的学习意愿明显,对意识形态方面主观提高自身思想水平的意愿较弱。下面从社会背景、教育背景角度追根溯源,分析新时代研究生较显著的思想特点。

1. 新时代研究生是网络"原住民",价值观呈现多元化的特点

目前在读的研究生在1995年前后出生的人数居多,是伴随着网络成长起来的一代人。他们从小生活在互联网发展变革的转型期,除传统学校教育资源外,自己可通过网络了解更多的资讯信息,这对他们价值观的塑造和引领起了很大的作用。信息来源渠道广、周围环境更替快、时代新兴产物多使得这代人的思想价值观念趋于多元化。

2. 新时代研究生主观意识及回报意识强烈

目前在读的研究生以独生子女居多,从小享受的教育资源丰厚,受到的家庭关注和关爱较多,更注重个性发展。在这样的教育和家庭环境中成长的个体主观意识更强,更崇尚自由的精神、追求个性化和差异化的发展。同时,从小的精细化培养模式和教育环境使得这一代人有较强的回报意识,更注重付出和收获的回报比例,学习的目的性更强,更期待成果回报。

3. 新时代研究生接受新鲜事物的能力、创造力强

新时代研究生生活在一个更为自由、开放多元的社会环境中,从小就注重素质教育和综合能力的培养,这决定了这代人有很强的创造性和学习能力,对于新鲜事物的接受度、信息的获取敏感程度都要远远优于以往时代;同时,具有较强烈的求知欲、擅长"举一反三",对于新事物的衍生能力及创造能力也表现得比较突出。

(二)新时代研究生的成长规律

遵循学生成长规律的教育方式才能达到理想的育人效果,所以找到教育培养目标与学生成长规律的契合点尤其关键。研究生经过本科时段的教育培养,已有较清晰的自我规划和专业追求,浸润式的教育模式更能契合学生自身发展目标和成长规律,团体动力更能给研究生的成长提供支持。

二、新时代研究生思政教育面临的问题

随着信息时代的来临,研究生获取信息的途径呈现多元化的特点,研究生的思想价值很大程度会受到舆论和网络信息的影响,追求个体实际价值的趋势更为明显,对主动提高自身思想建设水平的意愿较弱,加之日常专业学习任务较繁重,重科研轻德育的现象较为明显;部分研究生在价值观、自我管理等方面都有不同程度的问题,这些特点为研究生思想政治教育工作带来了新的挑战。

(一)部分研究生对思政学习的热情不足、重视程度不够

研究生的年龄分布范围较大,人员构成较为复杂,既有刚毕业的应届本科生,也有参加工作多年的再考生。同时,研究生相较本科生有更丰富的校园生活经验及更明晰的自我认知,主观意愿较强,个体思想及三观已趋于稳定,对政治学习及参与集体活动的积极性不高,主观学习意愿不足,这从主观能动性上增加了思想政治教育工作的难度。

(二)专业学习安排差异大,素质教育集体活动开展时间难以保证

研究生在实验室导师的指导下进行相对独立的课题研究或去不同企业/校企联合培养。因此研究生的活动时间和空间较为分散,大家在一起交流的时间和机会较少,要开展集中的思

想政治教育活动难度较大,这从物理空间维度上增加了思想政治教育工作的难度[4]。

(三)研究生思政工作与学生实际需求结合度不高

研究生思政工作缺乏对研究生思想特点和实际需求的科学分析,对研究生群体的现实需求调研不足。在学生活动顶层设计方面与需求结合不紧密,学生参与活动输出值与获得感比例失衡。目前对于本科生的德育教育体系建设较为完善,而对于研究生的思政教育在很多院系内都是与本科共用一套教育及激励方案,未能对思政工作的开展实效起到促进作用,造成研究生思政工作开展困难的局面。

三、新时代研究生思想政治教育的社团途径优势

研究生思政教育的实现路径直接影响育人效果,加强研究生的思想政治教育实效,探索教育路径,是新时代培养国家高素质人才的现实需要,是双一流院校建设关乎教育质量的必然要求,是研究生自身发展的内在需要。

高校社团组织作为思想政治教育的载体之一,是借助团体动力落实研究生育人实效的优质途径,是遵循研究生成长规律的体现,可最大限度地发挥研究生群体主观意识强、新事物接受度高、创造力强的思想特征优势。通过学生自发组建学习社团,以兴趣研讨为牵引,以点带面,开展思想政治理论学习及实践活动,将学习成效辐射到更多的同学,可切实提高研究生思政育人实效。

新时代高校思想政治教育工作应该围绕立德树人根本任务,加强工作理念和工作方式创新,不断探索符合时代特征的高校思想政治教育工作新路径[5]。校园社团以兴趣研究为导向,是能激发个体主动学习动机的动力团体。引导学生以兴趣为驱动,以榜样为引领开展教育学习对研究生思政教育大有裨益。

(一)兴趣驱动作用,提高思政教育的内推力

研究生学习社团的建立有利于满足研究生的多层次需求[6]。研究生群体的党员占比高,研究生党员思想觉悟高,追求思想不断进步的动机强,有组建理论学习社团的人才储备条件。通过社团组织以兴趣为驱动发挥榜样引领的作用,吸纳更多的同学加入学习社团中,一方面可以满足社团组织者的自我实现层次和尊重层次的需求,另一方面可以满足参与者社交及情感表达的需求。

研究生社团是一个互动良好的同辈群体,发挥党员占比高的优势,依托社团组织开展新时代中国特色社会主义思想学习、宣讲、交流,由学生群体自发学习并形成机制和效果辐射,由被动学习变成主动关注,由单向的信息接收变成双向的表达研讨,有助于提高研究生对于思政学习的兴趣,从而提高思政教育的内部推动力。

(二)机制保障作用,建立规范的活动体系

研究生科研安排分散,时间难以统一,是组织集体学习的一大壁垒,而社团是由学生自发共同组建形成的组织,活动开展时间一般由学生自主商定,选在课后或其他闲暇时段,活动开展时间设置灵活,所以社团是科研节奏紧张的研究生群体开展集体活动的便利载体。社团的建立从时间的自由度上给思政教育活动的开展提供了保障。

研究生理论学习社团开展的相关学习研讨及实践活动,可通过合理的记录和考评,设置项目化加分,将社团工作的参与和开展情况纳入评优体系,给学生开具社团理论研讨学习成绩单,在入党推优、奖学金评定、就业推荐等环节作为参考,从激励政策上给思政工作的开展提供机制保障。

(三)契合实际需求,推动思政育人实效

研究生群体的年龄及个人经历跨度较大,研究生相较本科生有更清晰的自我认知、社会认知和丰富的校园生活经验,对于自身需求的满足度和参与活动的获得感十分看重。社团组织本身就是基于一部分同学的共同兴趣、实际需求由学生自发成立的组织群体,以社团组织为依托开展思想政治教育工作,可发挥朋辈互助的力量,使朋辈相互做成长的同行者,化被动传授为主动参与,改言语说服为行动促进;可发挥学生接受新事物能力强、思想创造力强的特点,遵循学生的成长规律,更好地体现从学生中来为学生成长成才服务的理念。可使研究生将自身的需求和关注点与国家的方针政策、社会的需求导向相结合,多维度地开展思政理论的学习,促进其形成自省和自主学习意识,让研究生群体意识到只有将自身的成长发展目标与社会和国家的发展方向匹配一致,才能更好地实现自我价值。

通过学习社团的途径开展思政教育工作,有助于研究生精准地定位自身的需求并契合国家的发展方向,使得其意识到具有政治素养、发展眼光、发展性思维的重要性,形成自主学习的意识,主动提高思想建设水平,积极了解国家时事政治、大政方针,追求专业学习及德育发展的共同进步,进而推动研究生思政教育的育人实效。

四、以社团建设为依托,发挥导师协同育人作用的实现途径

研究生的培养是在导师的指导下通过各课题组开展专业学习和科学研究,导师的一言一行和指导水平与研究生的发展息息相关。研究生的心理和思想的成熟度较高,加之日常学习科研任务繁重,其对时间的自主支配意识很强,对于科研外的学习,只有认定有价值、有意义才会参加[7]。所以发挥研究生理论社团的育人作用要在导师层面、活动设计层面合力。社团建设要发挥导师的力量,注重科研培养、德育教育并驾齐驱;在活动设计层面走契合研究生培养特点的高品质路线,理论社团建设的成果输出可以课题为依托,以论文为成果输出,课题的研究能力、论文的撰写水平对于研究生提高思想水平和科学研究能力都有极大的作用。

(一)依托研究生培养模式,以课题为支撑开展社团理论学习活动

研究生的专业能力培养大部分依托实验室课题组进行,在项目研究过程中会进行成果总结及经验探讨并形成论文,所以研究生群体非常注重自身课题研究能力和论文撰写能力的积累。

发挥理论社团的育人效果可以接轨研究生的培养模式,以课题为支撑开展社团的学习研讨及实践活动。通过思政课题立项的形式,让研究生群体参与到课题的研讨中来,在此过程中,一方面可以培养研究生课题研讨及知识总结的能力,课题研究能力的提高也可满足研究生的实际需求;另一方面可以促进研究生对于课题本身进行思考,有利于培养研究生关心国家大政方针、了解国家政治形势的主观意识,促进研究生树立正确的政治立场、端正的思想态度,发挥学习社团的育人作用,从而强化思政育人的效果。

(二)发挥青年教师的专业力量,指导社团多元发展

导师作为研究生在校期间的第一责任人,在研究生的成长成才过程中起着无可替代的作用,同时也在研究生的专业素养和道德品质的形成上起着重要作用。研究生对于导师的信服度很高,对于导师支持的各类活动参与热情度高。所以发挥专业教师的力量是研究生理论学习社团实现育人功能的关键。

青年教师与研究生年龄相仿,对于学生需求和关注热点十分了解,在日常课堂教学中也经常与学生有深入的思想交流。选拔青年教师作为社团的理论指导教师,一方面有利于第一课堂和第二课堂的融合,促进专业教育与德育教育齐头并进,形成良好的育人风气;另一方面有利于强化导师对研究生的思想引领意识,从而认同自身对学生思想德育塑造方面的教育引导效能,促进专业教师形成德育育人的责任意识。

(三)注重社团活动顶层设计,强化实践引领,推动思政教育落地生根

强化实践引领和成果输出,社团实践活动设计可依托大学生创新创业实践基地,充分发挥"大学生创新创业实践成果展""研究生创新成果展"的社会影响力,推进专业实践教学、社会实践、创新创业和志愿服务活动等载体有机融合,形成实践育人统筹推进的工作格局。

在研究生群体普遍对德育环节教育重视度不够的客观环境下,要发挥社团的思政育人作用,就要立足研究生培养的特点开展社团教育活动,活动的层次要满足研究生群体的个人成长需求,活动内容要契合研究生的现实发展目标,活动主题要结合研究生群体所关注的热点问题。将思政育人的内容与研究生群体的实际需求相结合,注重社团活动顶层设计,才能使学习社团永葆生命力,实现育人价值。

(四)联动社团建设,反哺课程思政育人模式

发挥导师育人作用,通过社团途径将专业研究与思政教育相融合。以社团组织为推动,了解专业课程评教情况,结合研究生的思想现状,与导师合力深入挖掘各类专业课程和实践教学方式所蕴含的思政教育元素与所承载的思政教育功能。根据不同专业人才的培养特点和专业能力要求,强化课程思政,科学合理地设计思政教育内容。将专业思政作为教材的必要章节纳入教学大纲,与课程知识体系有机融合,建设顺应新时代要求的一流研究生课程。建立"课前+课中+课后"全流程教育教学质量保障体系,确保课程思政教育取得实效。

发挥导师在学生思想政治教育中的重要作用,依托"一流学科"平台、一流项目资源、一流科研基地、一流学术大师,结合研究生的培养特点,把思政育人贯穿选题、立项、研究和成果应用的全过程;全面推进思政工作进科研团队,反哺课程思政的育人模式,强化价值引领,引导新时代研究生以德立身、以德立学。

把研究生思政社团建设作为开展课程思政的前端探索路径,通过社团组织建设,将组织建设和教育引领相结合,强化思想引领、课堂引领、价值引领,让优秀的思政社团建设案例、优秀的指导教师工作方法、优秀的研究生代表事迹和优秀学术团队的思政建设事迹能推广流传;将思想政治表现作为科研团队建设的底线,将建设成果反哺专业课程思政教育环节,把思想政治工作贯穿教育教学全过程,促进德育引导与专业教育的融合,落实立德树人的根本任务,从而增强育人实效,为研究生思想政治教育工作的发展带来积极的、正面的作用,努力培养能够担当民族复兴使命的新时代研究生。

参 考 文 献

［1］ 吴晶,胡浩.习近平在全国高校思想政治工作会议上强调 把思想政治工作贯穿教育教学全过程 开创我国高等教育事业发展新局面[J].中国高等教育,2016(14):5-7.

［2］ 习近平.决胜全面建成小康社会 夺取新时代中国特色社会主义伟大胜利——在中国共产党第十九次全国代表大会上的报告[J].学理论,2017(11):1-12.

［3］ 任怀艺,李璎珞,刘博涵,等.朋辈浸润宣讲:高校增强思想政治教育时代感和实效性的模式创新[J].学位与研究生教育,2018(9):6-10.

［4］ 刘晓岚.加强研究生学术活动优化思政教育软环境[J].医学教育探索,2009,8(1):91-93.

［5］ 林凯.微时代高校思想政治教育路径创新[J].高校辅导员,2019(4):57-60.

［6］ 莫晓静,冼季夏.高校研究生社团的建设现状与思考——以广西地区高校研究生社团建设为例[J].广西教育学院学报,2014(1):93-96.

［7］ 邢晓辉,申玉杰,常军武.论研究生心理健康教育的社团途径[J].中华医学教育杂志,2007,27(1):63-65.

三全育人背景下辅导员、班主任、导师三支思政工作队伍建设探析
——以北京邮电大学电子工程学院为例

电子工程学院　李登阳

摘　要　2017年,中共中央、国务院印发了《关于加强和改进新形势下高校思想政治工作的意见》(以下简称《意见》)。《意见》指出,要坚持全员全过程全方位育人。把思想价值引领贯穿教育教学全过程和各环节,形成教书育人、科研育人、实践育人、管理育人、服务育人、文化育人、组织育人长效机制。在三全育人综合改革背景下,需牢牢抓住辅导员、班主任、导师三支队伍作为育人保障,建立起"三对一"的学生教育管理服务模式,充分发挥学院各类教职工的优势作用,为思想政治教育工作赋能助力。

关键词　三全育人;思政工作队伍建设;思想政治教育

辅导员是高校思想政治教育的主力军,也承担着指导、组织大学生思想政治教育和日常管理工作的重任。本科生班主任是高校思想政治教育工作的重要角色,对促进学生成长成才具有重要作用。在研究生培养过程中,导师毫无疑问起着关键作用,也肩负着培养国家高层次创新人才的使命与重任。如何抓住、用好这三支思政工作队伍,是高校思想政治工作成功与否的关键,也是当下教育工作者所面临的共同课题。

一、辅导员、本科生班主任、研究生导师三支育人队伍的重要性

三全育人,即全员、全过程、全方位育人,是党中央、国务院对高校思想政治工作提出的新要求。新时代高校铸魂育人工作的重中之重就是要凝聚起思想政治教育合力,组建一支德才兼备、分工明确、齐抓共管的思政工作队伍。在"大教育""大思政"的工作框架中,高校中每一名教职工都是思想政治教育的实施者、践行者和推进者,应当肩负起自身的责任与使命,只有各部门形成系统化、协调化、可持续的联动关系,将育人资源有效地转化为良好的工作实践,方能为学生提供更好的成长生态、更强的服务支撑。

《普通高等学校辅导员队伍建设规定》中明确了辅导员的九大工作职责,即思想理论教育和价值引领、党团和班级建设、学风建设、学生日常事务管理、心理健康教育与咨询工作、网络思想政治教育、校园危机事件应对、职业规划与就业创业指导、理论和实践研究。相关的文件要求既鲜明地指出了高校思想政治工作的极端重要性,又为高校辅导员赋予了崇高的使命和

职责,勾勒了清晰的职能定位,描绘了广阔的施展空间和全新的事业前景[1]。

本科生班主任同样承担着育人的重要角色和使命。除了坚持立德树人,做好大学生思想政治教育工作,协助辅导员做好班集体建设,掌握班级学生思想动态,及时了解学生需求之外,考虑班主任的专业特点和学术能力,还需要其承担学业指导、学业发展规划、学术竞赛指导等工作。

教育部于2018年发布的《教育部关于全面落实研究生导师立德树人职责的意见》,明确了导师是研究生培养第一责任人的要求,要求导师坚持社会主义办学方向,坚持教书和育人相统一,坚持言传和身教相统一,坚持潜心问道和关注社会相统一,坚持学术自由和学术规范相统一,做研究生成长成才的指导者和引路人[2]。

二、辅导员、本科生班主任、研究生导师三支育人队伍目前存在的问题

(一) 辅导员队伍流动性大,给开展思政育人工作带来不便

一方面,辅导员队伍往往由专职辅导员和优干保研的学生兼职辅导员构成,后者在完成两年的工作后,通常会选择离开辅导员岗位;另一方面,学校的党政机关也会从辅导员队伍抽调骨干人员进行补充,这就造成了辅导员队伍人员不固定,流动性较大,有的学生本科四年甚至会换3~4个辅导员。人员的频繁流动使得辅导员很难与学生建立信任,给开展思政育人工作带来了很大的难度。

(二) 辅导员队伍的专业性、职业性有待加强

辅导员岗位是一个专业性较强的综合岗位,它要求辅导员不但要有一定的综合素质和服务意识,还要有较高的业务水平和专业能力[3]。但由于辅导员缺乏相应学科的支撑,缺少相应的专业和研究方向,似乎各个专业背景的毕业生都可以来应聘并且成为辅导员。此外,大多数辅导员所带班级学生专业与自己所学的专业不符,甚至相差甚远,增加了辅导员开展学风建设、加强班级日常事务管理的难度,也造成了辅导员队伍学科背景"大杂烩"、工作技能"不专业"、专业归属"较缺乏"的现象[4]。

(三) 研究生导师对于育人职责的理解存在偏差

很大一部分研究生导师仍然认为思想政治教育是学校和辅导员的事情,没有意识到自己是研究生思想政治教育的第一责任人[5]。这也导致导师对于研究生的思想政治素质引导不足,对于研究生的人文关怀、心理疏导、职业生涯规划等方面的教育不够。此外,对于部分学生管理的中间地带或"软性"职责,缺乏相对明晰的职责体系和考评体系,使得研究生辅导员和导师都倾向于应该由对方负主责,自己只起辅助作用,育人合力当然无法形成[6]。

三、三全育人背景下辅导员、班主任、导师三支思政工作队伍建设的主要做法

北京邮电大学电子工程学院自确定为教育部首批"三全育人"综合改革试点示范院系以来,紧紧围绕立德树人根本任务,深入贯彻落实全国教育大会、全国高校思想政治工作会议精

神,以社会主义核心价值观为引领,积极推进"三全育人"理念,探索协同育人新机制,努力建设一支政治素质过硬、专业水平突出、业务能力过关的高素质育人队伍,服务学院人才培养目标。目前,学院以辅导员、班主任、导师三支队伍作为育人保障,实行"三对一"的学生教育管理服务模式。

(一)聚焦素质提升,推动辅导员队伍多元化发展

以标准化配置为目标,不断优化队伍结构。按照要求完成辅导员配备任务,除大四年级外,各年级均为"专职辅导员+优干保研辅导员"共同带班,专职辅导员担任年级组长,打造一支以专职为主、专兼结合、素质优良的学生工作团队。

以专业化培训为手段,不断提升职业动能。除参加学校的各项工作培训外,学院组织辅导员专题培训,邀请副书记、有经验的专职辅导员、即将到任的优干保研辅导员等主讲,提升辅导员理论水平和工作素养。组织辅导员参与社会实践,在实践中磨炼成长。

以规范化管理为抓手,不断完善评价体系。落实辅导员三进计划(进课堂、进宿舍、进科研团队),推进深度辅导工作,提升辅导员工作实效和育人成效。规范过程管理,实行学生工作周报制度。

以凝聚力建设为纽带,不断增强队伍活力。营造健康活泼、阳光向上的团队文化,通过素质拓展、趣味运动会等活动,增强辅导员团队的凝聚力和战斗力。

以专家型成长为导向,不断优化发展机制。成立微言辅导员工作室,致力于提升学生工作的有效性、针对性、科学性、系统性,并为辅导员的职业化、专业化、专家化发展提供坚实的平台。组织辅导员设计、创作、选送正能量话题、文章,运用新媒体话语持续推送涵盖思想引导、学风建设、安全教育等内容的专题,提高辅导员的职业成就感和职业认同感。

(二)整合师资力量,构建专业化的班主任队伍

为全面开展针对本科生的学业帮扶工作,学院严格落实《北京邮电大学本科生班主任工作规定》(校学发〔2017〕37号),研究并制定了《北京邮电大学电子工程学院本科生班主任管理办法》,组建了一支学院领导牵头、院办、教务、辅导员多方联动,以专职教师为主的学业班主任队伍,三年间共选拔了近百名教师担任本科生学业班主任工作,目前学院52个本科教学班均配备有学业班主任,保证了每个本科生班级至少有1名学业班主任。学业班主任在学院党委的直接领导下开展工作,与所在年级辅导员相互配合,协助辅导员加强班集体建设,利用面对面或微信、QQ、电子邮箱等多种形式,帮助学生解决学习困难。每位学业班主任每两周至少与指导班级学生进行一次不低于2学时的学业指导。对于家庭贫困学生、学业困难学生、少数民族学生等重点帮扶对象,通过建立学业班主任、辅导员与学生"一对一"的精准对口帮扶模式,实现了对重点关注学生的思想引导、心理疏导、学业辅导、生活关心及经济资助的综合教育培养。学院也定期召开班主任工作交流会,通报情况,研究问题,交流经验,共同做好学生教育培养工作。

(三)推动科研育人,发挥导师团队创新引领作用

导师制是研究生培养过程中的一项基本制度,意在对研究生的学习、论文以及思想生活提供必要的辅导和指导。针对导师制在学生培养过程中的独特优势和功能,结合提升学生创新创业能力的需要,自2018年起,学院在本科生中引入导师制,作为辅导员和班主任队伍工作内

容的补充。在导师的指导与带领下,学生可以选择自己感兴趣的方向提早参与课题、展开科研工作,申报校级、省级乃至国家级的科研竞赛项目,以为后续个人发展奠定深远影响。目前,学院已经实现了导师制对每个学生个体的全覆盖,由216名专业教师担任本科生导师,在这一制度的影响下,学院应届考研学生总数和上研率均位于学校首位。

在研究生科研团队,学院探索选聘在编在岗的青年教师担任科研团队思政工作联系人。由联系人协助导师和辅导员共同开展研究生思想政治教育工作,在团队中定期召开专题会议,及时、全面深入了解研究生群体的思想和学业动态,宣讲党的知识理论,将科研项目、学术研究与中国现实、世界大势相结合,将思想政治教育工作与提高人才培养水平相结合,循序渐进地实现对学生的全方位价值引领。

辅导员制、班主任制和导师制三者互为补充,一改从前的辅导员"大包大揽"的传统作风,形成"辅导员天天见、学业班主任进到班、科研导师面对面"的工作局面,能够更加及时、有效地解决学生的思想、学习、生活、科研等各类问题,"三对一"联动培养模式在实践过程中也在不断完善和规范,学院合力育人、协同育人的良好氛围凸显,各类群体联合推动,育人工作的自觉性和责任感进一步得到增强。

四、小结

(一) 坚持思想引领,加强政治理论学习,提升育人源动力

根据辅导员、班主任以及导师不同群体的岗位要求和工作特性,有针对性地开展专项培训和专题研讨,用党的最新理论武器和高等教育的最新理念指导实践,提升教职工的政治理论素养以及思想引领能力,开展师德师风建设,推动教职工提高境界、热心教研、精心科研,认真履行教书育人职责,为"三全育人"队伍建设注入源源不断的内生动力。

(二) 坚持质量为先,遵循教育教学规律,确保育人实效性

针对不同类型、不同专业、不同特点的学生,遵循思想政治教育工作规律、教师成长发展规律、学生成长成才规律,梳理并挖掘各群体、各领域、各岗位的育人元素,创新培养教育的内容和形式,建立协同协作、同向同行、互联互通的工作模式,形成协调配合、齐抓共管的工作机制,打造特色品牌工程。将具体的职责要求纳入教师综合考评细则,引导全体教职工做"四有"好老师,做学生健康成长的指导者和引路人,合力下好大学生教育培养这盘大棋。

人的问题是学校教育也是学校管理最根本的问题。这就要求学生工作要从对人性的理解入手,全面把握学生的思想动态,及时有效地对学生进行指导,统筹规划学生管理体系,充分发挥学院各类教职工的优势作用,积极谱写"三全育人"合奏旋律。

参 考 文 献

[1] 谢明洋,曾崇林.高校辅导员队伍建设的重要意义和路径探析[J].教育教学论坛,2021(42):21-24.

[2] 马凯,刘维韬,刘衡升,等.导师在研究生培养中思政育人作用的提升路径研究[J].中国地质教育,2022(1):5-8.

[3] 孙凡.高校辅导员队伍建设路径的探索与创新[J].产业与科技论坛,2021(3):260-261.

[4] 范琼.高校辅导员队伍专业化建设困境探析——以海南医学院为例[J].教育教学论坛,2017(13):41-42.
[5] 施卫华.研究生辅导员与导师协同育人研究[J].高校辅导员学刊,2021(4):68-72.
[6] 焦丽.构建高校研究生导师与辅导员协同育人机制[J].学习月刊,2022(1):49-51.

研究生导师立德树人评价体系研究

计算机学院(国家示范性软件学院)　王　聪

摘　要　为落实导师是研究生培养第一责任人的要求,遵循研究生育人规律,创新研究生培养方式,提高研究生导师基本素质,明晰研究生导师立德树人职责,加强研究生导师立德树人职责落实情况的评价考核,本文拟采用调查法、统计分析法进行调查,从学术成果、教学成果、育人成果、实践活动成果四个维度出发划分指标,通过delphi法确定权重,最终建立健全科学、公平、公正、公开的评价体系。这样一方面有利于打造一支有理想信念的研究生导师队伍,另一方面可以实现全员育人、全过程育人和全方位育人。

关键词　研究生导师;立德树人;评价体系

为贯彻落实《教育部关于全面落实研究生导师立德树人职责的意见》(教研〔2018〕1号)、《新时代高校教师职业行为十项准则》(教师〔2018〕16号)以及《北京邮电大学关于全面落实研究生导师立德树人职责的实施细则》(校发〔2019〕2号)等文件的精神,加强对研究生导师立德树人职责落实情况的评价,需建立完善的评价体系。量化研究生导师立德树人的育人成果,建立科学的评价体系,是研究生导师职称评定、晋升、绩效考核、评先评优的重要手段。研究生培养方式决定了导师是第一责任人,是学生成长成才的引路人,要满足坚定的政治素质、高尚的师德师风和精湛的业务能力三大要求。量化研究生导师育人成果,建立科学的立德树人评价体系,有利于打造有理想信念、有道德情操、有扎实学识、有仁爱之心的研究生导师队伍。提升研究生的综合素质、创新能力和社会责任感,培养社会主义建设者和接班人。

一、研究生导师立德树人评价工作现状

(一)研究生导师立德树人评价状况

随着全面落实研究生导师立德树人职责实施细则,立德树人成为研究生导师评价的核心内容。评价结果也会在职称评定、职务晋升、绩效分配、评优评先中占据越来越重要的位置。导师立德树人评价体系通过量化导师的学术成果、教学成果、育人成果、实践活动成果,满足全面性、系统性、科学性和公平性四个特点。各大高校依据《教育部关于全面落实研究生导师立德树人职责的意见》(教研〔2018〕1号)纷纷出台实施细则,但具体的评价体系尚不完善,有待建立量化的立德树人评价体系。

（二）研究生导师立德树人理论基础

曹洪军等从建立研究生导师立德树人培训机制的角度着手，分析了研究生导师立德树人工作开展不到位的原因，提出了培训研究生导师立德树人技能的措施。他们认为目前在研究生导师立德树人评价工作中，存在考评主体、考评客体和指标权重失衡等问题，严重地影响了研究生导师在立德树人工作中育人作用的发挥。应遵循全员考评、全面考评、全程考评的原则，重视考评工作并构建完善的考评指标体系。郑爱萍等采用问卷调查方式，对12所高校1 496名师生进行跟踪调查，与100多名师生进行一对一面对面访谈，旨在发现高校研究生导师立德树人机制建设情况，提出加强研究生导师师德师风建设的"五个强化"举措。易森林等提出了研究生导师立德树人工作的主要路径，其中涉及如何强化研究生导师的育人意识和加强研究生导师职业道德建设。

二、确立研究生导师立德树人评价体系

（一）确立研究生导师立德树人评价体系的原则和方法

1. 标准化原则

研究生导师身兼科研和教学任务，一般情况下对于工作成果并没有办法形成短期、有效的统一标准化评判体系，为了对导师的育人成效进行有形的绩效评估，就需要对导师全员、全方位、全程育人的各项指标进行标准化，形成标准化目标。

2. 全方位原则

研究生导师的育人工作一般具有综合效果，一定要全方位、多角度地看待并分析出现的问题，在对评价指标进行选择时，既要考虑最新的相关政策，又要考虑导师和学生之间对问题的不同看法，对导师育人工作的全方位考核，要追求短期效益以及长期的影响。

3. 定性和定量相结合原则

由于导师立德树人的评价很难定量分析，所以要坚持定性和定量相结合的原则。要做到真正克服导师立德树人评价中的定性倾向，就要首先考虑量化指标体系，力求考核数据、内容的真实性，在整个评估过程中做到客观、公平、公正。

（二）确立研究生导师立德树人评价体系的具体方法

根据研究生导师立德树人的职责，本文从学术成果、教学成果、育人成果、实践活动成果四个维度出发进行量化，以建立全面的导师立德树人评价体系（见表1），并根据评价结果进行奖惩，形成评价激励长效机制。

表1 研究生导师立德树人评价体系

一级指标	二级指标	三级指标
工作结果	学术成果	发表科研论文、专著等级与数量
		主持项目级别与数量
		科研获奖、技术专利数量与等级

续表

一级指标	二级指标	三级指标
工作结果	教学成果	发表教学论文、主编教材等级与数量
		讲课比赛奖、主持精品课程建设
	育人成果	学生科研成果奖
		学生道德先进荣誉奖
		恪守学术道德
工作过程	实践活动成果	参与师生活动次数

1. 学术成果

对于研究生的培养，实行导师责任制，导师的学术能力、创新能力对研究生的培养质量至关重要。研究生的科研能力培养是研究生培养阶段的重要环节，导师的学术成果侧面反映了导师的科研能力，是衡量导师科研能力的重要标准。学术成果指标下设三个三级指标，分别是发表科研论文、专著等级与数量，主持项目级别与数量和科研获奖、技术专利数量与等级。习近平总书记指出，科研要提高原始创新能力，因而导师要在提升自身科研能力的前提下，着重培养研究生的学术创新能力。

2. 教学成果

教育是国之大计、党之大计。良好的教学成果可以体现导师的教学水平，教学成果包括教学设计、过程实施以及学生学业检测水平。该指标下设两个三级指标，分别为发表教学论文、主编教材等级与数量和讲课比赛奖、主持精品课程建设。导师在研究生教学的全过程中，对学生课程能力的把控，对学生差异化的培养是导师立德树人评价体系的重要组成部分。

3. 育人成果

导师是研究生培养的第一责任人。在立德树人的视角下，研究生的思想道德、学习情况、获奖情况等都能体现导师的育人成果。研究生是导师开展育人工作的最直接受众，从研究生的培养角度来考核导师，能够提高导师的能力和水平，达到"1+1＞2"的效果。育人成果下设学生科研成果奖、学生道德先进荣誉奖、恪守学术道德3个三级指标。

4. 实践活动成果

实践活动成果下设参与师生活动次数这个三级指标，旨在增强研究生和导师之间的师生关系，拓宽研究生思想政治教育渠道，加强研究生思想政治教育工作。结合研究生自身特点，利用学生德育评价系统建立导师立德树人实践活动登记系统，使得评价体系的数据客观真实。

从学术成果、教学成果、育人成果、实践活动成果四个维度出发，利用delphi法确定每一维度权重，最终建立量化评价体系。最后根据评价体系得出导师立德树人方面的综合评分，根据评分结果进行奖惩，实现全员育人、全过程育人和全方位育人的最终目的。

三、建立研究生导师立德树人评价体系的意义

（一）有利于构建良好的导学关系

导师和研究生的导学关系日益复杂，主要体现在教学传授知识和科研两个方面。在日常

科研中,导师和研究生的关系容易异化成雇佣关系,同时牵扯利益关系。这不仅容易破坏正常的师生关系,还会损害研究生的自身利益,激化导学矛盾,影响研究生的培养质量。构建研究生导师立德树人评价体系有利于导师和研究生之间关系的缓和,其可以起到监督和反馈作用,导师注意与学生的沟通,着力在培养过程中提升研究生的综合素质,从而形成良好的师生关系。

(二) 有利于实现立德树人的根本任务

建立研究生导师立德树人评价体系的主要目的是发现导师在育人培养过程中的问题。该评价体系的结果对研究生的教育起到导向作用,如果部分导师忽视立德树人的根本任务,则影响研究生的育人实效。导师承担学术和品德育人的职责,该评价体系的指标划定,有利于导师在育人过程中注重对学生综合素质的培养,该评价体系改变了对导师的单一维度考核,实现了导师的考核在学术成果、教学成果、育人成果和实践活动成果方面的有机结合,以真正实现立德树人的根本任务。

参 考 文 献

[1] 行金玲.高校辅导员考核指标体系构建与模糊评价方法研究[J].重庆工学院学报(社会科学版),2008(4):46-48.

[2] 李彬,谢水波,蒋淑媛.立德树人视野下高校研究生导师评价体系存在的问题及对策[J].教育现代化,2019,6(63):155-159.

[3] 刘晓喆.研究生导师立德树人职责何以"全面落实"[J].学位与研究生教育,2019(6):6-12.

[4] 汪发元.高校硕士研究生导师考核评价指标体系的构建分析[J].高教学刊,2016(3):4-6.

[5] 曹洪军,王娜.促进研究生导师立德树人考评工作的四重维度[J].思想政治教育研究,2017(1):139-143.

高校少数民族学生教育管理工作路径探索

现代邮政学院(自动化学院)　李霜燕

摘　要　少数民族大学生的教育培养是我国高校人才培养工作中的重要一环,对国家稳定、民族发展,实现富强民主文明和谐美丽的社会主义现代化强国意义重大。本文以北京邮电大学现代邮政学院(自动化学院)为例,在梳理近几年少数民族学生教育管理工作的基础上,总结分析目前少数民族学生的特点和问题,探索提升高校少数民族教育工作效果的新途径。

关键词　少数民族学生;教育管理;思想政治教育;高校

在党的十九大报告中,习近平总书记特别强调:"全面贯彻党的民族政策,深化民族团结进步教育,铸牢中华民族共同体意识,加强各民族交往交流交融,促进各民族像石榴籽一样紧紧抱在一起,共同团结奋斗、共同繁荣发展。"[1]这体现了民族团结在国家治理中的重要性。《国务院关于加快发展民族教育的决定》(国发〔2015〕46号)明确了高校民族教育对于中国整个教育事业的重要作用。少数民族大学生的教育培养是我国高校人才培养工作中的重要一环,党和国家一直高度重视他们的教育、管理和培养。少数民族大学生往往会发展为民族地区的中坚人才力量,是少数民族地区的发展力量,高校少数民族学生教育管理工作对国家稳定、不同民族间文化、发展融合,以及实现富强民主文明和谐美丽的社会主义现代化强国意义重大。

一、高校少数民族学生管理与教育的经验总结

近年来,各高校不断进行新的尝试和探索,这些工作主要体现在两个维度上:一是不断完善制度,做好少数民族学生群体的服务管理与宗教安全防范工作;二是提高帮扶工作的创新性,促进少数民族学生学习生活、经济心理、求职就业等水平。通过学习借鉴先进经验及在实际工作中不断探索,笔者所在学院在少数民族学生教育管理工作中形成了"坚定一个立场、搭建两个平台、促进三个百分百"的"一二三"工作模式。

(一)坚定立场,以制度为保障,提升教育服务管理水平

学院坚持以习近平新时代中国特色社会主义思想为指引,以立德树人为根本任务,扎实履行少数民族学生教育管理、安全稳定工作的第一责任。学院先后制定了《现代邮政学院(自动化学院)关于抵御和防范校园传教渗透的工作办法》《现代邮政学院(自动化学院)少数民族学生培养及帮扶方案》等文件,逐步完善了少数民族学生教育管理的相关制度。学院严格落实少

数民族学生日常活动及工作记录,实行"一生一档一策",定期研判"少数民族帮扶情况""学生家庭与心理情况分析"等,从学生学习生活重点入手,科学量化工作指标,实现学院少数民族学生工作做实做细。

(二)搭建服务、展示两个平台,以扶智为抓手,促进少数民族学生成长成才

1. 构建学习、生活、心理、就业全方位服务的平台

学院制定了《少数民族学生帮扶措施实施办法》。一是多方联动,依托党员先锋工程开展辅导员、班主任、党员、班长"四对一"少数民族学生教育帮扶,针对少数民族学生的学业问题,学院联合教务组织相关老师进行课程考试辅导,从学业到就业给予规划与指导等。二是多角度关爱经济困难的少数民族学生,学院与学校资助中心与心理中心做好少数民族学生困难补贴工作及心理健康的引导。在勤工助学岗位对少数民族学生实行倾斜,积极发掘优秀的少数民族学生,树立典型,选拔少数民族学生干部,在实践中提升他们的综合能力以及竞争力,促进他们全面发展,同时加强师生交流,使思政教育真正入脑入心。

2. 搭建少数民族学生展示的舞台

少数民族学生的突出特色首先是能歌善舞,其次是优秀的身体素质,这使得少数民族学生在体育运动中有优秀表现。学院实施"五航育人"工程,开展丰富的文体活动,如"音爱而生"歌手大赛、新生民族晚会,在学院师生联谊晚会上开辟少数民族节目,这些大型文娱活动能够给少数民族学生提供展示民族特色歌舞的机会;对于校庆、新中国成立70周年方阵、冬奥志愿者等大型活动鼓励少数民族学生积极参与,帮助学生争取机会;加大发掘优秀少数民族学生的力度,对优秀典范进行充分宣传,引领自立自强风气,促进少数民族学生适应并享受大学生活,在其中提升自我,体验到价值感和成就感,增强其"向心"凝聚主动性。

(三)实现"校园生活、毕业率、就业率"三个百分百,以主题教育为载体,提升少数民族学生教育管理实效

学院在"三全育人"背景下,以党建引领、思想引领、安全防范教育、团结爱国教育、诚信法制教育、创就业教育为载体,将少数民族学生教育、服务、管理工作融于学生校园生活的方方面面,致力于思政教育如心入脑入魂。一是重视入学教育,在新生引航教育中纳入民族团结教育,贯彻爱国主义教育,面向全体学生介绍少数民族文化、民族发展历史及相关的民族政策、宗教政策等,促进各民族学生理解交融,使少数民族学生认识到国家对他们的关心和爱护,增强他们的家国情怀和民族团结意识。二是日常管理与思想引领相融合。在尊重其民族文化的基础上,通过主题班会、党团活动开展爱党、爱国、爱校教育,引导少数民族学生坚定政治立场,增强少数民族学生的"五个认同"。三是以职业生涯规划为主线开展全过程的就业指导教育,开展精准就业帮扶,为少数民族大学生提供精准就业帮扶指导,建立精细化就业台账,落实少数民族学生"一人一策"动态追踪,整合各平台资源与力量为他们提供就业推荐与帮扶,真情融入服务中,引导少数民族学生将感恩之情转化为报国热情,为民族、国家发展贡献自己的青春力量。

二、少数民族学生的特点及问题

（一）求知求学与学习能力的矛盾

在外地大学就读的少数民族学生一般都是当地学生中的佼佼者，往往肩负着家庭寄予的厚望，他们渴望学好专业知识技能以获得好的未来，也有在学业上与同学"一较高下"的竞争意识，在学习中认真刻苦、努力上进，但地区教育水平差距和汉语应用能力偏弱给他们造成了求知求学上的障碍，学习效果不如预期，特别是在英语、数学、物理、编程等课程上面临较大困难，容易导致学习倦怠。同时，少数民族学生希望能积极参与课堂、学科活动，从而得到老师和其他人的关注和肯定，但因为语言、学习能力问题而作罢，对其适应高等教育生活造成了一定的阻碍。

（二）经济能力与消费观念的矛盾

部分少数民族学生的生源地为经济欠发达地区，他们的家庭收入水平与外地消费水平差距较大，给学生及其家庭带来较大经济负担，他们的家庭经济收入来源单一且大多从事初级产业，营收不多，有多子女需供养，劳动力不足或者因病导致经济贫困。因此，高校中各项经济资助对少数民族学生来说非常重要。高校的经济资助几乎能覆盖少数民族学生的基本生活开销，大部分贫困少数民族学生也愿意通过勤工俭学和课余兼职获取更多的收入，但也有部分学生在长期的帮助下产生"等要靠"的不良想法。同时，有部分学生受到互联网的影响、新环境的冲击，从基本生活消费转为对更好物质生活的追求，产生了不健康的生活和消费习惯，更甚者产生"校园贷""网络借款"等问题，自身价值取向也发生了变化，价值观影响消费观，这是他们发生经济问题的重要原因。

（三）自尊与自卑的矛盾

在外地读书的部分少数民族学生因为高中阶段成绩优秀而在群体内有一定的优越感，但进入高校，面对以汉族文化为主体的校园生活，他们的综合素质和应对方式与现实环境要求有较大差距，这使他们容易产生自卑感。[2] 自尊与自卑的矛盾心理也出现在部分少数民族学生的就业求职中，从求职地域选择来看，少数民族学生往往倾向于回生源地就业，其中固然有民族文化聚集的因素在，但调研发现有部分少数民族学生认为自己与其他民族同学相比，在学业、语言等各方面有差距，在外地找工作没有优势；回生源地就业时，有些少数民族学生对于企业、岗位的选择又往往局限于中心城市的"大"企业或者事业单位，还有一些少数民族学生非体制内不去，认为不能"自降身价"。

（四）民族抱团与人际交往的矛盾

一些少数民族学生因从小受到来自家庭、居住地的民族情感教育，所以具有强烈的民族意识。对于大学生活的向往，会驱使少数民族学生扩大自身交际范围，积极融入同学，但民族文化的显著差异，又使他们在潜意识中，更倾向于选择与民族相同、习俗相近的同学建立友谊，形成抱团文化，这种情况在大一新生中表现较为突出。少数民族学生渴望得到其他民族同学对于民族风俗习惯的尊重与理解，但一些少数民族学生较少主动了解其他民族的饮食、宗教信仰以及文化,导致其在校园的日常生活中常常遇到沟通交流障碍,有时候会升级为矛盾冲突。这严重地阻碍了一些少数民族学生对外地文化的适应进程,加剧了他们对集体意识的漠视,导致他们不能正确处理好与同学、老师之间的关系,甚至形成了对立、逆反心理,出现价值理念偏离重心等情况,不利于校园稳定。

三、提升少数民族学生教育管理工作效果的途径探索

(一)坚持思想引领,强化育人初心

在少数民族学生教育管理工作中思想教育是根本,在实际工作中要避免重管理服务而轻教育引导,将思想政治教育工作简单化、片面化,要深入了解少数民族大学生的精神需求,根据需求精准开展教务服务管理工作,将社会主义核心价值观内化于少数民族大学生思想政治教育工作中。一是发挥好第二课堂的育人功能,依托第二课堂吸引、调动、整合社会、校友、家长等多方资源,通过形式多样、内容丰富的各类主题教育活动强化第二课堂的思想引领。[3]要有计划地、有针对性地在重要时间节点、重大会议开展专题学习活动,将爱国主义教育、宣传党和国家的政策与方针日常化,通过多样的交互式的活动方式加强少数民族学生的参与感与学习效果,提升少数民族学生对社会的责任感,树立正确的国家观、民族观,牢固树立"三个离不开"思想,不断增强"五个认同"。二是实行文化育人,加强校园文化建设,充分发挥校园文化的引领作用,以习近平新时代中国特色社会主义思想为指引,加大与少数民族文化的交流融合,深入开展爱国主义、民族文化、诚信感恩等主题教育活动,促进民族学生与汉族学生交流、交融,提升少数民族学生的文化认同感和归属感。三是做好网络育人,运用大数据手段动态掌握少数民族大学生的思想状况,精准施策,精确发力,在线上开展思想及心理教育活动,发挥互联网信息正能量的作用,提升少数民族大学生的政治敏锐性、辨别力和自我保护意识。[4]

(二)关注发展需求,拓宽育人渠道

高校里少数民族学生最突出、最根本的问题是学业问题,学业问题带来的连锁反应可能会阻碍他们各方面的发展。解决学业问题的关键在于引导少数民族大学生树立自主学习意识,只有建立自主学习意识,拥有自主学习能力,才能有效地消除环境对他们的影响,朋辈辅导与专业教师的帮扶才能发挥更好的效果。学业决定就业的质量。在就业方面,一方面根据不同年级阶段的不同需求从学业规划逐步转为职业规划,开展就业技能相关活动,提升少数民族学生的职业素质和就业竞争力;另一方面高校可尝试与企业建立少数民族学生实习发展、就业推荐机制,扩充少数民族学生就业选择的方向,提高其对于多元化职业途径的认知水平,为少数民族学生在外地贡献青春力量提供渠道。

(三)加强队伍建设,完善育人体系

目前少数民族学生在学习和校园活动等方面表现出来的矛盾性,充分说明了辅导员的工作还需更加贴近少数民族学生的内心诉求和实际情况。因此,高校应提升工作队伍的科学化、专业化,努力将少数民族教育管理工作队伍结构从传统的"单一型"向"多元化"转变,由教育"管理型"向教育"服务型"转变。少数民族的教育管理工作不能仅靠辅导员,也要充分发挥第一课堂中的教师在思想政治教育中的重要作用。要充分发挥课堂教学主渠道的作用,一线教

师应构建思政课程育人大格局,不断深化教学理念,将党的教育方针、社会主义核心价值观、民族政策融入各学科课堂的教学中,使各类专业课程与思想政治理论同向同行,形成协同效应。此外,通过培训、科研促进少数民族学工队伍工作的专业性与有效性,定期培训,更新知识与技能,避免教育的片面化、主观化和绝对化,避免经验主义和教条主义。

参 考 文 献

[1] 《十九大报告辅导读本》编写组.党的十九大报告辅导读本[M].北京:人民出版社,2017.

[2] 侯悦,肖琼.高校少数民族学生管理中的问题及对策探析[J].学子(理论版),2015(5):13-15.

[3] 王多兵,卢献锁.立德树人使命下高校少数民族学生教育管理[J].教书育人(高教论坛),2021(7):49-51.

[4] 姜剑,马可.大数据手段完善高校少数民族学生教育管理方法探析[J].黑龙江高教研究,2020(5):51-54.

浅谈新形势下首都高校港澳台学生国情教育的实践探索

现代邮政学院（自动化学院）　王　阳

摘　要　在新时代背景下，以习近平新时代中国特色社会主义思想武装头脑、指导实践、推动工作，是当前开展港澳台大学生国情教育新的历史站位和工作要求。本文立足于时代背景，结合工作实际，首先深刻地阐释了新形势下进行港澳台学生国情教育的重要意义，然后系统地分析了首都高校开展港澳台学生国情教育的主要优势和实施现状，最后深入地探索了促进港澳台学生国情教育的多维实践路径。

关键词　首都高校；港澳台学生；国情教育

一、引言

近年来，国家针对港澳台学生出台了一系列优惠政策，拓宽了其入学渠道，改善了其就学条件，使得越来越多的港澳台学生前来内地（大陆）就读。习近平总书记在深圳经济特区建立40周年庆祝大会上进一步指出，"吸引更多港澳青少年来内地学习、就业、生活……增强对祖国的向心力"[1]。然而，由于历史等特殊原因，港澳台来内地求学的青少年缺乏对内地的深入了解和认知，民族认同感和国家归属感有待提升。这可能会影响港澳台学生世界观、人生观和价值观的整体塑造，从而容易被别有用心的势力加以利用。因此，让港澳台学生接受专业知识教育的同时，时刻关注其思想状况，有针对性地开展国情教育势在必行[2]。在新时代背景下，要以习近平新时代中国特色社会主义思想武装头脑、指导实践、推动工作，这是当前开展港澳台大学生国情教育新的历史站位和工作要求。

本文立足时代背景，结合工作实际，首先深刻阐释新形势下进行港澳台学生国情教育的重要意义，然后系统分析首都高校开展港澳台学生国情教育的主要优势和实施现状，最后深入探索促进港澳台学生国情教育的多维实践路径。

二、新形势下港澳台学生国情教育的重要意义

国情能够反映一个国家的社会发展阶段与水平，主要涵盖了政治制度、经济发展、文化思想、历史沿革、自然资源、人口状况以及国际地位等方面。国情教育就是对基本国情、历史教育、形势与政策等内容对特定人群开展教育。而对港澳台学生进行国情教育，受新时代新形势

下部分原因的影响,对学生个人、高校建设和国家发展等方面具有重要意义。

从学生个人发展的角度来看,对港澳台学生进行国情教育,有益于塑造其正确的人生观、价值观和世界观。让港澳台学生了解国家的实际情况,理解现行政策,客观看待存在的问题,见证经济的快速发展,有利于港澳台学生涵养崇德向善的素质底蕴,培养成长成才的关键能力,从内心深处增强民族自尊心、自信心和自豪感。

从高校培养人才的角度来看,对港澳台学生进行国情教育,有利于进一步落实"为党育人,为国育才"的责任使命。高等院校作为培养人才的基地和摇篮,需面对时代发展的变化和国家建设的需求,引导港澳台青年做到"四个正确认识",扣好人生的第一粒扣子。这一时代要求俨然成为高校培养德才兼备的复合型人才,实现高校教育内在价值诉求的题中应有之意。

从国家长远发展的角度来看,对港澳台学生进行国情教育,有助于推动港澳台更好地融入国家发展大局之中。习近平总书记强调,"广大港澳青年不仅是香港、澳门的希望和未来,也是建设国家的新鲜血液。港澳青年发展得好,香港、澳门就会发展得好,国家就会发展得好"。青年一代作为祖国未来发展的主力军,港澳台学生的身份认知和成长成才直接关系港澳台地区的未来走向,也直接影响国家发展建设和实现中华民族伟大复兴中国梦的全局性战略。

三、首都高校开展港澳台学生国情教育的现状和优势分析

一是北京作为我国的政治、文化、国家交往和科技创新中心,为开展国情教育创造了独特优势。作为首都,北京是国家政策和大政方针孕育深化的核心,凝聚着深厚的历史底蕴,是对外交往的重要窗口,也是新兴信息技术蓬勃发展的高地,这些都为北京高校开展港澳台学生国情教育创造了得天独厚的自然和人文优势。

二是北京红色文化资源的特定政治特征,为港澳台学生创造了民族教育的重要载体。北京是马克思主义早期传播的主要阵地,是中国共产党的重要发源地和中华人民共和国的首都,是镌刻满中国革命发展痕迹的博物馆。据统计,北京共有 215 处红色遗址,其中革命遗址 184 处,其他相关遗址 31 处。这些富含着中华民族革命精神的红色文化资源,以其强烈的文化张力和深厚的历史底蕴震慑和感染着每个人的内心[3]。有序选择与重新诠释北京红色文化资源的教育资源,构建以红色基因为重点的课堂教学环节和实践教学环节,借助于新媒体新技术赋予其变革的生机与活力,这是北京红色文化资源融入港澳台学生公共教育的有力承载。

三是北京专门设立的研究会,为港澳台学生教育管理工作提供了有力保障。为提升在京高校港澳台侨学生教育管理工作水平,2005 年在北京市高等教育学会的指导下,北京高校联合成立了北京市港澳台侨学生教育管理研究分会。目前,成员单位包括中国人民大学、北京大学、清华大学等多所在京高校。在当今疫情防控形势依然严峻的情况下,研究分会统筹疫情防控和港澳台侨学生各项工作,坚决克服疫情带来的不利影响,认真贯彻国家各项港澳台侨方针政策,团结在京高校,创新工作方式,打造"开学第一课",强化思想引领,启动"求是云讲堂",深化国情教育,搭建交流平台,加强信息共享,服务北京市港澳台侨学生教育管理工作大局,不断推动北京市港澳台侨学生教育管理工作再上新台阶。2021 年 6 月,由教育部港澳台事务办公室主办、国家教育行政学院承办的"2021 年港澳台学生国情教育网络培训——第一期国情教育大讲堂"直播活动在北京师范大学举办。教育部高等学校社会科学发展研究中心主任王炳林作了题为《从党的历史中汲取智慧和力量》的党史学习辅导报告。学校港澳台学生代表在现场听取了报告,共计 8 000 余名港澳台师生在线上观看了直播,教育效果良好。

四、首都高校开展港澳台学生国情教育的路径探索

牢固树立"培养坚定爱国者"的国情教育目标。爱国主义是人们对祖国的深厚感情,这是为国家贡献力量的责任意识和为民族不惜牺牲一切的献身精神。当前社会,个人命运深深地被烙印在祖国的命脉与前途之中,无法分离。港澳台学生爱国主义教育的内涵是在传承血脉以及学习传统历史文化的过程中深入了解、理解自己的国家;在生活层面以及社会层面的各类实践活动中厚植爱国情感,增强"四个自信",从而做到热爱祖国和人民。我国在人才培养方案中明确提出,要将港澳台学生培养成为自觉拥护祖国统一、拥护"一国两制"、为港澳长期繁荣稳定和实现祖国和平统一作贡献的坚定爱国者[4]。把培养"坚定爱国者"作为国情教育的目标,旗帜鲜明地开展国情教育,引导港澳台学生树立正确的历史观和民族观是开展港澳台学生国情教育的重要路径。

创新理论教育与社会实践相结合的国情教育方式。北京各高校应该根据国家发展形势,从服务港澳台工作大局出发,不断调整和完善国情教育课程建设,教育内容应重视四史教育、宪法教育和基本法教育。一方面,首都高校应坚持落实"大类到分类演变"的教学路径,重点提升课堂教学的针对性。具体而言,低年级应加大国情、校情教育,夯实以人文社科为基础的文化教育底色;高年级则应以就业需求为导向,开展目前经济形势、就业前景等方面的教育。同时,要正视港澳台学生在文化基础薄弱与学业压力突出之间的矛盾关系,应加大对其的学业帮扶力度,充分借助朋辈榜样力量,在培养方案中增加"朋辈领航"教学模块,搭建"1+1+X"的横纵向教工帮扶以及朋辈帮扶体系,让优秀的港澳台学生充分发挥榜样引领作用。另一方面,首都高校应坚持探索"理论向实践深化"的教学模式,大力提升国情教育的生动性。例如:通过参观历史遗迹和博物馆、游览自然风光等多种方式,使港澳台学生有机会了解祖国的地大物博;通过参访高科技企业、开展社会实践、参与党和国家重大节日庆祝活动等形式,帮助港澳台学生了解祖国大陆(内地)在改革开放以来发生的巨大变化以及在各领域取得的巨大成就。此外,积极引导港澳台学生参与首都基层志愿服务和社会治理,以培养其社会责任感和使命感,激发学生对祖国的认同以及热爱。例如,北邮经管院组织的"小治理"笃定价值原点,"大思政"熔铸精神坐标——"青心助邻"北京邮电大学港澳台学生深入社区开展基层志愿服务活动,就取得了良好的教育效果。

不断强化落实国情教育的多维保障机制。一是要完善学校的制度规则保障。基于社会主义核心价值观的基本需求,对港澳台学生建立以社会价值观为核心的行为标准与处世准则。将社会主义核心价值观教育作为港澳台学生所在的党团组织主题生活会、党团日、班会的重要内容[5]。二是要强化港澳台学生教育的工作保障。充分发挥院校国际处(科)在港澳台学生培养、管理中的核心作用,根据实际工作开展内容与方向,协调多方力量,给予港澳台学生国情教育工作在财力、人力以及信息技术手段等方面的必要保障。做好经验总结与理论创新工作,广泛归纳各地各校的好政策、好方法,推陈出新,形成根植学校传统、符合学校特色、师生喜闻乐见的教育理念、工作思路和实践机制。三是要发挥北京市港澳台侨学生教育管理研究分会的组织保障作用。研究会应积极整合理事单位优秀资源,组织各类学生活动,促进北京高校交流融合,强化研究职能,提供咨政建议,完善内部建设,搭建共享平台,为北京市高校开展港澳台学生国情教育保驾护航。

参 考 文 献

[1] 习近平.在深圳经济特区建立40周年庆祝大会上的讲话[EB/OL].(2020-10-14)[2022-05-03].http://www.xinhuanet.com/politics/leaders/2020-10/14/c_1126611290.htm.

[2] 邓轶聪.新形势下高校港澳台学生国情教育实践与探索[J].教育教学论坛,2021(5):105-108.

[3] 刘新月,黄延敏.北京红色文化资源融入高校思想政治教育的路径[J].北京教育(德育),2021(7):59-64.

[4] 冯庆想.内地高校港澳学生国家观的培育——基于实证调查的分析[J].思想教育研究,2019(5):109-114.

[5] 司文超.内地高校港澳台学生社会主义核心价值观认同教育现状分析[J].学校党建与思想教育:下,2017(10):55-56.

"三全育人"视域下学院基层团组织在大学生思想政治教育工作中作用的发挥研究

理学院 王全举

摘 要 本文通过对北京邮电大学理学院基层团组织建设工作进行研究,在强调高校基层团组织发挥育人重要作用的基础上,界定了高校基层团组织在思想政治教育工作中的基本内涵、主要内容和主要特征,结合高校基层团组织思想政治教育作用发挥现状,总结了主要成效,并通过剖析当前高校学院基层团组织在育人过程中的问题和不足,提出了有针对性、可操作、可推广的具体对策,为协同推进基层团组织育人与"三全育人"中其他育人形式形成最大合力、提高高校人才培养质量提供了参考路径。

关键词 共青团育人;思想政治教育;团干部;人才培养

习近平总书记在考察中国人民大学时指出:"广大青年要牢记党的教诲,立志民族复兴,不负韶华,不负时代,不负人民,在青春的赛道上奋力奔跑,争取跑出当代青年的最好成绩。"[1]一直以来,全体青年工作者牢记总书记教诲,坚持把培养社会主义建设者和接班人作为根本任务,把巩固和扩大党执政的青年群众基础作为政治责任,把围绕中心、服务大局作为工作主线。习近平总书记曾强调:"共青团作为青年在实践中学习中国特色社会主义、共产主义的大学校,必须时刻把为党和人民培养人的工作摆在首位、贯穿始终。"[2]可见,在党对教育工作的全面领导下,育人工作无疑已经成为新时代高校青年工作,尤其是高校学院基层团组织的主责主业。本文按照职能范围,将高校共青团大致划分为"校团委—学院团委—基层团组织"三级架构,其中团支部作为基层团组织的代表性组织,成了共青团育人举措的具体执行者、育人要求的贯彻落实者,因此,发挥好基层团组织的育人作用对于更好展现共青团的育人功能至关重要。作为育人工作的重要一环,研究如何更好发挥基层团组织的育人效能、明确导向、发现问题、补齐短板,对于围绕立德树人根本任务,实现"三全育人"工作格局有着重要意义。

一、新时代如何更好发挥基层团组织在思想政治教育工作中的作用

新形势下,共青团在更好发挥思想政治教育功能方面面临着诸多新考验和新挑战。基层团组织要紧跟时代发展潮流,切合思想工作的实际与青年的群体诉求,不断形成加强与改进青年学生思想政治教育工作的新途径和新方法,真正为更多的青年学生全面发展提供助力和保障。

(一)党建带团建是共青团育人的重要保障

党建带团建是新时代要求下共青团不断实现自我革新的政治保障,基层团组织要积极与党组织加强合作,交流青年学生的思想状况,坚持不懈地用科学理论构筑广大团员的精神支柱,加强党组织对青年思想政治工作的认识与重视,在政治上、思想上和行动上与党保持高度一致。

(二)创新工作模式是做好青年思想政治教育的重要抓手

新时代,旧有思想政治工作模式的弊端越发暴露,仅把青年当成教育、指导的对象,单方面灌输的方式已不能顺应时代发展,思想政治工作必须坚持与时俱进,让团员青年的工作成绩得到充分肯定,增强青年的成就感和荣誉感,使其树立主人翁意识,更好地为组织做贡献。

(三)榜样引领是做好青年思想政治教育的有效手段

大力培养、宣传优秀青年和青年群体,在青年团体中注重加强思想引导,引导广大青年正确对待各种社会关系,使广大团员青年有榜样学、有目标赶,并从优秀青年和青年群体示范中受到启发,形成学习先进、争做先进的良好氛围,带动团员青年整体素质的提高。

(四)做好服务青年工作是团组织凝聚青年的根本路径

服务青年是团组织的根本职能,是团组织发展的必然因素和要素,是解决青年问题的着力点。要注重服务过程和服务效果,以思想政治工作为出发点,全面增强团组织的服务能力与服务意识,以优质高效的服务适应新形势下团员青年的需求。

(五)促进集体发展是做好青年思想政治教育的总体目标

新形势下,基层团组织工作的开展必须结合自身特色和实际,通过不断迎接挑战,促进自身发展,推动集体发展。共青团组织要自觉接受党组织的领导,主动争取相关职能部门支持团员青年思想政治工作,形成合力,营造一个良好的青年思想政治工作的环境。

二、新形势下基层团组织育人群体的基本特征

当代高校青年学生以"95后""00后"为主体,该群体自我观念强烈,正处于价值观形成期,同时价值观念呈现多样化态势。在对待新生事物的态度上,该群体能够快速融入时代潮流,敢于尝鲜、乐于尝鲜、善于尝鲜。在信息的获取路径上,青年学生更加注重自身的体验,同时成长在新世纪,其民族自信心也更加强烈,对思想政治理论知识的兴趣更加浓厚,但是比较抵触灌输式的思政教育方式,更喜欢启发式、趣味性高的教育方式。从整体上分析,青年具有发展、人际交往、情感交流等需要,不同年龄的青年学生需求也存在着差异,细分差异特征、融合解决问题,是基层团组织育人工作的重点。

随着互联网的快速发展,叠加全球范围疫情蔓延的特殊背景,青年学生的生活越来越网络化、线上化,移动媒体产品也成为该群体的生活必需品,基层团组织也正抓住发展趋势,积极拓展网络思想政治教育和宣传阵地,但是对新兴网络和新媒体的利用仍有进步空间,与此同时,随着社会的快速发展,网络的传播内容及其形式发生着快速变化,这也对基层团组织发挥功能

和扩大号召力提出了进一步要求。[3]

三、基层团组织在育人工作中存在的问题

高校学院基层团组织作为学校联系广大青年学生的重要桥梁,是共青团发挥育人功能的"毛细血管"。本文为分析基层团组织的青年学生教育工作现状,以北京邮电大学理学院各团干、团支部为样本,通过座谈会、问卷分析、田野调查等形式进行调查研究,总结得到了当前基层团组织在青年学生教育工作中存在的若干问题。

(一)高校基层共青团干部队伍建设存在短板

一是学生团干部在学业上难以起到垂范作用,学生的第一任务是学习,近年来团学工作改革要求学生会成员成绩排名应位列前30%,但并未要求所有的基层团组织执行;二是干部综合素养亟待提升,"政治过硬、学习拔尖、工作突出"的学生干部仍然难以大规模培养,根据调研反馈结果,学生干部仍普遍被认为在工作能力、学习成绩等方面存在不足;三是团学队伍缺乏组织黏性,在越发重视升学的学生发展趋势和多元价值观的影响下,学生团干个人发展与集体工作的矛盾越发剧烈,越来越多被寄予厚望的学生团干因个人发展等退出团学工作者的行列。

(二)基层团组织建设工作缺乏深度

一是重形式、轻落实的基层团组织建设问题仍然存在,虽然各级组织通过共青云系统得到了较为规范的建设,但当前的工作仍停留在将浅层活动信息录入系统的状态,活动实际成效无法量化;二是基层团组织活力有待提升,基层团组织的理论学习与实践活动形式较为固定、僵化,育人标的不够精准,学生主观参与意愿不强。[4]

(三)基层团组织网络对青年需求缺乏即时链接

当今青年学生是互联网的深度用户,各类短视频、直播平台层出不穷,青年学生的思维方式和认知模式都受到极大的影响,基层团组织缺乏适应网络快速发展的能力,不能有效地利用网络开展青年学生教育工作。网络平台的迅捷更迭、"圈层化"的动态变化、"个性化推送"导致的"信息茧房"更是加剧了网络育人的弱势。

四、基层团组织更好发挥思想政治教育作用的实现对策与路径

解决新时代高校基层团组织育人工作面临的种种难题,要有的放矢、对症下药,形成系统整体的方法论。习近平总书记的青年观对当代青年的时代责任与历史使命、理想信念与脚踏实地、道德素养与成长成才等方面进行了系统的概括,回答了"培养什么人、为谁培养人、怎样培养人"的育人根本问题,为新时代青年学生教育工作提供了根本遵循,其理所当然地成了本文基层团组织更好发挥育人作用对策与路径的研究依据。

(一)坚持思想引领,重塑引领力

习近平总书记指出:"帮助广大青年确立正确的理想、坚定的信念,应该成为团组织的首要任务,只有抓好这项工作,才真正抓到了根本上,这是党对共青团工作第一位的要求。"[5]可见,

思想引领是基层团组织履行政治责任的重要路径。学生团干是贴近青年学生的"零距离"育人力量,是关键少数,建设让党放心、让青年学生满意的干部队伍是高校基层组织带动青年学生、重塑组织引领力的关键。一要推进队伍专业化建设,发挥示范引领作用,提高队伍的青年工作理论素养和专业化水平。二要建立学生团干队伍培养长效机制,发挥朋辈引领作用,帮助学生团干形成优良学风,正确处理学习与工作的关系,合理分配工作,优化工作流程,减少不必要的工作负担,让学生团干成为共青团育人工作的可持续性发展力量。

(二)巩固战斗堡垒,加强组织力

习近平总书记谈及基层团组织建设时指出,要"不断提高团的建设科学化水平,特别是要着力扩大团的工作有效覆盖面"[6]。"要树立大抓基层的鲜明导向,推动改革举措落到基层,使基层真正强起来"[7]。基层团组织作为青年学生教育工作的基本单位,具有基础性和终端性,夯实基层团建要科学设计、持续发力。一要加强制度设计,将团建纳入党委党建考评体系;二要将高校基层团组织规范化建设落到实处,规范基层团组织工作,扎实开展"三会两制一课",从青年中来,到青年中去;三要提升基层团组织活力,创新团组织生活形式,提升组织生活的实用性和时代性;四要善于抓住关键时机凝聚青年,将青年理论学习融入学生的日常生活、工作中,使青年学生感受到思想伟力。[8]

(三)服务青年发展,挖掘服务力

习近平总书记为新时代共青团工作明确了现实导向:新时代的青年工作要让广大青年敢于有梦、勇于追梦、勤于圆梦。[7]这意味着新时代高校基层团组织在育人的具体过程中必须倾听青年声音,切实解决青年诉求。基层团组织一方面要立足"服务青年"职能,落实好"第二课堂成绩单"制度,搭建宽广、连通、深入的育人平台,挖掘志愿服务、创新创业、文艺体育、社团活动、社会实践、就业实习等实践育人模块;另一方面要融入人才培养大局,整合校内外优势资源,充分发挥"挑战杯""创青春""西部计划"等既有共青团品牌资源的带动作用,项目化运作的同时,构建全年不间断、常态化的帮扶工作机制。

(四)倾听时代诉求,增强传播效能

习近平总书记论及共青团网络传播工作时指出,"开展网络斗争、加强网络管理、弘扬网上主旋律,这项工作大家都要做,但团组织也可以更多发挥一点作用"。[9]面对现有网络传播效能与青年学生信息传播规律存在的巨大鸿沟,基层团组织要改变单方输出、不看反馈的被动状态。一要搭建灵活机动的网络媒体矩阵,基于现实关系搭建全员覆盖的网络社交平台,拓展功能性附加平台,形成多元的高校基层共青团网络媒体矩阵;二要加强内容供给,链接青年话语体系,紧跟社会时事热点、聚焦青年身边动态、结合学习生活实际,形式上要视觉化呈现、艺术化再现、多样化表现,弥合传统的灌输式、要求式思政话语体系和重视体验与实践的青年话语体系之间的落差;三要提高应对新兴网络媒体舆情的能力,成立专项学生工作团队,关注基层共青团网络媒体阵地动态,及时对舆情进行研判、干预、引导。与校内网络信息安全机构配合,打造校内"清朗网络"。

五、总结

综上所述,在"三全育人"视域下,学院基层团组织要在青年学生思想政治教育工作中更好

地发挥作用,就要坚持以习近平总书记关于青年和共青团工作的重要论述为指导思想,坚持思想政治引领、坚持基层组织建设、坚持服务青年职能、坚持提升传播效能,通过科学的设计和具体措施,凸显基层团组织育人实效,在理论和实践上不断创新,更好地促进青年学生的发展。

参 考 文 献

[1] 中国青年网.在青春的赛道上奋力奔跑[EB/OL].(2022-05-02)[2022-05-30].http://pinglun.youth.cn/wztt/202205/t20220502_13661802.htm.

[2] 中共中央文献研究室.习近平关于青少年和共青团工作论述摘编[M].北京:中央文献出版社,2017.

[3] 郎坤.高校服务型团组织建设的动力分析及路径探索[J].中国青年社会科学,2020(2):36-41.

[4] 胡永嘉,张真理.高校思想政治教育话语体系改进研究[J].中国青年社会科学,2017(5):81-85.

[5] 人民网.如何做好共青团工作? 习近平指明前行方向[EB/OL].(2018-06-26)[2022-05-03].http://cpc.people.com.cn/xuexi/n1/2018/0626/c385474-30084852.html.

[6] 人民网.共青团要紧紧围绕党和国家工作大局找准工作切入点、结合点、着力点[EB/OL].(2018-05-16)[2022-05-03].http://theory.people.com.cn/n1/2018/0516/c40531-29993209.html.

[7] 新华社.习近平同团中央新一届领导班子成员集体谈话并发表重要讲话[EB/OL].(2018-07-02)[2022-05-03].http://www.gov.cn/xinwen/2018-07/02/content_5303003.htm.

[8] 程晋刚,房子仪.新时代高校班级团支部建设三题[J].高校辅导员学刊,2021(4):79-83.

[9] 习近平在全国高校思想政治工作会议上的讲话[EB/OL].(2016-12-25)[2020-05-03].https://cob.sufe.edu.cn/Home/Detail/12954.

研究生辅导员与导师协同育人
——提升育人实效

网络空间安全学院　李华君　王　轶

摘　要　在新时代背景下,国家对研究生的发展提出了新层次的要求。研究生辅导员与导师协同育人是落实立德树人根本任务的必然要求,是优化思想政治教育的重要方式,是提升育人实效的内在需求。基于两者协同育人的重要性,本文简要分析了研究生辅导员和导师协同育人的现状,并提出了协同育人的有效途径,以帮助健全新时代研究生的培养机制,最大化地发挥出研究生两大育人主体的合力作用,提高研究生培养素质。

关键词　研究生辅导员;导师;协同育人;思想政治教育

在全球新局势下,国家对于新时代研究生的培养提出了新层次的要求,研究生教育着力于科学素养和专业能力培养的同时,更要聚焦研究生的思想价值引领,确保高层次人才培养的有效性[1]。2022年4月25日,习近平总书记在中国人民大学考察时,对于中国青年的奋斗目标和前行方向指出:"立足新时代新征程,中国青年的奋斗目标和前行方向归结到一点,就是坚定不移听党话、跟党走,努力成长为堪当民族复兴重任的时代新人。"中国青年是实现中华民族伟大复兴的先锋力量,当代青年学生的担当与责任决定了国家的未来,因此,研究生的思想政治工作具有极其重要且深远的意义。

在研究生的培养过程中,研究生辅导员是协同导师育人的重要力量。两者都需要在研究生思想政治工作中发挥更关键的作用,积极贯彻落实立德树人的教育理念,教育引导广大研究生正确认识世界和国家的发展大势,引导学生提升作为新时代中国青年的责任,确保研究生能够成为国家发展的人才资源,能够服务于国家重大战略需求。因此,探索研究生辅导员与导师协同育人的有效途径,构建协同育人长效机制,充分发挥两者不同的优势,对培养国家需要的高素质人才具有重要意义[2]。

一、导师与辅导员协同育人的重要性

(一) 落实立德树人根本任务的要求

根据《教育部关于进一步加强和改进研究生思想政治教育的若干意见》,研究生教育作为高等教育人才培养的最高层次,培养德智体美全面发展的中国特色社会主义事业合格建设者和可靠接班人的重要阶段,要落实育人为本、德育为先、立德树人的根本任务[3]。目前广大研究生群体的思想政治状况整体是积极向上的,但也存在部分研究生集体观念淡薄、理想信念模糊等一系列问题,总体而言,加强和改进研究生思想政治教育是十分重要且紧迫的。

(二) 发挥协同育人最大功效的要求

研究生思想政治教育队伍的协同工作、合力育人,是加强和改进研究生思想政治教育的基础保证。一方面,导师在教育学生科研学习和学术实践的过程中,要将专业教学与思想政治教育相结合,积极引领研究生树立正确的价值观和正确坚定的政治方向,关心重视研究生的心理健康问题并积极疏导,促进研究生的健康发展;另一方面,辅导员作为研究生日常管理的重要参与者,需要在研究生日常思想政治教育中发挥更积极的作用。辅导员日常的工作内容包含九大类职能,这种多元化的工作内容为育人工作的开展提供了多样化途径,在研究生培养的过程中能够有效地发挥出育人功效。

辅导员和导师在研究生教育和管理工作中,虽然职责分工不同,但各司其职,共同承担着高校研究生群体的立德树人重要任务。研究生辅导员和导师都需按照党和国家的教育方针和国家的人才需求,优势互补地进行研究生思想政治教育,促进研究生全面发展,充分发挥出协同育人的合力效果。

二、导师与辅导员协同育人现状分析

(一) 协同育人意识与能力不足

研究生相对而言较为成熟,因而部分导师对研究生的思想政治教育不够重视,此外部分导师存在学校和辅导员负责学生思想政治教育的想法,对自身作为研究生思想政治教育第一责任人没有充分的认识。研究生导师作为各专业领域的优秀人才,一般更注重学生学术科研能力的培养,在对学生的科研学习和工作进行引领和教育的同时,容易忽略学生其他方面的培养。而辅导员日常的事务性工作繁杂,管理的研究生数量相对较多,因此与研究生导师的沟通交流较少,忽视了导师在研究生思想政治教育中的重要作用。

研究生日常事务、心理健康、就业指导等均与导师和辅导员协同育人的能力密切相关,然而在具体的研究生思想政治引领和教育工作中,部分导师和辅导员未能发挥出各自优势,形成教育合力。首先,在专业辅导方面,辅导员更多来自与研究生不同的专业背景,在日常的教育、管理和服务工作中,很难为研究生进行专业领域的具有针对性的解惑和辅导。此外,辅导员队伍普遍较为年轻,不易在学生心目中树立威信,为工作的深入开展带来一定的难度。其次,随着社会竞争的加剧和压力的持续增大,研究生容易因学业、就业、社交等方面产生心理问题。而这些研究生的心理压力和心理问题需要导师与辅导员及时关注、疏导,并且协调解决问题。最后,研究生择业观的引导与建立也是工作的重点,大部分研究生缺乏社会和就业经验,对于未来的职业规划较迷茫,因此为学生提供更有效的就业指导,引导学生树立正确的择业观,也对研究生教育工作提出了新的要求。

(二) 协同育人机制不够完善

当前高校协同育人的机制不完善,成为影响辅导员与导师协同育人的重要因素之一。在当前的研究生教育工作中,一般是以导师为主、辅导员为辅,辅导员配合导师完成研究生管理和教育工作,这在某种程度上限制了协同育人的实现。因此,学校需要建立科学而完善的协同育人制度,打通辅导员和导师之间的壁垒,给辅导员提供了解学生科研学习动态的更高效便利的途径,提升辅导员参与研究生培养的有效性,同时能够让导师在教育教学过程中配合辅导员的工作,利用导师的威信和工作的便利性,引领学生树立正确的思想价值观,引导学生健康发展。

首先,在思想教育能力方面,研究生辅导员和导师都需要具备扎实的思想政治知识,同时兼具良好的思想引领技能。目前思想政治的育人方法比较单一,引领和指导效果不明显,因此迫切需要加强对辅导员和导师的思想政治教育培训,从而提升育人能力。其次,在信息交流方面,辅导员与导师之间存在信息不对称的问题,缺少两者之间进行有效沟通和信息交流的平台。在实际工作中,辅导员与导师往往是各自为战,学生出现的问题容易复杂化,这在一定程度上限制了对于研究生协同教育培养的开展和落实。最后,在职责分工方面,部分导师更注重专业知识的教授,忽略了导师履行研究生教育的职责。辅导员面对的学生数量较多,将更多的精力投入于学生日常事务的管理,对于思想政治教育工作开展得不够全面。

三、导师与辅导员协同育人的有效途径

(一)明确协同育人目标

研究生辅导员和导师需要深刻认识到,研究生思想政治工作关系到国家"培养什么样的人""如何培养人"以及"为谁培养人"的根本问题,关系到党和国家事业后继有人的根本大计,研究生辅导员和导师需要同心协力把研究生思想政治教育工作贯彻落实到位[4]。明确的育人目标可以有效地提升辅导员与导师协同育人的效果,进一步提升高层次人才的思想政治水平,进而使研究生正确认识到自身肩负的时代责任与历史使命,主动融入国家的发展建设中,为国家和人民服务。

研究生辅导员和导师需要明确角色定位和职责分工,梳理自身育人的着力点,不断提升工作能力,促进研究生教育的科学性和有效性的提升。在研究生教育培养的过程中,辅导员和导师需要深刻地认识到将"立德树人"思想融入实际工作中的重要性,以提升研究生教育引领的责任感和使命感。

(二)完善协同育人机制

建立完善的协同育人机制,是提升协同育人实效的重要举措。

第一,加强教育培训,优化团队能力。加强辅导员和导师的成长与建设,注重思想政治素质和育人能力的培养,密切配合,科学引导,营造积极的育人环境。

第二,构建交流平台,激活双向沟通。建立并完善辅导员和导师的沟通平台,增加信息交流、资源共享、案例研讨等机制,有效推动两大主体在研究生教育工作中的相互参与度,提升协同育人的针对性和实效性。

第三,完善工作制度,优化评价体系。建立切实可行的辅导员与导师协同育人的工作制度,适度提高高校思想政治教育工作的考核要求,另外也可以建立相应的激励方式,引导辅导员和导师积极主动地交流合作,促进两者之间分工协作、合力育人。

参 考 文 献

[1] 马雪梅,赖玉萍.习近平全国高校思想政治工作会议讲话精神的当代启示[J].毛泽东思想研究,2018,35(3):145-149.

[2] 施卫华.研究生辅导员与导师协同育人研究[J].高校辅导员学刊,2021,13(4):68-72.

[3] 中华人民共和国教育部.教育部关于进一步加强和改进研究生思想政治教育的若干意见[EB/OL].(2010-11-17)[2020-05-10].http://www.moe.gov.cn/srcsite/A12/moe_1407/s6875/201011/t20101117_142974.html.

[4] 怀进鹏.不断推动高校思想政治工作高质量发展[N].人民日报,2021-12-10(11).

主体间性视域下加强大学生党员理想信念教育途径探析

学生工作部(处)　尤雪尘

摘　要　"主体间性"一词最早产生于西方哲学领域,是马克思主义交往理论的核心概念[1]。本文基于主体间性理论,分析当前高校开展大学生党员理想信念教育存在的问题及其原因,并通过进一步构建"主-主"双主体教育模式,在开展理想信念教育的过程中充分聚焦学生党员主体角色和地位,发挥学生党员的主观能动性,从而提升理想信念教育的高度、广度、效度、热度,为大学生党员理想信念教育提供参考和指导。

关键词　高校党建;理想信念教育;主体间性

中共中央组织部党内统计数据显示,截至2021年6月5日,中国共产党党员总数为9 514.8万名,其中学生党员306.7万名,2020年1月1日至2021年6月5日共发展党员473.9万名,其中发展学生党员187.2万名,占比约为39.50%,由此可见,高校大学生党员在党的队伍中占据着不容忽视的比重[2]。作为党的队伍中同时具备活力与潜力的特殊群体,高校大学生党员是党组织高度关注的重点群体,如何对他们开展正确的引导并给予悉心的培育,是高校党建和思想政治教育工作中弥足重要的一环。

理想信念是中国共产党人的精神支柱,党的十八大以来,以习近平同志为核心的党中央高度重视理想信念教育的重要性。习近平总书记曾多次将理想信念比作共产党人的精神之"钙"[3],并多次指出理想信念是"共产党人的根本""共产党人的政治灵魂"[4-5],这充分展现了理想信念的重要性。大学生党员作为党的队伍中的生力军,作为党和国家建设事业的重要青年力量,加强大学生党员的理想信念教育有着尤为重要的意义。

各高校在开展大学生党员理想信念教育工作的过程中作出了很多努力和创新,在加强思想引领、提升学生党员质量、发挥学生党员服务社会功能等方面取得了诸多成绩,但同时也存在着一定的短板和问题。对当代大学生党员开展理想信念教育的深度有待进一步挖掘,长效性机制建立不完善,教育实效有待进一步提高等问题是当前高校党建工作和思想政治教育环节中亟待解决的重点[6]。从主体间性视角分析其原因,高校学生党建工作者和思想政治工作者在开展相关教育工作的过程中,相对强调和突出教导者的主动权,而在大部分学习活动中对受教育者本身不够解放思想,对于受教育者,也就是大学生党员在整个过程中的主观能动性、主动选择性不够重视,甚至忽视。当下大学生党员群体主要是生于大数据时代的网络原住民,以"00后"为主,他们时代感强、主体意识强、追求新生事物,分析探究教育工作者与学生的"主-客"关系向"主-主"关系的转换,能够为提升学生党员理想信念教育工作水平提供一个新的理论维度和工作思路。

一、主体间性的理论内涵

主体间性是20世纪西方哲学的重要内容之一，西方较多学者试图从认识论、生存论、交往行动理论等角度对主体间性理论的本质进行阐述，提出主体之间在交往沟通中形成的共同性、一致性和统一性即主体间性的规定[7]。作为马克思主义交往理论的核心概念，近年来，国内很多学者对于主体间性也进行了一定研究，他们的观点主要可以概括为：主体间性不只是单指意识或者是意向性关系，它同时也强调个体和群体在开展生存实践以及认知活动中存在的同一性关系，认为主体与主体之间存在的交往活动、交互关系和改造客观对象世界的活动具有同样重要的地位[8]。

近年来，一些教育工作者结合教育实践活动的特征属性，提出将主体间性的概念引入教育教学活动，从某种程度上是在强调教育工作者与学生主体共在性的基础上，对教育活动过程中的交往活动和交互关系做出规定[9]。因此聚焦到大学生党员理想信念教育这一重点教育环节上，其主体间性可以阐释为教育双方建立起的和谐共生的主体关系，对教育的内容、载体、形式等产生共荣作用，重新构建更具精准度、实效性的关系属性。

二、传统教育模式下大学生党员理想信念教育工作困境

1. 大学生党员入党后的理想信念教育环节相对薄弱，甚至缺失

高校对于大学生党员的发展有着严格的把关要求，教育工作的重心更倾向于放在学生党员的发展期，在思想、作风、纪律、学习等各方面都会给予相应的指导、培训和考核，可以说入党前的培养为大学生党员的理想信念教育奠定了良好的基础，但是入党后的培养环节相对薄弱，学生的自我指导、自我教育占据该环节的较大比重，但由于对学生在教育过程中的主动性一直重视程度不够，对学生自我指导、教育以及发展的能力培养也相对不足，因此大学生党员在后期的理想信念教育中存在一定的断点和缺失，这是当前高校党建和思政教育工作中不容小觑的问题之一。

2. 大学生党员理想信念教育深入程度不够

目前大学生党员理想信念教育的方式常表现为以培训、讲座、报告等方式为主的理论教学。近年来高校更广泛地开辟育人平台，力求通过社会实践、支部共建等方式拓展第二课堂育人平台，但在这个过程中，仍然更多地以教育工作者指导、专家教授的形式为主进行知识灌输，实质上理想信念教育不能简单地将其认为是知识理论单向输出，更要关注的是思想的引领和价值的引导，这种情况下，学生的身份更多的是倾向于被动者、旁观者，引发学习兴趣不强、活动参与度不高等问题，在通过互相交流和自我思考将教育活动转化为内在思想水平的提升上存在一定的难度，导致大学生理想信念教育工作大多情况下仅停留在浅层，无法进一步深入。

3. 大学生党员理想信念教育精细化程度有待加强

当前高校在开展大学生党员理想信念教育工作的过程中，主要以宏观的、范性的教育引导为主，对于学生群体的不同类型、不同属性、不同特点，精细化教育工作开展得不到位，从某种程度上来讲，对于不同发展阶段、不同学段、不同专业等区别显著的教育对象群体，如果采取

"一刀切"的教育方式,很难激发学生参与教育活动的主观能动性,从而难以发挥主体间性教育的优势,难以提升教育的精细化程度和科学化水平,无法保障大学生党员发展的质量和高校党建工作的开展。

4. 大学生党员理想信念教育内容存在一定的迭代滞后性

新时代以"00后"为主的大学生,其重要特征之一就是能快速适应互联网信息化技术手段的发展更新,新时代高等教育的工作重点之一也在于充分利用大数据等高新信息手段开展思想政治教育。尽管近年来,各高校在开展理想信念教育工作的过程中一直在积极探索网络思政阵地,但是仍然存在着中心化教育方式的问题,部分高校党建和思政工作者没有充分意识到教育双方在信息地位上共享、交流的扁平化地位,而是在潜意识中仍旧将自己当作信息权威者与输出者,在这种模式下,由于教育工作者其本身承担其他事务工作或是与当代大学生缺乏交流导致一定代沟,可能会产生教育内容的更新不能满足学生需求的问题,因而无法形成双向互通的双主体教育效果,难以激发学生在该过程中的主体性作用。

三、主体间性视域下加强大学生党员理想信念教育的路径对策

基于主体间性理论的教育思维模式,旨在破除横亘在传统教育中主客间的思想壁垒,进一步在教育过程中强调、突出学生的主体身份,从而向"主-主"的双主体教育模式转变。从该理论视角来看,围绕上文分析的当前大学生党员理想信念教育环节中可能存在的困境、问题,如何进一步提升教育的双向性、平等性、交互性、互动性,提升教育活动的吸引力、驱动力、感召力,从而激发大学生党员的主观能动性,提升教育的长效性、实效性,对高校党建和思政工作者而言显得尤为重要,本文中,笔者从几个方面给出相应的路径对策。

1. 优化理论学习内容形式,提升理想信念教育高度

习近平总书记曾强调:"理论上坚定清醒是思想政治上坚定清醒的前提,科学理论是理想信念坚定的基础。"[10]可见理论学习是最首要、最基础的环节。新时代教育背景下,对大学生党员开展理论学习要从内容和形式上多花心思、下功夫。首先,从理论学习的内容上,出生于信息时代的青年学生与外界接触本就十分频繁,相对容易被热点事件、网络事件、社会舆论吸引注意力,也容易被不当言论、不良信息所影响,因此在进行理论知识传授之前,教育者应当广泛了解学生群体的所思、所想、所求,再进行理论知识的传输,在讲解过程中应当注意从学生感兴趣的话题切入,与实际生活、社会热点与焦点深度结合,将看似难以理解的理论知识拆解为简单易懂的生活化知识,从而提升理论教学的吸引力,保证教育的深入程度。其次,在加强大学生党员理论学习教育的过程中,要注重创新学习形式,搭建全方位的理论学习平台,充分激发学生学习的参与性、自主性。除了传统的集体培训方式外,要探索分层、分类培训的思路,根据不同发展阶段、不同理论掌握程度等指标,结合学生的不同特征属性,设置不同的教学内容,提升教学环节的精准性;在理论学习过程中更多地引入交流、研讨、宣讲等形式,进一步提升学生在理论学习中的主动性,加强理论学习的实效性,从根本上促进大学生党员理想信念教育的深入化发展。

2. 发挥榜样先锋旗帜作用,加大理想信念教育广度

在大学生党员理想信念教育"双主体"教育模式中,学生党员本就是主体之一,深入挖掘学生党员的先进性,加强宣传力度,可在一定程度上对学生党员提升政治素质和思想道德素质起

到激励作用，能够充分激发学生党员理想信念教育的内生动力，是突出学生主体的有效途径之一。学生党员是广大学生中的优秀分子和先进力量，对其开展理想信念教育时，可通过挖掘宣传学生党员先进事迹、设立学生党员先锋岗、挂牌学生党员宿舍、开展优秀党员评选、组织党支部书记技能大赛等多种方式，让大学生党员成为学生群体思想上的表率、学习上的排头、生活上的标兵，充分发挥大学生党员在联系、团结、引领其他同学上的天然优势，将理想信念教育辐射到更多同学中，在增强大学生党员理想信念教育水平的同时，也为吸纳更多优秀人才到党组织中奠定良好的基础，将大学生党员的理想信念教育前移。

3. 激活实践第二课堂平台，强化理想信念教育效度

中国人民教育家、思想家陶行知先生曾说"生活即教育"，让大学生党员理想信念教育走进社会、走近基层、走到祖国需要的角落，让教育回归生活、回归实践，对增进教育的互动性，提升学生主体的积极性、主动性有着重要的意义。精心组织主题党日活动，带领学生走访红色基地，深入体味百年党史的筚路蓝缕和艰苦卓绝，感悟共产党人的初心使命；开设实践教学活动，指导学生走近基层、走近人民，充分感受党的十八大以来党和国家取得的伟大成就；开展党支部共建活动，让学生走到党和人民需要的地方去，帮助学生在这个过程中认识自己，全面提升，大力践行社会主义核心价值观，与党和人民始终站在一道。在通过第二课堂实现育人功能的过程中，一是要注意避免传统教育思维中容易出现的走马观花式教育，二是借助第二课堂的平台让学生切实理解某些知识、实践某些想法，切实聚焦学生主题，让大学生党员理想信念教育与党和国家的发展同向同行。

4. 创新网络思政话语体系，保障理想信念教育热度

网络思政教育是近年来各高校大力开展的重点工作之一，2021年中共中央、国务院印发的《关于新时代加强和改进思想政治工作的意见》再一次强调，"推动思想政治工作传统优势与信息技术深度融合，使互联网这个最大变量变成事业发展的最大增量"[11]。从主体间性理论而言，新时代的青年接受度高、创新意识强，十分善于利用多媒体、大数据等信息技术手段，在利用网络思政平台开展理想信念教育的过程中，要注重构建符合网络语言特点、贴合学生思维特征的具备趣味性、互动性的网络思政话语体系，形成启发式、渗透式的教育效果，满足学生主体性的发挥和个性化的发展。目前，通过网文、短视频等传播主流思想，开展理想信念教育的方式已经比较成熟，在此基础上，将线上学习资料进一步改善，利用有趣的网络语言方式表述出来，可以让学生更愿意在碎片化的时间里去观看、去品读、去学习，对理想信念教育的走实走深大有裨益。同时，可以通过线上"留言板""投稿箱""在线对话"等方式打造具有平等性、交互性的沟通平台，在互动中启发学生进一步坚定理想信念。此外，精心设计、广泛开展理想信念教育主题线上征集展示活动，进一步聚焦学生主体作用，提升学生的参与度，是提升理想信念教育实效的有效路径之一。

四、结语

坚定大学生党员理想信念，对提升高校党建工作质量和思想政治教育水平、培养担当民族复兴大任的时代新人有着重要的意义，基于主体间性理论，高校党建和思政工作者要更注重学生党员的主体身份，及时更新教育理念、创新教育思路、拓展教育平台，加强人文关怀，在大力激发学生主体能动性的基础上，让理想信念教育更具高度、广度、效度、热度，为党和国家的建

设事业培养德智体美劳全面发展的栋梁之材。

参 考 文 献

[1] 杜安.思维和存在矛盾运动视域中的主体间性理论[J].贵州社会科学,2006(3):61-64.
[2] 中共中央组织部.中国共产党党内统计公报[EB/OL].(2021-06-30)[2022-05-05]. http://www.gov.cn/xinwen/2021－06/30/content_5621584.htm.
[3] 习近平谈治国理政[M].北京:外文出版社,2014.
[4] 习近平.关于坚持和发展中国特色社会主义的几个问题[J].思想政治工作研究,2019(5):15-19.
[5] 习近平.紧紧围绕坚持和发展中国特色社会主义学习宣传贯彻党的十八大精神——在十八届中共中央政治局第一次集体学习时的讲话(2012年11月17日)[M].北京:人民出版社,2012.
[6] 吴秋凤.加强新时期大学生理想信念教育的研究[J].思想政治教育研究,2008(4):31-33.
[7] 曹洪军.对主体间性思想政治教育的审思[J].理论导刊,2015(3):95-98.
[8] 闫亮亮.重塑与建构:马克思主义主体间性视阈下的高校深度辅导工作[J].北京教育(高教版),2019(1):101-103.
[9] 方建强,崔益虎.基于主体间性理论的高校思想政治教育创新模式探究[J].江苏高教,2018(11):89-92.
[10] 习近平.坚持用马克思主义及其中国化创新理论武装全党[J].当代党员,2021(24):3-8.
[11] 中共中央国务院印发《关于新时代加强和改进思想政治工作的意见》[J].思想政治工作研究,2021(8):18-19.

加强研究生支部建设 助力双一流学科发展

信息与通信工程学院　钟　玉

摘　要　在双一流背景下,加强研究生支部建设是做好高校党建的重要一环。当前在研究生支部中还存在一些普遍的问题,面临新的挑战。一是要在支部组织建设上创新,形成良好的保障作用。二是要在支部活动形式上创新,丰富党员组织生活,提升支部的凝聚力和战斗力。

关键词　双一流;研究生支部;党建

建设世界一流大学和一流学科,是中共中央、国务院作出的重大战略决策,也是中国高等教育领域继"211工程""985工程"之后的又一国家战略,有利于提升中国高等教育综合实力和国际竞争力,为实现"两个一百年"奋斗目标和实现中华民族伟大复兴的中国梦提供有力支撑。

"双一流"的建设进程,不是按照僵化的指标对照执行,更不是对世界一流大学的模仿复制,我们要始终牢记习近平总书记指出的,"办好我国高等教育,必须坚持党的领导"。党对高校的全面领导是我国高校建设取得令人瞩目成就的根本原因,也是确保我国教育事业蓬勃发展的重要保障。作为党在高校最基层的组织,研究生党支部是贯彻落实党的各项方针政策,坚持社会主义办学方向的重要阵地,在学生群体中发挥着战斗堡垒的作用。以研究生党支部建设为抓手,服务于双一流建设的各个方面,是高校党建工作的重中之重。

一、高校研究生党支部对双一流建设的重要作用

1. 把握正确的政治方向

党的十八大提出实施国家创新驱动发展战略,强调科技创新是提高社会生产力和综合国力的战略支撑,必须摆在国家发展全局的核心位置。高校作为汇聚高水平人才、学科、科研成果于一体的知识高地,承担着重要的历史使命。党员是学生中的先进分子,研究生党支部作为学生基层组织,以党的理论为指导,坚持用社会主义核心价值观引领知识教育、引领道德建设、引领学生树立强烈的爱国主义思想,以民族发展和国家振兴为己任,不断增强广大学生的使命感、紧迫感和责任感,把论文写在大地上,攻坚克难,为双一流的学科建设瞄准正确的政治方向。

2. 提供有力的人才保障

研究生是双一流高校科研学术的主力军,他们思维活跃,专业基础扎实,是导师团队开展科研的好助手。双一流高校的未来师资人才绝大多数将来自在校的研究生。研究生党支部应

加强思想建设,使学生的学术水平和思想认识共同提高,着力培养又红又专的高水平学术型人才,为高校建设一流的师资队伍,做好人才储备。

3. 维护稳定的校园环境

大学是青年学生人生观、世界观、价值观形成的关键时期,受文化多元和价值多元的影响,部分学生存在个人主义、功利主义、自由主义等现象,给校园的和谐稳定带来不利因素,因此抓好学生这一时期的价值观养成十分重要,就像穿衣服扣扣子一样,从一开始就要扣好。了解当前研究生党员群体的特点,重视研究生支部建设,在研究生支部中宣传党的思想,提升党支部的凝聚力和战斗力,引导学生勤学、修德、明辨、笃实,成为社会主义核心价值观的坚定信仰者、积极传播者、模范践行者,维护校园稳定,为双一流创造良好的人文社会环境。

二、当前研究生支部建设存在的不足

普遍来看,各高校的研究生党员人数比例较高,是高校党建工作的重点和难点。以我校信息与通信工程学院为例,截止到 2021 年 10 月,信息与通信工程学院共有学生党支部 67 个,其中研究生党支部有 59 个,占学生支部总数的约 88%。学生党员人数为 1 364 人,其中研究生有 1 150 人,占学生党员人数的约 85.4%。整体来说,学院的党建工作在上级部门的要求下,从选拔发展到日常管理整个环节还是比较规范的,但也存在着一些普遍的问题,主要体现在以下几方面。

1. 组织生活形式单一

部分党支部的组织生活形式比较单一,往往以读报纸、学文件为主,"三会一课"会前准备不充分,主题不明确,将上级党委布置的工作任务简单传达,让人感觉枯燥、空洞,流于应付,缺乏落实。一些批评与自我批评的民主传统只是在形式上继承,并没有从实质上突破。部分党员同学在支部中得不到成长,缺乏参与感和主人翁的意识,主观能动性难以发挥。

2. 支委的流动性大

研究生党支部是高校党建的主体,相对来说支部的各项任务比较重,尤其是在发展党员的工作上,环节多,书面材料多,有的支委做了一段时间之后,发现任务量太大,或者说因为出国或外出科研等,就要更换支委,导致支部工作连续性不强,有的支委刚刚熟悉工作,然后又要更换,工作容易出现疏漏,也给党建工作的延续性带来一定的困难。

3. 党员的全过程教育还需进一步加强

在入党前,部分学生把入党当作增加就业竞争筹码的渠道,在积极分子培养的过程当中,表现非常积极,目的性很强,但是等他成为党员之后就放松了要求,同时客观上也存在科研压力大的原因,学生的精力主要集中在专业学习和就业相关的技能提升方面,对于支部组织生活和理论学习不够重视,对支部组织的活动参与不积极,与其他党员同学联系交流也不够密切,未能充分发挥党员的先锋作用。

三、双一流背景下加强研究生支部建设的对策

围绕双一流学科建设,高校的主要任务是在党的领导下,做好科研服务国家建设和培养出德才兼备的人才。切实加强高校的研究生支部建设需要各部门提高政治站位,以高度的责任

感和紧迫感来创新党建形式,严格落实党的各项工作。

1. 在支部组织建设上创新,形成良好的保障作用

（1）精细化党员数据管理

党建的日常工作之一是为上级部门提供各类信息数据,比如半年和全年的党统等。学生入学和毕业使支部信息变化较大,如果平时不做好整理,没有良好的信息收集和整体的数据分析和处理,会占用党务工作者大量的时间和精力。设计一套完善的信息化系统并且定期维护和更新,可以减轻支部的工作压力,将工作重心更多地放在党员的学习和教育上。

（2）动态化支部管理

传统上,支部是以年级和班级的横向模式来划分的,学生分属在不同的实验室,彼此间联系不紧密。而且在研究生支部当中,基本上都是由学生来担任书记,学生本身的阅历有限,很难在支部中起到思想引领的作用。纵向的管理方式有利于建立同实验室、同项目组同学之间的联系,党支部书记可以由优秀教师党员担任。另外,还可以根据学生的实际情况,将在校外科研的,或者一段时间隶属于某个团体的党员集中在一个小组或者成立临时支部,形式更为灵活,也更符合学生的实际需求。

（3）网格化党小组管理

研究生党员人数较多,一个支部有三十人左右,开展一次全体的活动存在时间较难统一、场地资源有限的问题,可以借鉴网格化的管理模式,化整为零,拆成不同的党小组来开展工作。全体党员的活动也可以由不同的党小组来承担筹划,这样既减轻了支委工作的压力,也调动了党员同学的积极性,可形成一种良性的竞争和合作氛围,大家你追我赶,争做先进。

2. 在支部活动形式上创新,丰富党员组织的生活

（1）创新理论学习形式,真正起到实效

扎实的理论学习是党员教育的根本。只有用先进的思想武装头脑,广大学生党员才有正确的方向,才能成长成才。支部要坚持好"三会一课"制度,保证"三会一课"的质量。首先,在内容输入上,可以在传统的基础上,创新各种形式,与时俱进,如运用各种生动活泼的短视频,使理论学习生动起来,更加通俗易懂,更接地气,更入脑入心。其次,通过内容输出强化学习效果,做到融会贯通。比如,以2021年建党100周年为契机,加强党史学习,运用手机答题、现场知识竞赛、主题辩论会、学习笔记交流,将单向灌输变为师生互动教育、朋辈相互教育。

（2）结合专业特点,利用好现有的资源

在全党重视党员教育的氛围下,目前已有大量的与党建相关的学习资源,但如果能结合本校本专业的资源,将现有的资源用起来、活起来,会有更强的针对性。比如,带领学生参观校史馆、北邮数字成就展,了解老一辈科学家严谨务实的精神,知校史、明校情、筑校魂,增强爱校荣校意识,传承北邮精神。邀请德才兼备的学术大师开展高端学术讲座,实现理想信念教育和学术启迪双方面的育人效果,让学生增强自力更生、艰苦奋斗的能力,服务于国家的战略需要,解决"卡脖子"的关键问题。还可以开展优秀党员宣讲系列活动,使他们作为一面旗帜,吸引周围同学,在学生中形成学先进、赶先进、当先进的浓厚氛围。

（3）开展共建活动,拓展学生的视野

生活在高校"象牙塔"里的学生党员普遍埋头科研,对社会了解不多,开展各种形式的共建活动,多接触外界,有利于学生更快地成长。比如,校内学生支部与校机关支部共建,有助于帮助学生解决学习、生活中的问题,营造"全员育人、全方位育人、全过程育人"的良好氛围,同时,

也进一步拉近了机关党支部与学生的距离,有利于机关职能部门在工作中换位思考,接受学生的监督,进一步强化服务意识;或者校内与校外共建,与社区、部队、企事业单位等取得联系,通过支部的互通有无,让学生接触基层,了解基层,更好地将自己的所学用于服务基层。

四、结语

随着双一流建设的不断深入推进,高校的党建工作发挥着越来越重要的作用。应抓好研究生支部这一党的基层组织,提升支部的凝聚力和战斗力,将党建与学科建设相结合,不断开创新的活动形式,适应新的形势需要,为双一流建设注入新的活力,推动高校国际化进程。

参 考 文 献

[1] 国务院印发《统筹推进世界一流大学和一流学科建设总体方案》[EB/OL].(2015-11-05)[2022-05-05].http://www.gov.cn/xinwen/2015-11/05/content_5005001.htm.

[2] 曾皓鹏,刘运春,陈静璇.高校研究生党支部"三会一课"现状及改进研究[J]智库时代,2018(27):201.

[3] 刘珊珊.基于矩阵结构的研究生基层党建新模式探讨[J].学校党建与思想教育,2015(11):29-31.

[4] 姜建萍,梁金葵,钟振国,等.当前研究生党支部建设的几个问题[J].高教论坛,2008(2):7-9.

[5] 陈亭,商金艳.新时代高校研究生党建工作的意义及对策[J].党史博采:下,2019,579(1):49-50.

研究生党支部"横纵结合"设置模式的探索与思考

组织部　张畅郁

集成电路学院　陆星琳

摘　要　研究生党支部在高校党的基层组织建设中处于十分重要的地位,新形势对加强高校研究生党支部建设工作提出了新的要求。横向设置和纵向设置是目前在高校中比较普遍的两种研究生党支部设置方式。北京邮电大学理学院立足学院实际,以"横纵结合"的研究生党支部设置模式为载体,突出了研究生党建工作特色,在党支部战斗堡垒作用的发挥上收到了良好的成效。

关键词　研究生党支部;"横纵结合";设置模式

中共中央、国务院印发的《关于加强和改进新形势下高校思想政治工作的意见》明确指出:"要加强高校基层党建工作,建立健全高校基层党组织,加强教师党支部、学生党支部特别是研究生党支部建设,充分发挥党支部战斗堡垒作用。"这是党中央对高校研究生党支部建设的新部署、新目标、新定位、新要求,为全面加强高校基层党组织建设指明了方向。

北京邮电大学理学院结合学院特点、学科性质、学生规模等实际情况,对"横纵结合"的研究生党支部设置模式进行了积极探索。学院研究生一年级党支部采取以年级为单位横向设置的方式,在支部内部按不同专业设置党小组;其他四个高年级党支部按照学科及方向,结合实验室以及导师组纵向设置。在经过一年的横向支部生活后,研究生党员在二年级将按照纵向学科及方向回归到四个高年级党支部,"横纵结合"的支部设置模式取得了抓好党建带科研、围绕科研促党建的良好效果。

一、"横纵结合"的研究生党支部设置模式,彰显了学科之间联动,专业间沟通交流得到有效增强

增强了同年级不同专业学生间的沟通了解。研究生一年级横向设置党支部,促进了一年级物理和数学不同专业和学科方向的党员在思想上的交流、学术上的探讨以及生活上的互动;同时,党支部内部按照专业和学科方向,纵向设立了四个党小组,增进了同一年级不同专业和学科方向学生间的相互沟通。

增强了同专业不同年级学生间的朋辈交流。二年级以上的高年级纵向设立党支部,增强了同一专业不同年级学生党员间的朋辈交流和朋辈辅导,对于低年级党员做好学业规划、培育

科研兴趣、明确就业方向等具有显著的现实意义,朋辈辅导效果在支部建设和活动开展的过程中得到了最大限度的发挥。

二、"横纵结合"的研究生党支部设置模式,突出了党建科研联动,搭建了党建与业务的互动平台

实现了科研团队间的学术互动与交叉融合。一年级不同科研团队间的横向党支部设置,高年级同一专业不同年级间的纵向党支部设置,都有效实现并推动了团队间的相互熟悉与了解,打通了传统壁垒,为学院的学科建设、人才培养、科技创新等方面实现交叉融合提供了可能。

实现了党建工作与业务工作同部署、同落实。各系部、教研室充分发挥自身优势,严格按照党建责任书的要求,坚持把业务工作与党建工作同部署、同落实、同检查、同考核,充分发挥支部自身优势,立足科研与技术攻关,以专项业务或专项任务小组为基本单位,探索在高年级支部内成立党小组,充分展示了党建与业务工作相辅相成、相互促进的良好成效。

三、"横纵结合"的研究生党支部设置模式,激发了团队归属意识,支部的凝聚力、向心力不断增强

学生党员团队意识得到显著提升。党建与科研团队结合得更加紧密的同时,极大地促进了学生在日常学习生活中对所在实验室及团队的认同感与归属感,形成了科研在团队、党建伴成长,科研学业归属与组织生活基本实现了覆盖范围统一、人员构成统一、工作侧重统一、培养目标统一的良好状态;在问卷测评中,纵向设置支部对提升团队认同感一项,基本得到了高年级学生党员的一致认同。

团队内部师生沟通交流不断深入。高年级党支部的纵向设置,在实现团队内部学生党员交流更加紧密顺畅的同时,也提升了团队师生间的沟通交流实效。以党小组为单位的科研攻坚团队与导师间的交流机制不断完善,学生党支部与所在团队教工党支部共建活动的开展更加频繁便捷,团队师生间的氛围也更加和谐融洽。

科研对党建的促进作用成效明显。高年级支部的纵向设置加深了所在团队教师对学生党支部活动开展及基层党建工作推进的理解与支持,科研工作的整体推进,极大地提升了支部的凝聚力与战斗力,对支部整体状态及向心力的提升起到了明显的促进作用。支部成员的使命感、自豪感、责任感显著增强,科研工作对党建工作的促进作用得到了有效发挥。

四、"横纵结合"的研究生党支部设置模式,发挥了战斗堡垒作用,优秀党员的示范效应得到凸显

促进了年级间学生党员传帮带作用的发挥。"横纵结合"的支部设置充分发挥了党龄较长的党员及高年级党员对新党员及低年级党员在学习、生活、科研等方面的传帮带作用;党支部的良好传统、文化、活动形式可以得到充分传承;为不同专业学生的交流搭建了平台,学科之间在科研中的相互支撑与不同年级间的传帮带促进作用得到进一步加强。

促进了科研骨干业务示范引领作用的增强。 党支部的纵向设置使团队中成绩优秀、科研突出、参与校园活动积极、热衷公益的学生党员的先锋模范作用得到最大限度的发挥，不同研究方向、研究领域的交流更加频繁，学生间的互补性得到有效增强。在党员科研骨干的带领下，支部内科研协同的动力更足，支部党员在团队中集体意识更强，党员骨干展现出的主动为团队及师生服务的状态更好，充分调动了各个层次和年级党员的积极性，支部自我建设达到了"政治素质好、业务能力好、团结协作好、作风形象好"的良好效果。

五、"横纵结合"的研究生党支部设置模式，调动了党员的积极性，党建工作针对性取得明显成效

有助于研究生党员的教育管理。"横纵结合"的支部设置将研究生党员的同质化实现了最大限度的发挥，同一支部成员基本可以实现研究方向的相似性、时间与空间的共同性，在保证了活动参加人数的同时，也有利于支部听取并了解不同年级、不同课题组同学对于党支部活动开展、理论学习组织、工作侧重点的意见与建议，研究生党员的教育管理工作实效性、针对性得到了明显增强。在学生党员发展方面，入党积极分子及预备党员考察写实更加贴近实际，避免了横向设置支部党员间了解不充分、彼此不熟悉的弊端，有效提高了党员培养及发展质量。

有助于党员先进性的有效发挥。"横纵结合"的支部设置使教师党员先进性与学生党员先进性均实现了不同程度的有效发挥。针对以往同一年级支部成员分散在不同导师组、课题组的实际情况，对实验室及导师组教师了解学生科研以外的学习与生活状态在客观上造成了难度和壁垒，同一课题组学生在跨年级层面很难实现同一平台上的沟通交流。学院在支部建设中，在充分发挥了高年级研究生党员的先进性作用的同时，还选聘了导师组或所在课题组的青年教师兼任学生党支部书记，使其更多地参与到学生的日常学习生活之中，有效了解并掌握学生基本情况，并使学生与导师实现了良性互动，有效地解决了学生的实际诉求，基层组织的先锋作用也得到了有效发挥。

进一步抓好研究生党支部建设，落实落细各项要求，既是高校基层组织建设的客观需要，也是高校在育人过程中必须把握的基本遵循，更是推动党建工作与业务工作融合的有效手段。北京邮电大学理学院"横纵结合"的研究生支部设置模式，实现了"横向"规范支部建设，着重开展研究生党员的思想政治教育，培养党员的纪律性和组织性，增强研究生党员对党组织的归属感；"纵向"从专业学习角度和载体建设角度探索党建工作，将党建工作与学术科研有机融合。这种模式在探索中，还有很长的路要走，需要进一步完善，在实践过程中，我们也发现了一些比较棘手的问题，比如，在研究生一年级横向设置一个党支部，一般由辅导员任党支部书记，党支部部分成员任支委，横向支部与纵向的四个支部间交流不够紧密，在一定程度上造成在研二年级纵向分到四个支部后，在党员发展和支委换届的过程中，原有的纵向支部成员对新加入支部的发展对象、支委候选人了解还不深入，造成发展和换届工作存在一定的困难。

对标对表党中央对高校研究生支部建设的各项要求，瞄准加强党员教育、提升党员素质、凝聚党员队伍的工作成效目标，需要进一步完善"横纵结合"研究生支部设置模式并做出更多积极有益的探索，为培养社会主义合格建设者和可靠接班人而不懈努力。

参 考 文 献

[1] 潘建明,闫永胜,霍鹏伟.对"横纵结合型"研究生党支部新模式的几点思考[J].考试周刊,2016(93):145-146.
[2] 魏来.切实加强高校研究生党建工作[J].新长征,2016(1):51-53.
[3] 刘兆磊.高校研究生党建工作的机制优化和载体创新[J].学位与研究生教育,2008(5):30-32.

高校研究生基层党建的新举措、新方法
——以北京邮电大学理学院研究生物理党支部为例

集成电路学院　陆星琳
组织部　张畅郁

摘　要　研究生党支部在高校基层组织建设中处于十分重要的地位,新形势对加强高校研究生支部建设工作提出了新的要求。通过挖掘研究生党支部在加强思想政治引领,筑牢学生理想信念根基,引导学生刻苦学习、全面发展、健康成长等方面的建设经验,凝练形成研究生基层党建的新方法、新举措。

关键词　研究生基层党组织;七个有力;新举措;新方法

研究生党支部作为高校基层党组织的重要组成部分,在开展研究生思政教育、培育和发展党的后备力量方面发挥着重要的抓手和载体作用。研究生党员是研究生中的先进代表,是国家建设的后备人才,是高校立德树人的重要对象。深入开展研究生党员教育管理和研究生党支部建设,探索新形势下基层研究生党组织的新方法、新举措,既是落实上级党委对基层党组织工作要求的重要举措,也是学校推动党的建设的重要环节,对实现以高质量党建引领高质量发展具有重要意义,从而进一步贯彻落实高校思想政治工作会议精神、《中国共产党普通高等学校基层组织工作条例》工作要求,培养德智体美劳全面发展的社会主义建设者和接班人,培养担当民族复兴大任的时代新人。

一、当前研究生基层党建工作存在的问题

习近平总书记在《贯彻落实新时代党的组织路线 不断把党建设得更加坚强有力》中强调:"基层党组织是贯彻落实党中央决策部署的'最后一公里',不能出现'断头路',要坚持大抓基层的鲜明导向,持续整顿软弱涣散基层党组织,有效实现党的组织和党的工作全覆盖,抓紧补齐基层党组织领导基层治理的各种短板,把各领域基层党组织建设成为实现党的领导的坚强战斗堡垒。"[1]

当前,我们处于百年未有大变局之中,在两个一百年历史交汇期,全国研究生教育会议对研究生教育提出了更高的要求,如何在新的背景下创新研究生基层党建,探索出新方法、新举措,以党建带动"双一流"建设,教育引导广大研究生成长成才,是研究生党建研究的主要方向,目前,高校研究生基层党建工作存在以下问题。

1. 思想建设不够深入

较为完善的学科建设体系与相对薄弱的思想政治工作之间仍存反差。部分研究生党员理论学习不够,政治意识淡薄,受到多元化价值观和错误思潮的冲击。在研究生中"重科研,轻思想"的片面观念依然存在,学术培养与思想教育"两张皮"的问题仍较突出。部分导师对研究生党建与思想政治教育不够重视,与党组织缺乏有效协调、配合。

2. 组织建设仍待加强

高质量的研究生培养尚需高质量的党建工作保驾护航。随着党建工作要求的提升,高校对研究生基层党建工作的重视加强,相较以往,研究生基层党建组织建设水平获得一定提升。但是研究生党组织的标准化、规范化程度还有待进一步提高,研究生党建工作队伍仍需加强。

3. 作用发挥不够显著

习近平总书记对研究生教育工作作出重要指示强调,要适应党和国家事业发展需要,培养造就大批德才兼备的高层次人才。在全国研究生教育会议上,李克强总理指出,研究生教育肩负着高层次人才培养和创新创造的重要使命,是国家发展、社会进步的重要基石。[2] 高质量的研究生党组织和党员需要在高校"双一流"建设中发挥出重要作用,当前,研究生党员的先锋模范作用发挥需要得到进一步的凸显。

二、研究生基层党建工作经验

北京邮电大学理学院研究生物理党支部成立于2006年,入选第二批全国高校百个研究生样板党支部创建单位,党支部对标《新时代高校党建工作重点任务指南》,对基层党支部提出"教育党员有力、管理党员有力、监督党员有力、组织师生有力、宣传师生有力、凝聚师生有力、服务师生有力"[3]的"七个有力"党建工作要求,多措并举提升党支部建设水平,形成研究生基层党建工作经验。

1. 用好"三个课堂",体现教育深度

注重教育党员深度,要提升理论学习高度,增强支部工作吸引力,弘扬理论联系实际的马克思主义学风,用好理论学习课、榜样引领课、实践教育课"三个课堂",体现教育深度。要将理论学习与实践教学、理想信念与国情教育、经典阅读与交流讨论相结合,聘请例如全国高校思政课影响力人物、北京高校思政课特级教师等思政专家,担任理论导师。通过组织学习总书记重要讲话、回信,观看党史公开课,开展主题教育等多种形式,激励党员以思想自觉落实行动自觉。可以通过赴红色基地、主题展览参观,观看红色影片,举办党史知识竞赛,组织党员"政治生日"等红色实践活动,提升党员受教育成效。与社区党支部开展红色"1+1"共建,在社会实践中受教育、长才干。

2. 依托"三项工程",提高管理精度

提升管理党员质量,创新工作思路,运用信息化手段,做好党员示范引领。依托实施质量提升工程、智慧党建工程、示范引领工程"三项工程",提高管理精度。坚持把政治标准放在首位,把好把严党员发展的"每一道关口"。发挥学校专业优势,拓展互联网资源平台,开展网上党校、支部书记培训等工作,不断提高党员教育管理工作现代化水平。坚持党员宿舍挂牌制度,设立党员先锋示范岗,发挥先锋模范作用。

3. 拓展"三个途径",彰显监督效度

监督党员有效度,要坚持把纪律和规矩挺在前面,监督党员履行义务、遵规守纪及时到位,落实组织生活制度。拓展用好督导体系、党章党规党纪规范党员行为、制度建设规范组织生活"三个途径",彰显监督效度。构建党建层层督导的工作体系,校领导、院党委副书记作为支部联系人,参与支部活动,指导监督支部开展工作。在研究生基层党建工作中,要注重教育和引导支部成员遵守校规校纪及学术道德,严肃"党性体检",坚定政治立场。严格"三会一课"等组织生活制度执行,认真落实规定动作。

4. 通过"三个落实",拓宽组织维度

提升支部组织力,要通过研究生基层党支部,广泛组织研究生投入中心工作,引领优良班风学风校风建设,推进社会主义核心价值观培育践行。通过落实支部设置模式、落实组织生活制度、落实党团班工作协同机制"三个落实",拓宽组织维度。理学院研究生党支部按照学科、研究方向实行纵向设置,能够有力推动党建工作与业务工作同部署同落实,培养了一批批品学兼优的党员先锋和科研攻关力量。在组织生活中,突出问题导向,不断夯实组织建设基础。健全"党建带团班建、团班建促党建"工作体系,围绕研究生党团班协同运行机制,打造研究生组织建设服务引领体系,全力提升党支部的组织力。

5. 立足"三个提升",加强宣传力度

提升支部宣传力,要做到学习传达党的决策部署及时到位,宣传典型人物事迹,形成广大师生学做先进、争当先进的深厚氛围。立足提升理论宣讲辐射面、提升日常宣传实效性、提升典型选树代表性"三个提升",加强宣传力度。鼓励动员研究生党员参加校研究生宣讲团,走进党团班等基层进行宣讲。运用校院两级党建宣传平台、学院公众号,定期推送宣传身边的党员榜样,如国奖获得者展示、党员抗'疫'志愿服务故事、党员志愿服务事迹,充分发挥示范带动作用,形成学做先进、争当先进的浓厚氛围。

6. 建立"三项机制",增强凝聚热度

提升支部凝聚力,要将思想引领和价值观塑造有机融入研究生的科研学习生活的方方面面。建立"党员1+1"联系培养机制、支部共建机制、导学互动机制"三项机制",增强凝聚热度。加强党员对积极分子、入党申请人的联系培养。与本科生党支部、教师党支部开展共建,搭建理论学习、科研分享、学术交流平台。在专业内形成良好的导学关系示范,有效提升三全育人成效。鼓励支部成员担任助教,在一流课程、标杆课程思政建设中贡献力量。

7. 夯实"三个结对",保持服务温度

提升支部服务力,要以支部党的建设带动所在班级、团支部、宿舍建设,做好联系、服务师生工作,将党支部建成党员之家、研究生之家。推进党支部与团支部结对、党员宿舍与团员宿舍结对、党员与团员结对"三个结对"工作开展。健全关心帮扶机制,把解决思想问题和解决实际问题相结合。对团员青年开展日常思想政治教育、谈心谈话、学业辅导等工作,让团员青年感受到党组织的温暖,将有困难找支部、有问题找党员落在实处。

三、研究生基层党建工作新措施、新方法路径探究

基于对研究生基层党建工作现状的分析和对北京邮电大学理学院研究生物理党支部案例

的研究,凝练出基层党建工作的新措施、新方法路径,主要在深化全院育人工作理念、拓展党建工作平台、党员示范引领三方面发力。

1. 不断深化全员育人工作理念

构建全面协调一体化研究生基层党建工作指导体系,充分落实全员育人工作理念。一是由校、院各级党建指导专家组成党建督导指导队伍,指导研究生党支部对标对表新时代党建工作要求,规范党支部组织建设;二是将校内外党建工作名师专家邀请到研究生基层党支部中,开展专题讲座、理论宣讲,提升党支部理论学习水平;三是提升导师思想意识,强化教师党示范作用,使导师在研究生基层党建工作中发挥正向引导作用,用党建引领科研学术发展。

2. 广泛拓展基层党建工作平台

多渠道拓展基层党建工作平台,不断丰富研究生基层党建工作形式,提升党支部活力。一是搭建支部共建平台,注重校内校外结合、不同年龄段覆盖,与社区党支部、其他高校研究生党支部、离退休党支部、本科生党支部开展共建,丰富社会认知,学习党建经验,拓展党史学习渠道,组织学业指导提升服务力;二是增强智慧党建平台建设,后疫情时代"互联网+"理念逐步深入,研究生基层党组织建设要占领网络阵地,适当通过线上线下相结合的方式,提升党支部工作影响力和工作效能;三是丰富党支部活动开展平台,将理论课堂和实践课堂相结合、理论学习和实际发展需求相结合、理论知识和科学研究知识相结合,摆脱就理论学理论状态,用理论指导实践,以党建促进党员全面发展。

3. 强化党员示范引领作用发挥

研究生基层党建工作的成效体现在教育培养研究生党员、党员示范引领作用发挥的过程中。一是强化基层组织建设,增强研究生党员所在团支部、班级、宿舍的组织建设示范引领;二是强化党员在基层组织建设中的作用发挥,使其参与到集体生活的具体工作中;三是强化科研学术成果示范作用,落实习近平总书记"将论文写在祖国大地上"的要求,聚焦科研攻关前沿,着力破解卡脖子问题;四是强化躬身实践服务国家需求示范作用,带领研究生党员牢记习近平总书记"到基层和人民中去建功立业"的希望和嘱托,参加重大志愿项目,走上疫情防控一线,参与社会实践,到祖国和人民需要的地方绽放青春之花。

参 考 文 献

[1] 习近平.贯彻落实新时代党的组织路线,不断把党建设得更加坚强有力[J].求是,2020(15):4-9.

[2] 新华社.习近平对研究生教育工作作出重要指示 强调适应党和国家事业发展需要培养造就大批德才兼备的高层次人才 李克强作出批示[EB/OL].(2020-07-29)[2022-05-04].https://baijiahao.baidu.com/s?id=16735512404403819558&wfr=spider&for=pc.

[3] 教育部办公厅.教育部办公厅关于开展新时代高校党建示范创建和质量创优工作的通知[EB/OL].(2018-07-05)[2022-05-04].http://www.moe.gov.cn/srcsite/A12/moe_1416/moe_1417/201807/t20180705_342126.html.

新形势下高校服务型基层党支部建设问题研究
——以北京邮电大学经济管理学院沙河校区党支部为例

经济管理学院　李浩爽

摘　要　本文以个案分析法为基本方法,分析新形势下加强服务型基层党支部建设的意义,以北京邮电大学经济管理学院沙河校区党支部的实践为例,从规范化、科学化、示范性三个角度探究高校基层服务型党支部的建设路径,并在此基础上提出建设高校基层服务型党支部的七点建议。

关键词　新形势;服务型;高校;基层党支部

一、加强高校服务型基层党支部建设的意义

(一)充分发挥基层党组织的战斗堡垒作用,推动基层党建工作转型升级

加强基层服务型党组织建设是党的十八大提出的重要任务,也是基层党组织作为战斗堡垒的重要使命。新形势赋予新使命,新征程召唤新思路。服务型基层党组织能否建设好,直接关系到党的影响力、凝聚力和战斗力的发挥。[1]同时,高校肩负着培养德智体美劳全面发展的社会主义建设者和接班人的重要使命,基层党支部更是党在教育工作中的基础,是推动高校科学发展的重要支撑,是办好中国特色社会主义教育的根本所在。[2]在新时代,在新形势下,在新思想的引领下,应不断强化高校服务型基层党支部建设,为更好地服务师生,提高人才培养质量,提高科学研究水平贡献力量。

(二)全面贯彻为人民服务根本宗旨,推动基层党组织更好地发挥职能作用

随着自媒体时代的来临,国际形势日益复杂,价值取向日趋多元,党支部作为高校基层党组织,需要主动求变,探究深受广大青年喜爱的文化传播方式和沟通方式,在实践中不断调整工作方法,力求全面贯彻为人民服务的根本宗旨,充分了解师生"急难愁盼"的问题,满足群众的需求,提高服务能力,加强服务功能,通过建设服务型党支部化解矛盾,凝聚人心,密切党群关系。同时,在服务群众的过程中坚定信念,获取力量,才能更好地保持党组织的先进性和纯洁性。

二、新形势下高校服务型基层党支部建设路径探索

基层党支部建设面临的情况千差万别,本文以北京邮电大学经济管理学院沙河校区党支部的实践为例,探究高校基层服务型党支部的建设路径。经济管理学院沙河校区党支部在具体一线工作中以基层组织建设为抓手,以党建主题活动为载体,以党员先进典型为示范,着力谋划好思路、建设好队伍、管理好阵地、开展好活动、发挥好作用。抓多元活动,促党建活力迸发;抓学习教育,促整体素质提高;抓制度落实,促工作质量提升[3]。

(一) 工作制度健全,组织架构合理,有力监督党员,全面从严治党规范化程度提升

经济管理学院沙河校区党支部始终坚持政治建设的统领地位,确保党支部建设坚定正确的前进方向。建设成"教书育人"与"思想引领"双螺旋型工作体系,抓党建、促群团,抓班子、带队伍,多方协作,共促进步。支部贯彻落实学院党委制定的各项规章制度,通过支部的工作实践与探索,在学院党委的指导下正在制定一套高效务实的工作制度与落实机制,以打通党团班隔断,串联全员化评价,使党员发展程序合规范、质量有保障。

(二) 全体凝心聚力,坚持务实创新,有力管理党员,全面提高基层党建工作科学化水平

支部坚持做好换届台账,按期换届,扎实推进"两学一做"学习教育常态化、制度化,严格落实民主评议党员制度,按时收缴党费,定期公开党务政务。支部在工作中始终在坚持整体推进的同时,做到具体问题具体分析。能够多方位积极统筹校内校外、线上线下、课内课外各种资源,在坚定正确方向的前提下充分调动各方的积极性,构建"学校、社会、家庭联动"与"教学、科研、管理、服务"共同育人的工作大格局;全面落实学生党员"五个一",即每学期在支部宣讲一次时政要闻,阅读一本红色经典,参加一次志愿服务,创建一个示范宿舍,帮扶一名困难学生,提高学生党员发挥先锋模范作用的自觉性。

(三) 夯实牢固阵地,创造丰硕成果,有力教育党员,不断提高学习教育活动的示范性作用

支部充分发挥示范性带领作用、科学性教育作用、全方面发展作用,以牢固的基础组织阵地保障党员管理、党员教育、联系群众等工作的有力开展,以全面的活动形式保障各项工作取得突出成效,以优异的工作成绩保障示范作用的发挥。党支部积极探索、积极参与,开展了一系列有主题、有特色、有影响的党建教育工作,取得了以下标志性成果。

1. 红色"1+1",打造支部共建新模式

经济管理学院沙河校区党支部高度重视基层党支部建设,以党支部红色"1+1"交流共建活动为依托,充分发挥党员的先锋模范作用,引导学生党员深入基层,在实践奉献中成长成才。支部与朝阳实验小学左家庄分校党支部顺利举办了红色"1+1"支部共建活动,有利于培养学生党员的奉献情怀,彰显基层党支部的红色引领成效,弘扬"崇尚奉献,追求卓越"的北邮精神,有力组织师生打造良好的支部共建新模式,形成"经明行修"的支部品牌文化。

2. 深入社会实践，坚持知行合一

部分支部成员共同组成"百年湘江"暑期社会实践团，深入湖南郴州、韶山等红色教育基地，秉持"探访前辈足迹，永葆党员初心"的信念，深入实践，实地探索，并形成了优秀的社会实践成果。支部在"青年服务国家"首都大学生社会实践活动中获评优秀团队，做到了有力凝聚师生。

在疫情期间，支部的11名党员均以不同形式参与社区防疫工作，在实践中展示共产党员的担当，深刻感悟共产党员的使命，明晰共产党员的责任，磨砺意志、坚定信念。支部也传承和发扬"到实践中去"的优秀品质，鼓励支部成员在社会实践中坚持知行合一，在常学常新中加强理论修养，在真学真信中坚定理想信念，在学思践悟中牢记初心使命，在细照笃行中不断修炼自我，在知行合一中主动担当作为，不负青春使命和党员担当。

3. 运用新媒介，为党员提神，为党建助力

支部紧跟时代步伐，充分发挥新媒介不受时空限制的优势，建立经济管理学院沙河校区党支部的微信群课堂，开创"日日推送"学习模块，以便党支部成员日常学习党章党规、党的方针政策路线，学习习近平总书记系列重要讲话精神和治国理政新理念、新思想、新战略[4]；同时还有微党课、微视频等创新性学习形式，将理论故事化、通俗化，丰富的内容极大地满足了党员们的多元化需求，让党支部的同志们自觉看、看得懂、有所悟、有所得。将培育和践行社会主义核心价值观与学习宣传时代精神协同引向深入，有力宣传师生，不断提高青年爱国热情[5]，不断增强青年文化自信，提升立德树人教育实效，营造良好的支部政治生态。

4. 打造"一枝一叶总关情"系列活动，"一对一"帮扶少数民族同学

支部一直坚持服务师生，为师生办实事。为了鼓励少数民族同学增强内生自信，在和谐友爱的大学生活中顺利成为德智体美劳全面发展的优秀青年，支部举办了"一枝一叶总关情"系列活动，鼓励优秀的党员、预备党员以及积极分子同志参与到对少数民族学生思想、学习、生活的结对精准帮扶活动中来。"一对一"帮扶活动是我们对服务师生有力工作的具体实践，是对支部暖心活动的积极探索，也是落实立德树人根本任务的抓手。支部将以此次活动为契机，进一步健全支部帮扶工作的体制机制，有力服务师生，将对少数民族同学的结对帮扶活动常态化、具体化，努力让少数民族学生感受到学院的温暖，帮助少数民族学生树立信心，提升自我。

三、建设高校服务型基层党支部的几点建议

第一，要建立服务型党支部服务指标评价机制，树立持续改进的观念。党支部应当建立健全标准化的服务评价体系，以服务对象的满意程度为目标，健全考核评价机制，并要根据服务对象的评价结果进行工作改进。

第二，要建立服务型党支部架构完善机制，理顺服务工作流程。党支部应该秉持具体问题具体分析的原则，健全完善长期有效机制，保证与服务对象能够紧密联系并且提供全方面的服务；同时，健全领导机构，明晰工作职责，明确工作目标，为服务型党支部确立明确方向。

第三，要提高党员的服务意识，促进党群关系发展。要解决好党员意识、思想问题，强化党员服务意识及确立党员的服务理念，这有利于落实群众诉求和梳理好党群关系，使得党员同志在工作中乐于服务、善于服务，提高主动服务意识，进而提升服务质量。

第四，要创新支部制度建设，提升管理规范水平。结合党员发展需要与工作实际，制定《党

员发展评价细则》《党员评价表》,打通党团班隔断,串联全员化评价,党员发展程序合规范、质量有保障。制定《党支部集体学习方案》,依托党小组,扎实开展党员教育工作,固定学习时间,明确学习内容,执行每月一次党小组会,每半年专题研究意识形态、党风廉政建设等工作,推进各项组织活动落地见效。充分发挥党组织的政治核心作用,把思想政治工作、从严教育管理党员、群众工作落实到党支部,巩固党的执政地位,发扬优良传统、与时俱进。

第五,要创新探索媒体平台,扩大支部模范影响。建立媒体学习平台,针对支部生活动态、重要时政新闻、青言青语评论、理论学习素材等内容开展线上宣传,为党团班成员捕捉支部动态、家国动态、理论动态提供有力抓手。通过宣扬支部内杰出党员、优秀冬奥会志愿者、先进社会实践团队等学习素材,引导广大学生党员充分认识中国特色社会主义的制度优势和中国共产党的领导核心作用,增强爱党爱国信念。

第六,要创新支部特色活动,增强辐射带动作用。以党支部为主体,定期开展谈心谈话、志愿服务、主题读书日等形式多样的支部特色活动,持续强化党员意识,发挥党员先锋模范作用。严格执行"互联网＋党建"工作思路,营造"支部活动不下线,组织生活不断线,党员教育不离线"的工作氛围,通过品牌活动引导广大学生党员充分认识中国特色社会主义的制度优势和中国共产党的领导核心作用,动员广大学生党员团结起来、行动起来。

第七,要注重党团班衔接,凝聚支部建设合力。发挥党支部的带头作用,联合各基层团支部班集体,共同组织开展思政学习类、志愿服务类集体活动,鼓励更多同学加入志愿服务队伍;党团班日常工作紧密结合,及时了解同学们的真实需求,支部成员带头做好服务同学工作,服务到真事上、实事上,做到党旗所指、团旗所向。

参 考 文 献

[1] 陈桂萍.新时期高职院校基层服务型党组织建设的实践与思考[J].当代教育实践与教学研究(电子刊),2018(3):486.

[2] 柯伟.新时代高校办好思想政治理论课的重大意义[J].人文之友,2019(15):144-145.

[3] 方绮雯.论新形势下加强党支部书记的自身建设——从基层党组织分类定级工作说起[J].学理论,2012(34):197-200.

[4] 袁凯.关键在于提升抓落实的工作水平[J].发展,2017(8):21-22.

[5] 宋立斌.以基层学生活动带动大学生社会主义核心价值观的培育和践行[J].湖北函授大学学报,2016,29(11):43-44.

党建带团建——加强高校共青团基层组织建设实施路径研究

计算机学院（国家示范性软件学院）　付泓霖

摘　要　共青团是党的助手和后备军，党旗所指就是团旗所向。加强基层建设是共青团履行自身使命责任的内在要求，是深化共青团改革的重要内容。本文将研究探讨如何将"党建带团建"落到实处，发挥实效；如何激发团支部、团小组等的组织活力以及如何对标党建，提高团建水平等内容。本文围绕团支部融入参与党支部红色"1+1"共建，基层党、团组织的联动先进性教育，团支部建设工作规范化，提升基层团干部素质路径，团组织推优入党等方面提出了具体的思路、方法、路径，也对团支部、团员评价方面进行了思考。

关键词　思想政治教育；党建带团建；共青团基层组织建设

一、前言

《关于加强新时代团的基层建设 着力提升团的组织力的意见》（中青发〔2019〕2号）明确指出，基层组织是共青团全部工作和战斗力的基础，加强基层建设是共青团履行自身职责使命的内在要求，是深化共青团改革的重要内容。政治性是共青团的根本属性，坚持党的领导是共青团的根本政治原则和组织保证。共青团要严格遵照团章要求，主动融入党建工作格局，以自我奋斗的精神，积极创新思维理念，转变工作方式，完善运行机制，锤炼严实作风，扎实推进团的基层建设。

在高校共青团基层组织建设中，团员先进性不强、团干部能力状态有待提升、团的运行机制不畅等问题，还没有得到根本性转变。面对党的建设伟大工程的新部署、新要求，我们必须大抓基层，坚持团要管团、从严治团。坚持党建带团建与自我奋斗相结合是加强新时代团的基层建设的基本原则。面对学校基层团组织的突出问题和薄弱环节，我们要以党建标准为准绳，牢固树立看齐意识，找准问题，明确目标。本文将重点围绕在高校共青团基层组织建设中，党建带团建的具体实施路径展开研究，为切实将工作做到实处，提升基层团建水平提供理论支撑。

二、高校共青团基层组织建设中的若干问题

要想找到适合高校基层团组织的党建带团建方法路径，提高组织建设水平，首先我们需要

分析基层团建中的现实问题,找到其症结,剖析其根源。通过深入调研,我们将基层团建中的问题整理归纳为6个方面,即"团的活动开展实效性有待加强""团的组织力、凝聚力、领导力不足""团组织各项推优工作做得不扎实,教育作用发挥不到位""支部委员的教育培训工作责任意识层面和实操层面不足""团支部、团支委、团员学习、宣传党的声音和主张的行为主动性不强""对标党建,基础团务标准还有待提高",具体问题描述如表1所示。

表1 高校共青团基层团建的现实问题

问 题	具体描述
问题1:团的活动开展实效性有待加强	① 团日活动的内容不够丰富,理论学习类占比较大,实践教育类占比不足 ② 在团日活动的参与中,往往会出现到场的人不多,抬头的人不多,受益的人不多的"三不多"现象 ③ 团日活动开展过程控制做得不好,流程不够紧凑,有效时长往往不会超过20分钟 ④ 活动结束后,仅以照片、新闻稿为总结,团员青年的收获凝练及活动评价不够
问题2:团的组织力、凝聚力、领导力不足	① 党、团、班协同运作效果不明显,党支部、团支部、班级仍有各自为战的现象出现 ② 团支部活动的政治性、思想性不够突出,同班级活动趋同 ③ 团支部书记、支部委员领导力不足,仍存在团支部的工作"有事找班长""听班长的"等论调
问题3:团组织各项推优工作做得不扎实,教育作用发挥不到位	① 团支部推优入党积极分子工作,简单地采用投票的方法进行,投票的操作流程不够规范。团支部推优意见流于形式;团支委作用发挥较弱,仅负责签字。在将入党积极分子推荐为发展对象工作中,团支部作用发挥有限,甚至不发挥作用 ② 入党积极分子的政治身份仍为共青团员,党支部、团支部都有对其进行教育培养的责任。党支部尤其是本科党支部,正式党员人数不多,出现了1名正式党员联系培养20名入党积极分子的情况。团支部在入党积极分子的教育培养过程中,主动作为、主动参与严重不足 ③ 在奖助学金、荣誉称号等评优评奖中,团支部"没意见,只签字"的情况还较为普遍
问题4:支部委员的教育培训工作责任意识层面和实操层面不足	① 现阶段的团干部培训往往停留在工作技能方面,在责任意识教育和实际操作锻炼层面投入不多,效果不好 ② 专门针对支部书记以外的支委培训不多,针对性不强
问题5:团支部、团支委、团员学习、宣传党的声音和主张的行为主动性不强	① 团支部、团支委、团员开展理论学习的主动性不强 ② 不敢发声,不善发声的情况较为突出 ③ 在论坛等网络平台,团员的先进性没有体现,部分团员发言不讲政治、不讲大局
问题6:对标党建,基础团务标准还有待提高	① 团支部工作手册填写存在不小的问题 ② 团支部述职评议、支部委员述职评议、团员教育评议对团的工作提升作用还不够明显 ③ 团员的日常管理较为松散

以上问题出现在了高校各基层团支部建设工作中,影响了基层团组织建设水平,影响了高

校共青团改革向纵深推进新任务的完成。这些问题需要我们花心思、花精力去大力解决。

三、党建带团建基层组织建设实施路径

针对上述高校共青团基层组织建设中的若干问题,围绕"党旗所指就是团旗所向"这一根本遵循,坚持问题导向和目标导向相结合,我们从团支部融入参与党支部红色"1+1"共建,基层党、团组织的联动先进性教育,提升基层团干部素质,团支部建设工作规范化,团组织推优入党等五个维度着手,提出了一些具体的实施方法和路径,努力解决团的作用发挥、团的先进性建设、团的组织建设及团学骨干培养等方面的现实问题。为了更加清晰地阐明实施路径的具体内容以及相应方法对问题的针对性,本文采用表格的形式进行说明,如表2所示。

表2 党建带团建基层组织建设实施路径

维　度	具体方法和路径
维度1:团支部融入参与党支部红色"1+1"共建	① 加强主题活动的组织联动工作,党支部主动带动支部、团小组开展理论学习、志愿公益、社会实践、外出培训等工作 ② 团建促党建,团支部参与党支部红色"1+1"共建活动,弥补党支部人员相对较少的短板,提高共建水平
维度2:基层党、团组织的联动先进性教育	① 党支部书记、组织委员等走进基层团支部开展主题党课、主题团课 ② 加强党员在团的活动中的作用发挥,协助团支部委员做好活动组织等工作 ③ 增强团支委同党员同志的工作联系,提高活动的组织、开展质量;党员同志主动发声,带动团员青年认真投入
维度3:提升基层团干部素质	① 利用好评议结果,完善述职评议工作对团的日常建设工作的正向机制 ② 开展专题培训,做好培训考核,落实责任 ③ 开展"亮身份,讲政治"主题教育活动,提高团员青年的政治觉悟和思想理论水平
维度4:团支部建设工作规范化	① 党支部书记、组织委员同团支部结对,重点加强"三会两制一课"、日常团务工作 ② 建立党支部、团支部、班委会定期联席工作会议制度,加强团支部的作用发挥 ③ 定期召开联系工作会议,重点明确加强团的位置、团的作用,提高团的组织力、凝聚力、领导力 ④ 明确团支部推优工作职能,学院团委定期组织召开推优工作会,改进基层支部不当的工作方法,加强团在日常工作中的作用发挥
维度5:团组织推优入党	① 进一步完善入党积极分子的培养工作,探索建立"党支部内培养联系人+党支部外培养联系人"制度。从研究生党支部选派党员到本科党支部担任培养联系人 ② 把入党积极分子纳入学生干部培训中,加强责任意识教育 ③ 加强团员教育管理,建立每个人的成长台账,严肃认真做好评奖推优工作

综上所述,我们深入基层党支部、团支部,同党员同志、团员青年座谈交流,直面问题,并积极开展实践,探索并研究出了一系列解决难点问题的方法与路径。这些方法与路径聚焦党、团、班的协同运行,聚焦党员同志、团员青年的互助结对,聚焦党支部、团支部建设水平的共同

提高。

四、总结和展望

在研究过程中,我们发现高校基层团支部、团员青年的评价考核机制存在不细致、不完善、无法全面展现成长水平的问题。由于篇幅限制,在此不做展开,只针对几个关键点进行简要论述。团支部评价除现有标准外,应加入网络建设方面的考核,应充分考虑同级党支部的意见与建议。团员青年的评价应着重考量政治素养、思想认知、责任担当等方面,强化团员身份。此外对团员在网络平台的表现也应进行跟踪、记录、评价。

本文深入地调研了高校共青团基层组织建设的情况,找到了基层团建,特别是党建带团建面临的诸多问题。这些问题涵盖团的活动开展、团员教育培养、团支部基本建设、团的作用发挥等方面,严重地影响了党建带团建的工作落实和工作实效。为此,我们围绕"党建带团建、团建促党建"这一根本目标通过实践探索出了从党团共建、先进性教育、团员干部培养、团建工作规范化、团组织推优入党五个维度解决现实问题,加强高校共青团基层组织建设的实施路径和具体方法,希望能够为高效党建带团建工作提供一些新思路。

本文得到了中共北京邮电大学委员会 2019 年度党建研究课题的支持。党建带团建,高校共青团基层组织建设需要高校党支部、团支部,党员同志、团员青年的共同努力。让我们一起在习近平新时代中国特色社会主义思想的指引下,坚持党的领导,落实共青团改革任务,以更加优异的成绩庆祝中国共产主义青年团建团 100 周年。

浅谈人力资源管理视角下的高校学生干部培养

理学院 宋 佳
组织部 张畅郁

摘 要 高校学生干部是辅导员开展思想政治教育工作的重要抓手,提高学生干部培养质量对于推进基层组织建设、加快人才队伍发展、落实立德树人根本任务具有重要意义。本文结合新时代背景下的青年发展特点,从人力资源管理视角出发,基于需要层次理论、领导方式双因素理论、权变理论等人力资源管理经典理论,提出尊重学生干部价值需求、促进学生干部幸福成长、助推学生干部能力进阶的学生干部培养策略,为高校人才培养提供启示。

关键词 学生干部;人才培养;人力资源管理

高校学生干部是辅导员开展思想政治教育工作的重要抓手,是党团和班级建设的主力军、排头兵,在学生群体中发挥着引领示范的带头作用,具备广泛的影响力和号召力,提高学生干部培养质量对于推进基层组织建设、加快人才队伍发展、落实立德树人根本任务具有重要意义。

习近平总书记在中国人民大学考察调研时勉励广大青年:"用脚步丈量祖国大地,用眼睛发现中国精神,用耳朵倾听人民呼声,用内心感应时代脉搏,把对祖国血浓于水、与人民同呼吸共命运的情感贯穿学业全过程、融汇在事业追求中。"我国于2022年4月首次发表的《新时代的中国青年》白皮书中指出,新时代中国青年"展现出积极的社会参与意识和能力,成为正能量的倡导者和践行者"。从长远意义上讲,高校学生干部作为学生群体中社会参与的中坚力量,其在学生工作中锻炼出的领导力、凝聚力、执行力,都有助于其更快更好地成长为能够担当民族复兴大任的时代新人。已有研究证实在校期间担任学生干部对于大学生职业生涯发展具有显著的正向影响,能够明显提高其综合素质和就业竞争力、促进个体社会化进程[1]。因此,在将学生干部作为加快社会发展的重要人力资本进行培养时,适当引入人力资源管理的相关理论,能够更加有效地构建人才成长的科学机制,探索出实现人才培养的有益路径。

一、需要层次理论——尊重学生干部价值需求

需要层次理论将人的需求从低到高分为生理、安全、归属、受尊重、自我实现五种类型,当低一级的需要得到满足后,高一级的需要就会起主导作用,进而支配个体行为[2]。因此在管理和培养人的过程中,除了满足基础的生理需要外,还必须进一步考虑如何更好地从心理层面满足人的高层次需要,通过调控和引导,帮助个体在安全感、感情归属、受尊敬、自我实现等方面拥有更大的发展空间。学生干部往往拥有较高的自我期望和价值追求,要充分调动其主观能

动性和工作积极性,就不能仅从物质层面上满足其低等级层次的需求,而要从精神层面对其作为独立个体的自主意识给予充分尊重,肯定其为实现目标、完成工作所做出的主观努力,支持其探索实现自我价值与社会价值的效能感和成就感,进而引导其树立远大理想,将个人价值实现和国家发展需要有机地结合起来。

首先,要营造开放、包容、平等的学生干部工作氛围,不管是在新老学生干部交接的过程中,还是在学生组织传帮带的进程里,都要着力打造良好的欢迎气氛、畅通的沟通渠道、和谐的交流环境,让每一任学生干部在任职初期就收获充足的安全感和集体归属感,养成人与人相互尊重、彼此平等的交往意识,避免陷入"非官似官""特权学生"的利益导向思维。其次,坚持"以人为中心,在鼓励人的积极性上下功夫",重视学生干部的社会属性及心理需要[3],把握新时代青年精力充沛、思维活跃、学习力和接受力强、想象力和创造力旺盛等特点[4],尊重其积极地自主尝试与创新探索,在政治导向与意识形态上把关,少在活动内容和组织形式上设限,激励学生干部带动基层组织迸发出新的生命力。最后,引导学生干部将增长才干、磨炼心性的实践锻炼同个人未来发展、社会价值实现进行有机结合,帮助其提高思想认识、用发展的眼光统筹思考,规避"苦力劳力"的自我定位,增强大局观念、服务意识和职业生涯规划意识,从而在动态变化的社会发展背景下不断满足最高层级的自我实现需要。

二、领导方式双因素理论——促进学生干部幸福成长

领导方式双因素理论指出,成功的管理具备两大要素:一是以工作为中心的主动结构,即划定管理者与工作群体的关系,建立定义清楚的组织模式、意见交流方式与工作程序;二是以人际关系为中心的体谅,即管理者与被管理者之间互相依赖、互相体贴的友谊关系,这两者不是相互排斥的,而是可以互相结合、辩证统一的关系[5]。这在高校师生之间,尤其是在辅导员与学生干部之间尤为适用。辅导员作为学生成长成才的人生导师和健康生活的知心朋友,本就扮演着"亦师亦友"的角色,借助该理论,可以更加系统化地实现管理与育人的统一。

第一,要在学生干部当中广泛树立"无规矩不成方圆"的规矩意识,建立管理制度,明确责任分工,制定奖惩机制,形成学生干部选拔、培养、任用、调整的流程体系,运用先进、灵活的技术方法提高管理工作的质量水平[6];同时不仅要"管人有方",也要"管事有序",带领学生干部在业务工作上合理制订计划、科学落实举措、总结反思经验,形成规范方案,使其在清楚明晰的组织体系和工作规程中养成有逻辑、有条理的良好行为习惯。第二,运用辅导员自身的影响力达到对学生干部的榜样示范带动作用,进而增强他们在学生群体中的先锋模范引领效果,形成辐射效应,辅导员应当有意识地用自身思想道德觉悟和人格魅力去感染学生干部,不摆架子,不怕与学生"交心",多以切身的成长经历和工作方法去为他们答疑解惑、树立学习榜样,从而潜移默化地提高学生干部队伍的素质。第三,在日常工作与生活中注意充分体贴学生干部,经常换位思考,站在他们的立场和角度去合理分配任务,不压榨他们正常的学习与作息时间,同时通过恰当的沟通与学生干部建立良好的枢纽关系,及时肯定并赞赏他们的成就,面对失误与偏差也不要一味指责,而是注重对他们进行良性引导,帮助学生干部在理性归因的基础上吸取经验教训、获得实质性的能力提升[7],使他们在积极向上的友爱氛围里收获愉悦的成长体验。

三、权变理论——助推学生干部能力进阶

权变理论认为,不同的人有不同的需要、不同的胜任感,在管理过程中应当将组织形式和

领导方式同管理对象相结合,让不同个体实现各自的胜任感,同时,个人的胜任感是动态变化的,当一个目标达成后,应继续激发新的胜任感,使之为达到更高的目标而努力[8]。学生干部的培养过程本质上是育人的过程,注定是动态变化和发展的,随着职位的变化或经验的积累,学生干部的能力素养不断获得新的提升,也面临新的挑战,这就要求我们因时而进、因势而新,针对不同人在不同发展阶段的能力与特点实施个性化的教育策略,帮助学生干部更上一层楼。

首先,辅导员自身要认识到不同工作职位和发展阶段对学生干部提出的能力要求,从学习力、执行力、沟通力到组织力、凝聚力、创新力,再到领导力、判断力、决策力,这是一个层层递进又相互交叉的成长路径,对于不同岗位所对应的不同胜任力需求,辅导员要有清晰的认知以及对学生干部的合理期望,不揠苗助长也不放任自流,因材施教地找好"最近发展区",有针对性地进行引导。其次,帮助学生干部树立"成长型思维",使他们相信每个人都能够通过自身努力获得成长,促进他们以增强自身竞争力为目的重视能力提升过程[9],从而达成全程化、持续性、指向未来的动态发展进步,由此激发学生干部自我成长的内生动力,助推他们在达到一定成就后继续向更高的目标看齐。最后,在职位或阶段的转换与衔接过渡过程中,学生干部难免会产生"水土不服"的不适应状态,辅导员应当及时给予高度关注和有力支持,通过系统培训、谈心谈话、组织经验交流等方式帮助他们找到核心痛点,并帮助他们意识到新岗位、新挑战对能力提出的新要求,鼓励他们增强自信、调整方式与方法,进而克服困难,为他们的平稳成长与顺利进阶保驾护航。

参 考 文 献

[1] 朱宇峰.基于生涯发展理论的高校学生干部职业能力培养研究[J].教书育人(高教论坛),2019(11):36-38.

[2] 张瑞敏,牛余凤,毛维国.马斯洛需要层次理论与高校思想政治教育[D].泰安:山东农业大学,2016.

[3] 郝焓旭.浅析高校学生干部工作积极性缺失问题——基于人际关系理论[J].祖国,2020(3):183.

[4] 新起点 新格局 新青年[N].中国青年报,2020-12-25(5).

[5] 邓喆,张瑜,史宗恺.双因素理论在高校学生媒体管理中的运用[J].思想教育研究,2019(1):114-117.

[6] 鲁韦韦,邵星源.新时期高校学生干部培养与管理路径研究[J].大学(研究与管理),2022(2):92-95.

[7] 崔莺.高校辅导员加强学生干部培养方式的探索[J].现代职业教育,2022(16):166-168.

[8] 许昭宾,韩丹,靳书刚,等.基于权变理论的高校学生干部领导力现状及其培养模式研究[J].河北北方学院学报(社会科学版),2017,33(4):98-101.

[9] 孙倩.成长型思维在学生干部培养中的重要作用与应用[J].文化创新比较研究,2021,5(23):182-185.

高校研究生导学关系的影响因素及建构探究

现代邮政学院(自动化学院)　张　雪

摘　要　研究生导学关系是研究生培养质量的重要影响因素,也是高校与社会关注的重点问题。当前,研究生导学关系整体积极向上,但也存在一些导学关系异化的现象。本文从培养目标、培养方式、性格特点、地位关系、制度建设、能力需求等方面的不匹配分析了导学关系异化的原因,并在此基础上提出了一些建设和谐导学关系的建议及策略。

关键词　研究生教育;导学关系;建构探究

研究生教育是我国国民教育体系的顶端,是培养未来高层次人才的重要阶段,是建设创新型国家的重要基石,国家对于研究生教育给予了高度重视。2021年,我国在学研究生人数超过333万人,如此庞大的基数使得提高研究生培养教育质量迫在眉睫。良好的导学关系有助于促进师生在科研和生活中的深入交往,进而提升研究生培养质量。在立德树人的背景下,建立和谐的导学关系是必要前提。当前,个别极端案例的曝光使导学关系成了社会关注的热点。本文将在对导学关系现状梳理的基础上,分析导学关系的影响因素,探究和谐导学关系的建构策略。

一、导学关系的现状

导学关系,是导师与研究生为完成研究生培养任务,在教育教学、科研指导和日常交往等活动中形成的稳定社会关系,是导师和研究生相互作用的结果[1]。在研究生教育中,导师发挥着主导作用。在2018年下发的《教育部关于全面落实研究生导师立德树人职责的意见》(教研〔2018〕1号)中,指出"研究生导师是我国研究生培养的关键力量,肩负着培养国家高层次创新人才的使命与重任",明确了导师立德树人的七项职责[2]。2020年,教育部在发布的《研究生导师指导行为准则》中也明确要求:研究生导师是研究生培养的第一责任人。

和谐、健康的导学关系有助于促进双方的交流,提高研究生培养效果。而异化的导学关系则可能导致师生间情感体验差、导师指导意愿降低、学生科研兴趣削减等问题,甚至对彼此的三观和心理状态产生严重影响。

在不同学者的调查研究中,研究生导学关系整体积极、正向。在面向笔者所在学院研究生的调研中,学院导学关系整体较好,绝大多数学生比较满意目前的导学关系,认可导师具有较高的学术修养和较强的科研能力,认为导师能够在科研上对他们进行指导;同时,认可导师具有高尚的师德和较好的个人素质,符合担任导师的基本要求;能够关心学生的生活,帮助学生解决遇到的困难;在为人处事、待人接物等方面能够产生积极影响,具有独特的人格魅力。研究生在与导师沟通上较为顺畅,能够理解导师在研究生培养上的思路,认可导师的培养方法。但也存在着因为导师指导和关心不足和科研投入不足等原因而产生的师生矛盾。

二、导学关系的影响因素分析

导学关系异化是指导师和研究生在交往过程中因受环境、利益等多种因素的影响,扭曲了导学关系的本质,偏离了导学关系发展的正常轨道,使导学关系变成背离教学关系的其他关系。导学关系异化是造成导学关系不和谐的重要原因[3]。导学关系异化的主要原因为学校、导师和研究生等主体间诸多因素的不匹配。

(一) 培养目标不匹配

培养目标是指依据国家的教育目的和各级各类学校的性质、任务提出的具体培养要求。虽然在培养方案中一般写有明确的培养目标,但在实际的培养教育过程中,导师和研究生的培养目标可能并不匹配,这也反映出了导师和学生在价值追求上的不匹配。当师生价值取向相同时,即导师有意愿、有能力指导研究生,研究生也具有积极的求学动机并愿意付出努力时,双方的合力能够起到1+1>2的作用。但受到功利性价值取向影响,有的导师会简化学生培养过程,只管教书,不管育人,甚至将科研压力转嫁给学生,只顾让学生完成项目、写论文,而忽视了学生的个人需求。有的学生则抱着读研是为了找工作贴金的目的,希望以最轻松、简单的方式毕业,不能很好地履行学生的责任与义务。由于培养目标的不匹配,导学双方很难达成共识,容易产生冲突和矛盾。

(二) 培养方式不匹配

理想的研究生培养方式应当适应导师、研究生及师生互动的特点,能够推动导师传道授业解惑、激发学生的学习动机、促进师生间有效交流,从而实现培养目标。但在实际培养教育过程中,导师和研究生的培养方式可能并不匹配。有数据显示,2000—2019年,我国研究生数量增长了9.51倍,而同期导师数量只增加了4.2倍,我国导师所带的研究生数也远远超过了发达国家导师所带的研究生数[4]。失调的师生比及导师所面临的繁重教学科研任务导致有些导师难以在研究生培养过程中付出足够的时间和精力,更难以根据学生的兴趣、能力、个性特点等因材施教,这会使研究生感受不到导师的指导,对导师感到失望。还有一些导师作为研究生培养第一责任人的意识不强,只负责学业指导,在学生关心的个人发展问题上或是遇到人生困惑时不能给予支持和帮助。一些研究生由于责任意识缺乏,不能履行按时上课和参与科研工作的职责,无法达到导师的培养要求。由于培养方式的不匹配,学生可能无法回应导师的期待与培养,也可能因为自己的需求得不到满足而对导师失望。

(三) 性格特点不匹配

性格是一个人对现实的稳定的态度,以及与这种态度相应的、习惯化了的行为方式中表现出来的人格特征。不同的性格特点既具有互补的优势,又有造成误解、产生冲突的可能性。导师与学生的性格特点及其匹配性、产生误解时是否选择主动沟通等都对导学关系产生着影响。有些导师脾气比较急躁,在指导学生科研过程中有时会发脾气,如果学生性格比较温和,对于导师经常生气发火可能就难以接受,不敢表达自己的真实想法,慢慢疏远了与导师的关系。在研究生培养过程中,由于性格特点的不匹配,师生之间可能缺乏足够和有效的沟通,他们对彼此的想法并不了解,对于观念不一致的地方缺乏主动交流、探讨的意识,在揣测对方的想法和态度中造成了猜测和误解,很多可以通过沟通解决的问题成了形成矛盾的隐患。

(四)地位关系不匹配

地位是指一个人于社会上因其社会阶级所得到的荣誉和声望。理想的导学关系应是一种亦师亦友的关系,导师既具有权威性,能够以其自身的人生阅历和学识水平教导学生,又与学生之间具有平等性,能够倾听学生的想法和意见,双方是彼此尊重、互促成长的。而实际上,一些导师扩大了导师责任制给予的权力,他们以学生能否实习、毕业、评优等为条件,给学生安排过量科研任务或是与科研无关的琐事,将导学关系变成了雇佣关系。学生由于担心拒绝导师后得罪导师,只能默默承受。长期处于这种关系状态下,学生自然会对导师产生意见,难以对导师产生认同感和亲近感,也会对科研逐渐失去兴趣,甚至可能导致心理问题。

(五)制度建设不匹配

制度是各项工作正常开展和顺利推进的重要保障。研究生培养教育是一个时间进程长、涉及人员多、环节流程多样复杂的过程,需要建立各方面的制度予以保障。国家、各省市、各高校也在不断加强制度建设,然而由于制度的不完备或是执行不到位,带来了一些导学关系隐患。在导师遴选方面,对导师科研能力以外方面的考察不够完善,这就可能导致一些导师除了教书以外,不重视甚至不会育人,无法满足学生的需求。在导师更换方面,由于受到学习兴趣、学习能力、师生个性匹配等因素的影响,一些学生可能不适宜继续跟随现导师学习,但受限于导师变更的制度,师生双方担心更换导师对他们带来不利影响,许多学生无法提出更换导师的诉求。在监督机制方面,由于缺乏相应的制度建设,导学矛盾的问题难以被及时发现,学生难以坦诚反馈遇到的问题,对存在的问题难以追责、定责,这些使得导学关系中潜藏着危机并且可能愈演愈烈。

(六)能力需求不匹配

能力是人们成功完成某种活动所必需的个性心理特征。在研究生培养教育过程中,导师和学生双方都需要拥有相应的能力作为支撑和保障。对导师来说,需要具备育人指导、教学科研、组织管理、人际沟通等等能力。对于学生来说,需要具有学习、创新、沟通、团队合作等等能力。但实际中,有些师生的能力需求并不匹配。例如,研究生需要导师作为科研道路上的引路人,给予科研指导,这有助于他们更有计划地完成科研任务。但当导师不能给予足够科研指导时,一方面会使学生对导师的学术水平有所看法,另一方面会使学生难以感受到导师给予的学术支持,增大科研压力。还有一些导师缺乏足够的育人能力,当学生遇到思想上的困惑时,难以给予正面的引导和帮助,导致导学关系难以增进。从导师的角度来看,当学生的能力难以完成工作学习任务时,难免会对其感到失望,从而将更多的精力和资源投放到其他学生身上。

三、和谐导学关系的建构策略

导学关系与其他类型的人际关系一样是可以培养和改进的,这既需要正视目前存在的问题,又需要学校、导师和研究生三方共同努力,探究问题解决的方法,做出实践和改革的尝试,构建和谐的导学关系,促进研究生培养质量的提升。

(一) 明确导师第一责任人要求

导师是研究生培养的第一责任人,要继续推进这一要求,通过会议、文件、培训等多种途径不断强调导学关系重要性,对导师提出明确具体的要求。培养导师从研究生的思想政治素质、学术创新能力、实践创新能力、社会责任感、学术道德规范、培养条件、人文关怀这七个方面落实立德树人职责。导师应加强对自身言行的规范,遵循研究生教育规律,潜心研究生培养,全过程、全方位育人,做研究生成长成才的指导者和引路人。

(二) 增强师生双向选择

研究生期间,导师与学生往往会有三年甚至更长时间的接触,这几年的时间无论是对处于自我提升关键期的学生,还是对处于事业发展期的导师来说都十分重要,一段彼此契合、相处融洽的导学关系会让彼此都收获良多。在研究生招生之前,学院可以通过公开导师信息、开展本科生宣讲、开放实验室等途径加强对导师的宣传介绍,帮助学生了解导师的研究方向及行事风格,使学生在报考时就选择有兴趣和有能力跟随的导师,对研究生生活有提前的预期和规划。同样,导师也可以通过提前与学生沟通、面试等过程了解学生的基础、读研动机、性格等。

(三) 加强面向导师的培训交流

许多导师希望与研究生成为亦师亦友的关系,却不知道该如何做,如何把握与学生交往的方式和程度。许多导师在自己的求学过程中也只经历过一或两位导师的培养,可能只熟悉为数不多的培养方式,在自己培养学生时可能就照搬照用。对此,学校及学院应加强对导师的培训,开展经验交流,如邀请获评优秀育人导师的老师分享学生培养的经验,邀请心理老师进行沟通方法的培训等,并可通过微信推送、邮件等方式定期向导师分享优秀导学关系的案例。

(四) 加强面向研究生的引导与培训

在导学关系矛盾中,很多时候是由于研究生的想法和做法过于追求利己,他们只想混个研究生学历找一份好工作,或是希望导师给予全程详细指导,不想在就读期间有过多的付出。学校应在本科阶段及研究生入学教育中持续不断地加强引导,纠正研究生对于读研的一些理解偏差和错误认知,结合师兄师姐的分享尽早树立正确的观念及合理的计划。同时,学校还应加强对研究生综合能力的培养,如鼓励学生掌握更好的沟通技巧,学会主动与导师进行沟通。

(五) 搭建师生交流平台

受到师生性格特点、实验室氛围等因素的影响,许多导师与学生的交流仅限于科研课题,导师常常呈现严肃、权威的姿态,学生也不愿意与导师谈及自己生活中的事情,这并不利于师生的深入沟通与交流。对此,学校或学院可以多组织以实验室为单位的团建活动、心理素拓活动,如健步走、师生羽毛球赛等,形成师生共同参与的良好氛围,营造交流的机会,在活动中增进师生间的感情。

（六）完善制度机制建设

在开展调研的基础上进一步完善导师遴选和导师更换制度,从多角度对导师进行考察,以遴选标准为导向提升导师个人能力和素养,减少导师更换对师生双方的影响,以保障导学关系确有不匹配的师生在有选择的情况下能够完成导师更换。当导学关系出现问题时,学院领导及辅导员等关系以外的人员要作为第三方积极参与解决问题,及时了解问题的情况、双方的需求,协助解决问题,避免矛盾的进一步激化。学校还可以建立沟通反馈平台,定期收集师生对彼此的看法、意见与建议,并及时传达到对方群体,帮助师生更好了解彼此的真实想法。

当前,提升导学关系尤为重要,也仍有许多路径值得探索。良好的导学关系能够使学校、学院、导师、学生、家长等多方受益,当然也离不开多方的共同努力,需要从影响导学关系的各方面加以重视,集合全员力量,全方位着手,覆盖研究生培养的全过程。

参 考 文 献

[1] 刘志.研究生教育中和谐导生关系何以可能?[J].学位与研究生教育,2018(10):20-25.
[2] 教育部关于全面落实研究生导师立德树人职责的意见[J].中华人民共和国教育部公报,2018(Z1):57-59.
[3] 茹宗志,刘晓敏.当代导师与研究生关系异化的内在机理与重建思路[J].教学研究,2022,45(01):29-35+86.
[4] 王应密,叶丽融.我国研究生教育规模扩张的发展失衡与应对[J].黑龙江高教研究,2020,38(11):77-83.

大学生学业倦怠的现状、成因及干预
——基于生命意义感的视角

北京邮电大学学生工作部(处) 涂翠平 张兰鸽

摘 要 本文以文献法为基本方法,考察了大学生学业倦怠的现状;从生态环境理论出发,分析造成大学生学业倦怠的社会、家庭、学校、个体因素;以生命意义感理论为基本框架,提出了针对大学生学业倦怠的干预方法。

关键词 学业倦怠;生态环境;生命意义感;大学生

在高速发展的信息化时代,知识不断更新,社会竞争日益加剧,高校培养人才的标准水涨船高。中国的高等教育已从大众化阶段进入普及化阶段,从规模发展阶段进入质量提高阶段[1]。高等教育"宽进严出"的培养模式在众多西方国家已经普及化,非常值得借鉴。随着中国高等教育的普及化,中国正处于从"严进宽出"模式向"宽进严出"模式转变的过程中[2](光明日报,2019)。传统应试教育(高考)仍然是作为大学入学选拔考试的最重要和广泛的途径,然而在应试教育的"唯成绩"论影响下,一部分大学生将学业表现视为自身价值感的主要来源,一旦学业表现不良,则带来巨大的心理负担和自我否定,甚至对学习失去兴趣和热情,出现学业倦怠。本文将从生态环境理论出发,分析大学生学业倦怠的成因;在分析成因的基础上,以生命意义感为基本理论框架,提出针对大学生学业倦怠的干预方法。

一、大学生学业倦怠的现状及成因

(一) 大学生学业倦怠的现状

倦怠的研究起源于工作领域的职业倦怠[3]。之后,研究者们将目光转向了教育领域,开始了对学业倦怠的研究。参考职业倦怠三维度模型[4],将学业倦怠分为情绪耗竭、去个性化和低成就感三个维度,即面对学习负担的精力耗竭,对学习任务的漠不关心,以及不能解决学习困难,无法胜任学生角色的低成就感。学业倦怠会导致学生在学业、情绪、生理等方面的一系列消极结果,比如学业拖延、逃学辍学、焦虑、抑郁情绪,不良的健康状况等[5][6][7](Bask & Salmela-Aro, 2013;Wang, Chow, Hofkens & Salmela-Aro, 2015;Cheng, Zhao, Wang & Sun, 2019)。大学生的学业倦怠是反映其学习状态的重要指标,直接影响着学生的学习表现和学校适应,关系到学生未来的成长成才。

中国大学生的学业倦怠现状不容乐观。中国学者运用横断历史研究的方法,对2005—

2017年间120篇大学生学业倦怠的研究(共55 510名被试)进行元分析,发现近13年来我国大学生的学习倦怠水平在逐年缓慢升高[8](Yu,Yin,Zhao,Xin,2020)。

(二) 大学生学业倦怠的成因

社会生态系统理论把发展视为不断变化的人与环境系统互动的结果,这里的环境系统包括家庭、学校、大众传媒、社会文化等。当代大学生的成长发展离不开各种社会环境的影响,同时也与个体的内在因素有密切的关系。下面从宏观到微观层面,以及个体内在因素来分析大学生学业倦怠的成因。

1. 社会因素

经济的高速发展、社会竞争的加剧对人才培养质量提出了更高的要求,大学生普遍感受到生存与发展的压力,过大的心理压力容易让人产生焦虑、抑郁的情绪,进而引发对学习的厌烦情绪,导致学业倦怠。虽然我国的教育改革在不断推进的过程中,唯成绩论的功利化思想仍然深入人心,成为一部分大学生追求的目标。学习成绩成为衡量个人成功与价值的主要标准,甚至是唯一标准。一旦丧失了学业上的优势,容易导致对个人价值感的否定,导致生命意义感的缺失。

2. 家庭因素

家庭是学生成长的第一个环境,家庭因素对学生的学习持续发挥着重要影响。家庭因素包括家庭氛围、家庭关系、家长教育期望、家长投入、家庭教养方式等。良好的家庭氛围可以期为学生提供更为放松的环境条件,是其面对学业压力的保护性因素;融洽的亲子关系,即父母对于学生学业方面的参与、支持与陪伴,增加了孩子迎接现实挑战的信心。有研究发现,家长教育期望能影响子女的学业倦怠,但不切实际的过高期望亦可能加剧子女学业倦怠。父母投入能够缓解子女的学业压力,进而减少学业倦怠的出现[9]。家庭教养方式是造成大学生学业倦怠的另一个重要因素。良好的家庭教养方式与大学生学业倦怠呈负相关,不良的家庭教养方式与大学生学业倦怠呈正相关[10]。

3. 学校因素

学校可以发挥价值观引领的育人功能,全面发展理念对于大学生树立人生目标,践行生命意义感有启示作用。党的十九大报告指出,要全面贯彻党的教育方针,落实立德树人根本任务,发展素质教育,推进教育公平,培养德智体美全面发展的社会主义建设者和接班人。"五育并举"是新时期高校育人工作的努力方向,也是打破唯成绩论思想的重要举措。

4. 个体内在因素

随着参照环境的改变以及自我意识的复苏,大学生往往开始向内探索,思考自己为了什么而努力,想过什么样的生活。有些大学生进入大学后,一旦在学习成绩上不再保持优势地位,容易自我怀疑,自我否认,丧失学习的热情与兴趣;还有些大学生以往是为了高考而努力,为了父母的期待而努力,进入大学后一时找不到新的目标,对学习的意义缺乏深入的思考和体会,主动学习的动力丧失,不知道生命意义何在。

二、生命意义感理论

早在十九世纪六十年代,弗兰克尔·维克多(2003)在其《追寻生命的意义》中提出人类需要生命意义,有追求生命意义的内在动机,生命意义感可以为个体提供方向感;当人觉得对自己的生命感到无意义,他的行为就失去依据,也就随之受到"存在之空虚"的困扰。自生命意义感被引入心理学领域以来,作为一种积极的心理资源,受到了国内外心理学者的广泛关注和重视。尤其是美国前心理学会主席塞利格曼于2002年发起了积极心理学运动之后,积极心理学致力于研究如何发掘个体的优势,关注资源取向的理论视角。生命意义感从更为积极的、资源取向的视角再次引发了学者们的关注。Steger(2009)将生命意义定义为认知和动机两个维度[11]。认知维度为拥有生命意义感,即人们对自我、对世界、对自我和世界之间关系的理解,具体是指个体理解自己生命的含义,并且能够意识到自己生命的任务、目标或使命。动机维度为寻找生命意义感,即对自己人生中要实现的价值、目标和使命的认识,具体是指个体需要不断地增强对生命含义和目标的理解。生命意义感对大学生的学习倦怠也有重要的影响。随着社会压力的不断增大,现代大学生的压力感与日俱增,部分学生对人生的任务、学习的意义感到迷茫。大学生能否意识到自身的生命目标,发挥生命的价值,体会到学习与实现生命目标的内部联系,进而充分发挥自身积极心理因素的作用,对于其避免或减轻学业倦怠、保持学习动力有重要的影响。

国内的学者徐凯文提出了"空心病"的概念。他认为生命意义的缺失是目前导致青少年群体产生空心病的根源[12]。研究者发现,生命意义感能够激发学生的学习动机并提高其学习成绩[13]。生命意义感的缺失与大学生的抑郁情绪、青少年的学业拖延有关系[14][15],而且生命意义感低的大学生更可能对网络信息上瘾[16],而这些都直接或间接地影响到其学业倦怠水平。

三、基于生命意义感视角的大学生学业倦怠干预

(一)生命意义感干预

生命意义感干预包括拥有生命意义感和寻找生命意义感两个方面。

生命意义感干预的形式可以是独立开设的生命教育课程、生命价值观教育课程,可以是在思想政治教育课堂中或者在其他课堂中渗透生命教育的理念,也可以是专门设计的生命意义感的团体辅导等。此外,还可以将生命意义感的主题融入校园教育宣传和社会实践中,引导大学生思考学习的意义和生命的意义,让学生在广泛的社会实践中体会个人的价值感,以探寻和感悟人生意义。

当代大学生生命教育应该融入新时代思想政治教育的要求,以积极心理学理念为理论基础,注重引导大学生形成积极的生命认知、态度和情感,在体验和行动中感悟生命的价值和意义。生命意义感的发现与寻求,可以让大学生焕发生命的热情,领悟生活的美好,以抵御学业倦怠中的消极情绪,为个体应对学业倦怠储蓄重要的心理资源。

(二)积极心理干预

积极心理干预包括增加积极情绪体验和培育积极心理品质。

通过丰富多彩的教育教学活动,增加大学生的积极情绪体验。积极的情绪体验可以减轻压力和抑郁症状,从而缓解学业倦怠中的情绪衰竭。情绪衰竭是学业倦怠中的典型症状,情绪衰竭的改善为个体降低了能量的内耗,便于将更多的能量投入到学业上。

培育积极心理品质,储备心理资源以应对学业倦怠。21世纪以来,随着积极心理取向风

靡全球,对于积极心理品质的探索和积极心理资本的挖掘,也是育人工作中与时俱进的举措。激发和培养大学生的积极心理品质,从关注不足到关注资源,挖掘大学生自身的优势资源,将学习压力视为挑战和提升自我的机会,从而积极地设定学习目标,充分利用现有的资源,合理地安排学习任务,提升学习表现,降低学业倦怠。

(三) 创设多方协同育人环境

大学生的成长成才需要学校、家庭与社会多方联合,发挥教育合力。要始终把培养德、智、体、美、劳全面发展的社会主义建设者和接班人作为根本任务,共同创造有利于学生成长的家校社多方协同的育人环境。在社会层面上,应注重建立多媒体阵地,进行世界观、人生观、价值观的宣传教育,发挥价值引领作用。在学校层面上,要构建积极、和谐、包容的校园文化环境,培养学生的阳光心态,激发学生的学习热情,获得学习中的"心流"体验,体验到学习的成就感。在家庭层面上,引导家长重视学生的心理问题,指导家长改变教育理念和沟通方式,调整教育期待,为学生提供有效的家庭支持,成为学生的坚强后盾。

参 考 文 献

[1] 韩宝成. 推进中国院校研究走向成熟 服务高等教育普及化人才培养——"高等教育普及化与高校人才培养"国际论坛暨中国高等教育学会院校研究分会2020年学术年会综述[C]. 高等教育研究,2020(11).

[2] 光明日报. 严抓人才培养,大学最该做出的改变[N]. 领导文萃,2019(1):135-135.

[3] Freudenberger. Staff Burnout[J]. Journal of Social,1974(30):159-164.

[4] Maslach C,Schaufeli W B,Leiter M P. Job burnout[J]. Annual Review of Psychology,2001(1):397-422.

[5] Bask M,Salmela-Aro,K. Burned out to drop out:exploring the relationship between school burnout and school dropout[J]. European Journal of Psychology of Education. 2013(28):511-528.

[6] Cheng J,Zhao Y Y,Wang J,et al. Academic burnout and depression of Chinese medical students in the pre-clinical years:the buffering hypothesis of resilience and social support[J]. Psychology, Health & Medicine,2019(7):1-12.

[7] Wang M T,Chow A,Hofkens T,et al. The trajectories of student emotional engagement and school burnout with academic and psychological development:Findings from Finnish adolescents[J]. Learning & Instruction,2015(36):57-65.

[8] Xin S,Liu L,Xin Z,et al. A Cross-Temporal Meta-Analysis of Changes in Chinese College Students' Coping Style[J]. Studies of Psychology and Behavior,2018.

[9] 李若璇,朱文龙,刘红瑞,等.家长教育期望对学业倦怠的影响:家长投入的中介及家庭功能的调节[J].心理发展与教育,2018,34(04):489-496

[10] 吴欣芮. 家庭教育方式对大学生学业倦怠的影响:情绪调节策略的中介作用[D].兰州:西北师范大学,2019.

[11] Steger M F,Meaning In S. J. Lopez (Ed.). The encyclopedia of positive psychology [M]. Oxford,UK:Blackwell Publishing. 2009:605-610.

[12] 倪旭东,唐文佳.生命意义的缺失与追寻[J].心理学探新.2018(6),497-503.

［13］ 覃丽,王鑫强,张大均.中学生生命意义感发展特点及与学习动机、学习成绩的关系[J].西南大学学报(自然科学版),2013(10):165.

［14］ 张迅,刘亚楠.早期逆境对大学生抑郁情绪的影响:生命意义感和心理弹性的链式中介作用[J].中国健康心理学杂志.2022(1).

［15］ 于晓琳,杜婷淑.生命意义感对青少年学业拖延的影响:自我控制和时间管理倾向的链式中介作用[J].中国健康心理学杂志.2022(1).

［16］ 黄时华,李思颖,洪子杰,等.大学生生命意义感与死亡焦虑:状态无聊和网络信息成瘾的中介作用[J].中国健康心理学杂志,2022(4):592-595.

高校辅导员在大学生学风建设中的作用探究

信息与通信工程学院　李　婧

摘　要　学业问题是新时代高校大学生尤其是理工高校大学生面临的最普遍的问题。本文总结了加强高校大学生学风建设的重要意义以及高校大学生学风建设中的主要问题,提出高校辅导员可以通过了解学生学业情况、找出学业问题症结、组织开展学业辅导,以及加强家校协作助力高校学风建设,为实现高等学校立德树人根本任务和加强学风建设提供参考。

关键词　辅导员;学风建设;学业辅导

教育是国家大业,教育强则国家强,人才兴则民族兴。学风即学习风气,包括学生的学习目的、学习态度、学习习惯和学习方法等。2020 年,全国普通高等学校预计毕业人数 4 442 318 人,实际毕业人数 4 205 097,毕业率 94.66%,即有 5.34% 的学生未能正常毕业,其中学业问题是重要原因之一。对于理工科专业学生,学业问题尤其严重。高校大学生学风建设直接决定了高校培养出什么样的人才。习近平总书记在全国高校思想政治工作会议上的重要讲话指出,大学教育应该着眼担当民族复兴大任的时代新人。

高校辅导员是大学生思想政治教育的骨干力量。学风建设是高校辅导员九大职责之一,激发学生学习兴趣、引导学生养成良好的学习习惯、帮助学生掌握正确的学习方法是学风建设的重要内容。因此,加强辅导员在大学生学风建设中的作用至关重要。

一、加强高校大学生学风建设的重要意义

知识是大学生成长成才的基石,学习是大学生最重要的任务。学风则是大学生学习行为的综合体现,反映了大学生整体学习状态。高校辅导员作为思想政治工作者,是高校学风建设的主要发起者和推动者。

对于高校来说,学风问题直接影响教育水平和教育质量,决定了高校的人才培养质量。优良的学风是高校良性发展和稳定发展的前提,是高校改革发展的动力,也是建设世界一流高校、提高高等教育水平、增强国家核心竞争力的保障。因此,加强和改进高校学风建设是服务人才强国计划和实现双一流建设的重要前提。

对于学生来说,学风问题直接影响学生的学习成果和学习能力,决定了学生成长为怎样的人才。青年是国家和民族的希望,"青年兴则国家兴、青年强则国家强"。大学是立德树人、培养人才的地方,是青年人学习知识、增长才干、放风梦想的地方。良好的学风将有助于青年学生成长成才、全面发展,实现人生价值。因此,加强学风建设,推动学业辅导,有助于高校培养

人才,有助于青年人才。

二、确良大学生学风建设中的主要问题

学习是大学生最重要的任务。进入大学,学生面临的世界变得丰富多彩,不再像18岁之前那样为了同一个高考目标而努力。大学有新的学业压力,有各种各样的社团活动、志愿活动和学生工作,有认识更多新朋友的机会,这都是学校教育为学生全面发展提供的机会和平台。但也正因为如此,学生受到的约束变小,面对学业压力,自制力差的学生可能会挂科、留级甚至退学。大学生学风建设中面临的主要问题如下。

第一,学生缺乏学习动力。大学生经过中考和高考等一系列考试,来到相对自由的大学后,不再有相对明确的目标。第一次脱离家庭生活,也让很多大学生享受到相对自由的生活。尤其是对于低年级大学生来说,如果没有明确的学习目标和将来毕业后的升学或就业方向,很容易产生懈怠情绪。学生缺乏明确的学习目标,那么在日常的学习中缺乏动力。大学课程设置相对集中,一旦学生因为缺乏学习动力而不听课或缺课,后续的学习跟不上任课老师进度,导致课程挂科。学习动力的缺乏容易造成学生课程挂科的情况,而且恶性循环,打击学生学习积极性,带来更严重的学业问题。

第二,学生自制能力较差。大学生活是相对自由和丰富多彩的,大学生拥有更多的人际交流和参加活动机会。上大学之后,每个学生拥有巨大的空间和自由,不再有人约束、控制他们,但是对于自制力差的学生来说,很可能因为沉迷网络、游戏或其他活动而忽略学习。

第三,学业诚信问题。由于大学的学业压力较大,有学业问题的学生较多,高校每年都会出现学业诚信问题。在日常作业中,不少学生态度敷衍,作业抄袭和论文抄袭的情况非常普遍,也一定程度上反映了学生的学习态度不端正,其最后的学业成绩也不理想。在考试中,不少学生因为没有认真准备而舞弊。考试舞弊行为是高校学生管理工作中明确禁止的行为,对于确有舞弊行为的学生轻则记过,重则退学。在日常作业和考试中存在的诚信问题,反映了高校大学生学业态度不端正,缺乏诚信教育。

三、高校辅导员在大学生学风建设中的路径探究

辅导员作为高校大学生思想政治教育的主要骨干力量,是大学生在读期间的主要责任人。学风建设是高校辅导员的九大工作职责之一,因此高校辅导员在大学生学风建设中起到了关键作用,是高校大学生学风建设的重要力量。

(一)了解学生学业情况

大学并不像大多数人想象的那样,考入大学就高枕无忧了。对于大学生,尤其是理工科专业的学生来说,学业压力是目前普遍面临的问题。为了毕业之后能够顺利升学、就业,大学生们在高校面临着比高中更加激烈的竞争。而对于远离家庭生活,缺乏约束的青年学生,面对充满诱惑的成年世界,如果没有规划好自己的时间,没有平衡好学习和娱乐,就可能因面对巨大的学业压力而挂科、留级甚至退学。辅导员应该及时了解学生的学业情况,尤其是在关键节点,要及时发现学生存在的学业压力,并及时处理,避免学生出现严重的学业问题。

（二）找出学业问题症结

学生出现学业问题可能存在多方面的原因，包括学生自身、家庭和环境因素，对于存在学业问题的学生，辅导员应该全方面了解学生的情况。第一，了解学生的基本情况。对于有学业问题的学生应该重点了解学生的日常作息、学习态度、学习习惯、学习动力，了解学生哪些自身因素导致了学业问题。关注学生的心理状态，心理健康问题是青年学生普遍存在的问题，有心理问题的学生应该及时就医。第二，了解学生的家庭情况。每一个学生都有自己的成长环境，在不同家庭背景长大的学生具有不同的性格，对待生活的态度也千差万别。辅导员应该与家长沟通了解亲子关系、家庭经济状况以及家庭是否存在特殊情况，也让家长了解学生的学业问题，加强家校协作，帮助学生克服学业压力。第三，了解学生的生活环境，包括学生的人际关系、恋爱情况，从侧面了解是否存在影响学生心情的环境问题。第四，在全面了解学生的情况后，最重要的是与学生进行深度沟通，让学生敞开心扉，找到学生学业问题的症结，这样才能精准施策、对症下药。

（三）组织开展学业辅导

学业辅导是指对大学生的学习目标、学习态度、学习习惯和学习方法等学习问题进行的专业化帮助和指导。辅导员作为高校任课教师和大学生之间沟通的桥梁，是开展学业辅导的重要力量。第一，联系任课教师开展学业辅导。任课教师对于学生某一门课程的学业情况最为了解。直接帮助学生解决学业困难。尤其是针对比较难、学生普遍存在学业压力的课程，辅导员应该及时联系任课教师，为学生开展答疑等学业辅导。第二，组织优秀学生开展朋辈辅导。由于同学之间的亲近性，朋辈之间传授学习经验，能够双向促进学生的学业成绩。通过线上或线下的学业辅导，既可以增进学生之间的关系，又可以有针对性地帮助有学业问题的学生解决学习困难。

（四）加强家校协作

家庭是学生的第一课堂，家长是学生的第一任老师。家庭教育和学校教育对于青年学生的成长成才是不可或缺，相辅相成的。家长和学校之间的有效沟通有助于及时发现问题、解决问题，帮助青年学生在高校健康成长。辅导员应该将学生的学业情况及时告知家长，一方面有助于找到学生学业问题的根源，另一方面可以通过家长的力量找到解决学生学业问题的关键。尤其是在新冠疫情防控形势下，学生有部分时间居家学习或线上学习，更应该发挥家长的监督和促进作用，帮助有学业问题的学生端正学习态度，养成良好的学习习惯。

教育是提高人民综合素质、促进人全面发展的重要途径，是民族振兴、社会进步的重要基石，是对中华民族伟大复兴具有决定性意义的事业。青少年是民族的希望、国家的未来。青少年时期是一个人人生观、世界观、价值观形成的关键时期，他们成为什么样的人，在很大程度上决定着整个国家、民族乃至整个人类社会的未来。为落实立德树人根本任务，培养担当民族复兴大任的时代新人，服务国家人才强国计划，加强高校学风建设是其中的关键环节。辅导员作为高校思想政治教育工作的骨干力量，作为连接任课教师、大学生和学生家长的桥梁，是高校学风建设的关键环节。

参 考 文 献

[1] 郑灵敏."三全育人"背景下学风建设运行机制研究[J].现代职业教育,2022(12):85-87.

[2] 刘杰,庞岚.大学生学习状况调查及其对高校学风建设的启示[J].中国地质大学学报(社会科学版),2004(03):91-94.

[3] 韩小愚.高校大学生发展性学业辅导路径探析——基于辅导员工作室模式[J].新西部(理论版),2017(06):103-104.

[4] 韩璐宇,逄昊.高校大学生学业辅导体系及辅导员作用探究[J].白城师范学院学报,2020,34(06):113-116.

[5] 陈国秀.高校辅导员开展大学生学业辅导工作的方法探究[J].教育教学论坛,2013(38):15-17.

重大疫情对高校学生心理状态的影响及应对策略研究

北京邮电大学心理素质教育中心　张　平　张兰鸽

摘　要　重大疫情的发生对高校大学生的影响是巨大的,守护师生身心健康、维护校园安全稳定是教育系统的一项重大政治任务。高校需提升政治站位、强化责任担当、增强大局意识和全局观念,增强严密防控、科学研判、及时应对、有效处置等能力应对疫情。在疫情发生发展不同阶段,高校需通过出台政策制度、开展宣传普及教育、帮学生构建积极认知、为学生提供支持帮扶、引导学生分析总结等具体应对策略,确保学生在应对重大疫情时能够保持平和、健康心态,并促进学生的自我成长。

关键词　重大疫情;心理状态;应激认知评价;创伤后应激障碍

2020年年初,我国突发新型冠状病毒肺炎(COVID-19)重大疫情,党中央高度重视,坚决要求把人民群众的生命安全和身体健康放在第一位。2月14日,习近平总书记在中央全面深化改革委员会第十二次会议上强调,要研究和加强疫情防控工作,从体制机制上创新和完善重大疫情防控举措,提升应对重大公共卫生事件的能力水平。对高校来说,也面临着巨大冲击和挑战,如何依法、科学、精准有序防控疫情,是摆在教育工作者面前的一大难题。

教育部发出关于《教育部部署教育系统针对新型冠状病毒感染的肺炎疫情开通心理支持热线和网络辅导服务》的通知,要求面向广大高校师生和人民群众开展疫情相关心理危机干预工作。通知还指出,要将心理危机干预纳入疫情防控整体部署,以减少因疫情所致的心理痛苦,促进个体稳定、社会和谐。如果消极、负面的情绪在高校大学生中不断蔓延,将会消解大学生对主流意识形态的认同,也会影响高校的安全与稳定[1]。而要保证高校大学生的健康心理发展和积极向上的精神动力,就要在重大疫情发生之前、之中、之后精准施策,加强理想信念教育、社会主义核心价值观教育,加强心理干预和疏导,做好人文关怀,塑造学生良好心态。

一、重大疫情对高校学生心理状态的影响

重大疫情属于突发公共卫生事件范畴,重大疫情的突然性、不可控性容易给公众造成恐慌[2]。在疫情中,高校大学生的心理状态变化存在以下特点。

第一,在疫情开始阶段,根据应激认知评价理论,个体首先对情景进行评估,做出伤害、威胁或挑战的评估。在这个阶段,由于各种信息的报道不充分、学生对疫情的不了解产生的情绪反应,个体一般考虑疫情是否会对自己造成伤害或威胁,容易产生茫然、恐慌、焦虑、愤怒的情

绪反应。这一阶段的主要情绪以担心、害怕为主。

第二，在疫情暴发阶段，担忧、恐慌是面对疫情时最主要的情绪反应，情绪强度高于前一阶段，主要担心自己是否有能力应对。如果评估自己有能力应对，则心理状态会向好的方面转变；而未能有效应对危机的个体可能会感到沮丧、抑郁，甚至出现自杀念头。这一阶段是大学生心理行为反应最强烈的阶段。

第三，在疫情平稳之后，个体的注意力转向生活、学习方面，开始担忧前途是否会受到影响，激烈的情绪反应逐渐趋于平缓，开始安排后续工作、学习、生活。

因此，了解、掌握、分析高校大学生在重大疫情中心理变化的特征，及时、正确使用科学、有效的应对策略，有针对性地开展干预工作，是保障高校在重大疫情应对中平稳过渡的重要措施[3]。

二、高校在重大疫情应对方面的策略

本研究将前人研究结果同高校实际情况相结合，将高校疫情发展过程分为疫前防范、疫情初期、疫情蔓延、疫情控制、疫情结束五个阶段。根据重大疫情发生发展阶段和个体在应激事件发生后的认知评价特点、创伤后应激障碍和创伤后成长理论，针对疫情发展的阶段需采取不同的应对策略，以期精准施策，以坚定的信心、坚强的意志确保高校在疫情来临前做足、做好应对疫情的准备；在疫情扩散时把疫情遏制住，让学生在疫情应对中保持平和、健康心态，平稳渡过疫情阶段；在疫情结束后促进学生实现自我成长。

（一）疫情防范阶段：出台政策制度，统筹全局，强化管理

坚决强化高校治理水平，提高师生科学素养，超前规划，布局防范，以更高效的应急机制、更高级的科学防范、更扎实的应急预案来应对重大疫情的发生和防控。

第一，结合学校实际，成立疫情防控工作领导小组及办公室，下设专项工作组。明确工作职责，制定总体重大疫情防控与应对预案，加强组织领导，压紧、压实各级责任。这是疫情发展之后建立的预案制度，这项工作需超前进行。

在发展阶段上，总体方案的制定还需考虑疫情发展阶段，根据疫情发展不同阶段，制定不同预案。若疫情发生，还应建立三项制度，一是日报告、零报告制度；二是师生台账制度，针对不同重点人群分别建立台账；三是校、院、班、宿舍四级联动机制。如何报告、如何建账、如何联动，都需要事先做好谋划。

在形式内容上，预案的制定不仅要考虑高校的总体协调、管理，还要考虑各部门的协同配合。制订各类专项预案，细化思路、分类管理、分级防控，建立健全各部门、各单位联动联责的重大疫情防控管理体系。

第二，加强日常宣传教育，提升师生防控意识。目前，课程建设是普及突发卫生安全事件知识的最好途径。早在2005年，南方某高校率先开设公共安全教育课程。随后，全国各高校均开设了安全教育课程，课程内容涵盖了如何在地震、火灾中逃生，如何救护等内容，但需要加入一些卫生安全突发事件的实例讲解，如SARS、H7N9、新型冠状病毒肺炎等知识的讲解，尤其是对这些传染性疾病的传播途径以及如何防护进行讲解，不断提升学生防范意识和操作技能。当然，也可以通过新媒体资源进行知识普及，同时加强大学生应对突发事件能力的培训。

（二）疫情发生阶段：开展大力宣传，全面普及，答疑解惑

第一，大力宣传普及，开展积极正面的引导，培育学生理性、平和的心态。

这一阶段，学生的主导情绪主要有迷茫、紧张、恐慌等，这些情绪均来自对疫情知识的欠缺、对疫情信息掌握不够全面、对自身健康的不安全感。解决这一阶段的问题，需要在宣传的内容、时间、形式上多思考。

在宣传内容上要求真。搭建官方信息平台，完善校园突发事件信息公开制度。广泛获取有关重大疫情的准确、权威信息，切不能让虚假、错误信息扩散、传播，以免形成舆论风暴。

在宣传时间上要及时。要加强信息发布的及时性，对恐慌感的控制是重大疫情防控的重要一环。在现代网络社会，恐慌等负面情绪传染速度非常便捷、非常迅速，对于学生恐慌感的控制至关重要。

在宣传形式上要多样化。采取多种手段开展宣传教育，不局限于传统媒体的发布形式，多用学生喜爱的自媒体，让学生接收疫情信息的途径更广泛、直接、方便、及时。除此之外，高校要尽早了解、掌握影响学校安全稳定的因素，及早将危险化解在萌芽阶段，减轻重大疫情事件所带来的负面影响和危害。

第二，有针对性地开展精神文明教育。加强对健康理念和传染病防控知识的宣传教育，教育引导大学生提升精神文明素质和自我保护能力。通过讲述防疫抗疫的感人事迹，讲好中国抗击疫情故事，展现中国人民重大决策部署，充分宣传各层面联防联控的措施成效，展现中国人民团结一心、同舟共济的精神风貌，凝聚众志成城抗疫情的强大力量。

（三）疫情蔓延阶段：构建积极认知，减缓焦虑，减少恐慌

有学者认为，个体对疫情防控知识的掌握、对疫情风险的反应、对待疫情的态度等因素都影响控制疫情蔓延的效果[4]。

第一，高校思想政治教育工作者，尤其是心理教师，在重大疫情蔓延阶段可以通过电话、邮件、视频、公众平台后台留言等方式，多渠道、多时段积极疏导大学生心理，缓解他们的焦虑、压力、担忧。首先，引导大学生科学、正确、理性看待重大疫情事件。其次，传递正能量，帮助他们从恐慌中解脱出来，减轻心理压力，缓解负面情绪，保持平静心态。

第二，鼓励学生相信自己能够战胜病毒，相信学校能够控制疫情的发展，相信国家能够彻底防控疫情的蔓延，让自己在积极的思维、认知下保持平稳心态。

第三，面对重大疫情事件时，针对不同心理状况的大学生应采取不同的保护机制，给予一些特殊学生干预性或矫正性心理辅导。

（四）疫情控制阶段：提供各种支持，感受帮扶，重建信心

从社会心理层面来看，这一阶段，学生的自信心容易受到较大影响，突发事件的舆论造势容易影响大学生自尊自信的心理状态，容易消融个体应对应激事件或压力事件的信心、信念[1]。应对重大疫情事件，要以正面鼓励为主，帮助大学生构建积极的认知。积极的认知有助于学生甚至全校师生同舟共济、战胜疫情。学生与学生之间、教师与教师之间、教师与学生之间互相关心、鼓励、肯定、帮助，传递出温暖、友爱和信任，强信心、暖人心、聚民心，这无疑是战胜疫情的巨大力量[5]。

这一阶段，还要充分利用互联网优势、大数据平台，启动疫情信息报告制度。建立大数据

平台,及时排查、摸清学生信息、动向等,实现信息化、数据化、精细化。采取有效隔离措施,除了必要的宿管、值班老师等工作人员外,严格控制校外人员进入校园。对留校大学生建档立卡,每天进行体温测量,做好活动场所消毒,安排好体育锻炼、生活学习。无特殊情况,学生不出校门,学校提供必需的生活保障,这对保障学生的安全感、归属感起到很大作用。

(五)疫情结束阶段:恢复内心平静,分析总结,适应成长

根据有关创伤应激障碍和创伤后成长的研究发现,给予个体社会支持、对个体进行积极重评,个体拥有的积极心理品质、控制感等均能激发个体的创伤后成长[6]。创伤后成长是认知评估和人格图式或核心信念相互作用的结果,大学生在生命意义、人际关系、自我认识等方面进行积极领会和感悟,即可促使学生过更有意义、更充盈的生活。

重大疫情防控是一项非常系统的工程,需要高校多层面、多单位、多部门的配合与参与。在重大疫情面前,高校须扛起责任、统筹管理、组织实施、科学防控,切实将各项工作落细、落实,在大战、大考中践初心使命,保各项工作平稳运行,保师生身心健康。

参 考 文 献

[1] 中华人民共和国卫生部. 突发公共卫生事件应急条例[M]. 北京,2003.

[2] 蔡乐农,杨燕华,权正良. 高校突发公共卫生事件防范和应急处理[J]. 中国卫生质量管理,2006(10).

[3] 胡雯洁. 大学生在突发公共卫生事件下的情绪特征于应对[J]. 潍坊教育学院学报,2011(6).

[4] Sega L, Maxin D, Eaton L, et al. The effect of risk taking behavior in epidemic models [J]. Journal of Biological Dynamics,2015(1).

[5] 佐斌. 健康的心态是防控疫情的"心理口罩"[N]. 光明日报,2020-01-30.

[6] 伍新春,周宵,陈杰灵,等. 主动反刍、创伤后应激障碍与创伤后成长的关系:一项来自汶川地震后青少年的长程追踪研究. 心理发展与教育[J],2015(3).

"三全育人"视域下学生信息化平台育人模式研究
——以北京邮电大学为例

学生工作部(处) 明 敏

摘 要 中共中央、国务院在印发的《关于加强和改进新形势下高校思想政治工作的意见》[1]中,明确提出要坚持全员、全过程、全方位育人(简称"三全育人")要求。随着高校教育事业迈入信息化新时代,如何使学生信息化平台建设与育人工作紧密结合、相辅相成,已经成为高校的研究热点。根据调研,部分高校现有的学生信息化平台普遍存在学生信息内容单一、数据呈现平面二维状态,不能实时、动态地为学生教育管理工作提供有效支撑与科学导向等问题,无法满足"三全育人"要求。本文以北京邮电大学为例,对学生信息化平台限制因素进行分析,通过打破部门间数据壁垒形成全面学生信息库,整合学生成长全过程数据形成学生成长档案,建立数据分析模型形成预警机制,多维度对比学生发展数据形成良好校园氛围,从而实现精准思政,提升育人实效,构建"三全育人"大思政格局,促进学生全面发展。

关键词 三全育人;学生信息化平台;全面发展

党的十九大报告明确提出"建设网络强国、数字中国、智慧社会"战略目标,"十四五"网信领域相关规划也擘画了数字中国建设的宏伟蓝图。随着信息技术的不断发展,高校教育事业也逐步迈入信息化新时代,传统的学生管理工作模式、业务流程平台,已很难满足现代化教育在学生管理和素质培养方面的需求,打造"三全育人"视域下的学生信息化平台育人模式是落实立德树人根本任务的必然要求,对培养全面发展的高素质人才、推进高校教育改革具有重要意义。

一、"三全育人"的内涵

"三全育人"的核心内涵是全员、全过程、全方位育人[2]。全员育人是指由学校、家庭、社会、学生组成的"四位一体"的育人机制。学校育人主体主要包括党政领导干部、辅导员、专业教师、机关管理人员、后勤保障人员等。全过程育人是指学生从入学到毕业的全周期教育工作,并将学生教育工作贯穿于学生生活的始终。全方位育人是指充分利用各种教育载体,贯通第一课堂和第二课堂,将思想政治教育寓于其中,促进学生德智体美劳全面发展。

二、"三全育人"视域下学生信息化平台建设现状

（一）学生信息化平台存在"信息孤岛"，"全员育人"尚未形成合力

学校各职能部门有相对独立的信息化系统，虽然各系统功能完善、数据庞大，但由于各类数据业务需求不同，没有统一标准和接口，彼此呈现一种相对独立的状态，造成数据无法有效共享、应用缺乏有效集成以及数据冗余难以处理的现象，逐渐形成了"数据孤岛"，数据应用潜力不能发挥到最大，"全员育人"无法形成合力。

（二）学生信息化平台缺少联动整合性，"全过程育人"方面有待改进

现有的学生信息化平台中记录了学生的学习成绩、获奖情况等信息，更关注于学生发展结果的呈现，缺少对学生成长的动态性描述和变化性分析。同时，现有的信息化平台更多地聚焦学生个体纵向发展，缺少群体性分析和个体在群体中的横向比较，"全过程育人"存在断档，有待改进。

（三）学生信息化平台评价维度较为单一，"全方位育人"实效性有待增强

长期以来，学生信息化系统普遍更注重于第一课堂学业成绩的记录，而在新时代教育评价改革中，要求学生德、智、体、美、劳全面发展，现有的信息系统中未能实现第一课堂与第二课堂的有效贯通，"全方位育人"效果有待增强。

三、"三全育人"视域下学生信息化平台赋能学生思政工作路径

（一）打破数据孤岛，健全协同机制，形成"全员育人"合力

学校应加强资源整合，协同推进学生信息化平台建设。例如，北京邮电大学整合教务、学工、信息化等10余个部门数据信息，围绕"一表一站一网"三个一工程，实现统一资源、统一数据、统一流程、统一服务、统一门户的"五个统一"，统一获取、使用数据的渠道，实现一键查询、一键比对、一键导出、一网审核功能，加强信息资源共享，实现了各部门跨系统、跨业务的协同育人服务，极大提升了工作效率。构建集学生基本信息、综合素质测评、评奖评优、资助工作、征兵工作、心理健康、住宿管理、组织管理等功能应用模块于一体的学生工作一体化管理系统服务平台，分别面向学生、辅导员、学院、学校相关职能部门不同层面开通权限，以服务师生为立足点，优化线上办理流程，大力提升学生管理服务水平，形成"全员育人"工作合力。

（二）立足数据支撑，聚焦成长规律，提升"全过程育人"水平

学校要在整合资源的基础上，做好数据分析，探索育人路径。例如，北京邮电大学建立"学生一张表"，打通16个部门、410项本科学生数据、485项研究生学生数据，共计上千万条的庞大数据群，全方位记录学生成长，分析个体成长规律，刻画成长生命周期。通过记录学生从入学到离校的不同时期、不同阶段的核心数据，聚焦学生成长重要指标，自动生成个性化"个人成长档案"和趣味性"校园成长印记"，从不同维度刻画学生成长轨迹，从不同视角总结学生所学

所得，充分满足学生的个人成就感和获得感。同时，通过学生个体在集体中的发展水平横向比较和个体成长的全周期纵向比较，激励学生见贤思齐，进一步营造良好校园氛围，引导学生加强自我管理、自我教育和自我服务。

强化数据分析功能，针对不同学院、不同专业的学生开发生活行为群像分析模型，探寻成长科学规律，为教育管理决策提供参考。建立优秀学生、优秀毕业生人才库，针对优秀学生在校全过程数据学业成绩、实践经历、文体活动、生活规律等建立群像分析，抽取共性特征，并进行公式化描述，探索不同校园生活方式与学生学业发展、就业情况等成长成才指标间的联系，发挥榜样典型示范作用，提供学生教育决策导向，将教育管理工作做实、做细、做好。

（三）坚持五育并举，深化教育评价改革，增强"全方位育人"实效

《深化新时代教育评价改革总体方案》[3]中提出，要"完善立德树人体制机制，扭转不科学的教育评价导向，坚决克服唯分数、唯升学、唯文凭、唯论文、唯帽子的顽瘴痼疾，提高教育治理能力和水平"，要"努力培养担当民族复兴大任的时代新人，培养德智体美劳全面发展的社会主义建设者和接班人"。结合《方案》工作要求，北京邮电大学稳步推进《北京邮电大学学生综合素质评价办法》修订，并结合学工系统、学生"一张表"已有的信息化技术基础，启动数据门户工程的建设工作，树立综合评价导向，为实现全方面、多维度、动态化的科学评价体系提供了有效途径。数据门户整合抓取学生学业成绩、创新实践、文体活动、志愿服务、获奖情况、科研经历等各方面数据资源，分别从德、智、体、美、劳等方面进行划分及整理，直观展现学生在不同方面取得的成绩、参加的活动等。其中，德育包括思想成长活动、党团学习经历、学生工作经历等；智育包括成绩信息、课程信息、学科竞赛、论文著作等；体育包括体育课程成绩、体测成绩、体育竞赛、体育活动等；美育包括校园文化活动、文艺赛事、相关选修课程等；劳动教育包括社会实践、勤工助学、志愿服务、创新创业等。

在大数据基础上，针对学生个人，以时间为横轴，以个人成绩、成果和活动参与情况为纵轴生成相应趋势图，让学生直观看到个人成长发展趋势，从而了解个人进步、退步情况。同时，通过计算学生所在班级、所在专业、所在院系的平均值，将学生各方面指标进行横向对比，学生可以充分了解个人在群体中所在水平，帮助学生正确认识自己优势与劣势，及时调整努力方向，建立自信、发现不足，有针对性、有目的性地改善发展路径和成长模式，实现德育铸魂、智育固本、体育强身、美育润心、劳动淬炼，促进学生全面发展。

（四）加强重点关注，建立预警机制，实现精准思政

学校要针对重点评价指标、重点关注学生等进行动态监测、科学分析，实现提前预警，增强育人成效。

做好学业预警。学习成绩和修读学分直接与学生的顺利毕业、评奖评优相关，一旦学生发生挂科、修读学分数不足、学年总成绩退步较大情况时，系统需对学生提出预警，帮助学生及时端正学习态度，顺利完成学业。

做好失联预警。通过对校园信息化数据、一卡通消费数据进行监测，在一定时间内未出现任何校园记录，系统需向辅导员发出失联预警，辅导员可以根据相关情况及时向学生核实动态，减少安全隐患。

做好精准资助。系统根据学生平均消费记录分析，建立隐形资助模型，对家庭经济困难的学生精准化、人性化地开展"隐性资助"，保护学生隐私且及时有效资助，实现显性资助与隐性

关怀的有机融合。

做好关注群体学生预警。例如,在特殊时间节点进一步了解学生思想状况,及时进行教育引导,保障学生个体的安全与学校的稳定。

参 考 文 献

[1] 中共中央国务院.关于加强和改进新形势下高校思想政治工作的意见[EB/OL](2017-02-17)[2022-03-08].http://www.gov.cn/xinwen/2017-02/27/content5182502.htm.

[2] 梁伟,马俊,梅旭成.高校"三全育人"理念的内涵与实践[J].学校党建与思想教育.2020(04).

[3] 周洪宇.深化教育评价改革 加快推进教育现代化——《深化新时代教育评价改革总体方案》解读[J].中国考试.2020(11).

基于大数据背景的精准资助质量提升研究
——以北京邮电大学为例

学生工作部(处)　任增霞　齐万彬

摘　要　资助育人质量提升能更好地促进社会公正和教育公平。大数据分析技术为精准资助质量提升研究提供了技术支撑。本文依托"学生一张表"数据平台,运用人工智能和大数据分析技术,建立了科学、合理、动态的家庭经济困难学生认定模型,精准认定家庭经济困难学生;对学生校园一卡通消费、生源地发展水平、在校受助情况等数据进行统计分析,精准预警家庭经济困难学生;基于学生数据门户展现的学生德、智、体、美、劳综合评价,精准为家庭经济困难学生提供发展型资助项目,力求构建全面、科学、合理、符合学校实际和学生需求的精准资助育人体系。

关键词　精准资助;精准预警;大数据分析

学生资助是高校思想政治工作中不可或缺的重要模块。不断提升学生资助工作质量,切实推进精准资助育人,是高校思想政治工作质量提升工程的重点。学生资助信息化建设的快速发展,为精准资助育人体系建设提供了强大动力。精准资助育人体系内涵丰富,精准认定和精准预警是运用技术手段精准确定对象,精准帮扶是资助育人的目的。当前,精准资助方面的文献大多还只是研究精准认定,建立家庭经济困难学生认定模型,而利用大数据分析学生真正需求,做到个性化资助育人的研究还比较有限。本文基于家庭经济困难学生的校园卡消费信息、学习情况、家庭经济情况、恩格尔系数等大数据,运用人工智能和大数据分析方法,力求制定全面、科学、合理、人性化,符合学校实际情况和需求,可操作性强的精准资助育人体系,及时预警、动态掌握学生学习、生活情况,了解学生需求,因材施教,提高学生综合素质能力,服务学生成长成才,全面提升精准资助育人质量,培养以建设网络强国为己任、政治立场坚定、思想品德高尚、专业素质精良、学术视野宽广的拔尖创新人才和行业领军人才。基于大数据背景的精准资助功能架构图如图1所示。

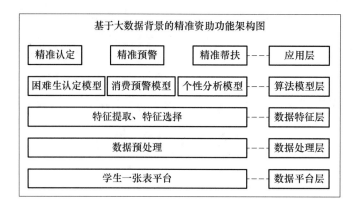

图 1　基于大数据背景的精准资助功能架构图

一、数据平台——"学生一张表"平台

为服务"三全育人"综合改革,促进学生全面发展,我校于 2020 年 11 月 11 日启动"学生一张表"平台。"学生一张表"打通了原有各部门数据孤岛,有效整合各种育人资源,挖掘各群体、各岗位的育人元素,使校园信息化成为服务于各个育人环节的资源保障,服务于着力培养德、智、体、美、劳全面发展的高水平人才的全员、全过程、全方位育人格局。在资助育人方面,"学生一张表"平台将校园一卡通等不同消费系统的详细消费信息与学生基本信息、资助情况等统一进行直观的整合呈现,为学生管理部门进行精准资助提供相应的数据分析。"学生一张表"平台数据来源及内容如图 2 所示。

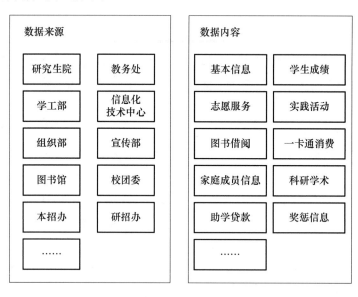

图 2　"学生一张表"平台

二、数据挖掘技术

(一) 统计分析法

统计分析法是利用统计学的一些原理对数据进行分析,主要分析方法有回归分析、方差分析、差别分析等。运用统计分析方法对学生数据进行分析,有助于提升学生资助工作的精准化水平。

(二) 机器学习及深度学习

机器学习就是让机器像人一样有学习能力,或者说让机器模拟人类实现学习的一种行为。深度学习是机器学习的分支,就是让机器依照人类大脑的思考方式和神经接收、反馈信息的方式进行学习。深度学习模型有聚类、K均值、深度神经网络等。通过深度学习模型对学生数据特征进行训练,可以预测分类学生的困难程度。

三、精准资助模型及应用

(一) 精准认定模型

基于"学生一张表"数据平台,本文选用随机森林算法,采集学生家庭劳动力及其职业、收入和债务情况、家庭突发意外情况、生源地经济发展水平、特殊困难类型等特征数据,探索建立家庭经济困难学生认定模型。精准认定模型如图3所示。

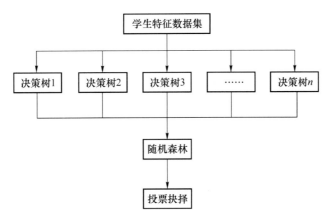

图3 精准认定模型

本文首先对学生相关数据进行归一化整理,然后对每个特征进行统计分析,获得与困难相关性高的特征数据集,最后运用随机森林算法对数据集进行训练,得出每一名家庭经济困难学生的困难指数。家庭经济困难学生贫困指数如图4所示。

(二) 精准预警模型

本文主要选用了学生在校一卡通消费数据,通过深度学习模型训练数据特征,最终判定学

姓名	学号	院系	家庭困难类型	评定困难类型	评定得分
周■	202■	数字媒体与设计艺术学院	其他	一般困难	28
格■	2020■	数字媒体与设计艺术学院	其他	一般困难	108
李■	202■	数字媒体与设计艺术学院	其他	比较困难	65
任■	2020■	数字媒体与设计艺术学院	最低生活保障家庭学生	比较困难	188
王■	202■	人工智能学院	建档立卡贫困家庭学生，最低生活保障家庭学生	比较困难	298
韩■	202■	人工智能学院	其他	比较困难	72
周■	2021■	计算机学院（国家示范性软件…）	其他	一般困难	22
阿迪■	2021■	人文学院	其他	一般困难	60
旦■	2021■	理学院	其他	比较困难	112
鲁■	2021■	电子工程学院	其他	比较困难	95
易■	2020■	网络空间安全学院	其他	一般困难	5
李■	2019■	电子工程学院	其他	一般困难	37
吕■	202■	电子工程学院	其他	一般困难	5
张■	2021■	信息与通信工程学院	其他	一般困难	14
张■	2019■	网络空间安全学院	其他	一般困难	43
廖■	2021■	人工智能学院	其他	一般困难	15
管■	2021■	人工智能学院	建档立卡贫困家庭学生	一般困难	222
洪■	2020■	网络空间安全学院	其他	比较困难	60
张■	2020■	电子工程学院	其他	比较困难	55
胡■	2020■	理学院	其他	一般困难	41
杨■	2020■	电子工程学院	其他	一般困难	4
周■	2020■	网络空间安全学院	其他	比较困难	69
王■	2018■	经济管理学院	建档立卡贫困家庭学生	一般困难	130
桂■	202■	网络空间安全学院	其他	一般困难	34
张■	2019■	网络空间安全学院	其他	一般困难	16
贾■	2021■	现代邮政学院（自动化学院）	其他	一般困难	20
田■	2021■	现代邮政学院（自动化学院）	其他	一般困难	32

图 4　家庭经济困难学生贫困指数

生是否属于预警贫困，建立了基于学生一卡通消费数据的精准预警模型。基于学生一卡通消费数据的精准预警模型如图 5 所示。

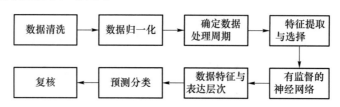

图 5　基于一卡通消费数据的精准预警模型

本文的工作分为数据处理和模型建立两个阶段。数据处理阶段是在繁多且杂乱的数据中构建特征，挖掘出贫困生消费的数据特征，同时凸显出贫困生和普通学生的消费差距。首先，因数据存在校区消费、性别消费以及年级消费等差异，故需要先将数据做归一化处理。然后，确定自然周为数据处理的周期，便于在今后的预警模型中动态调整预警周期。接下来，依据食堂消费高峰敲定划分三餐的时间点，依据食堂的消费人数、贫困生的消费习惯等因素将食堂的消费水平划分为三级。本文通过统计、分析、提取 14 个数据特征，每个学生都会生成 n 条特征数据（n 是指一学年的自然周数），随后采用有监督的神经网络来学习贫困生在一周的消费数据记录，获得消费样本的数据特征和表达层次。这样就可以判定一个学生在一个自然周的消费数据是否为困难生（如图 6 所示）。最后，联系学院筛选确认后实施隐形资助，做到让学生有尊严地接受资助，进一步完善精准资助育人体系，全面提升资助育人工作质量。

基本特征

每个学生：

特征名称	特征说明
B_mean	一周内早餐均值
L_mean	一周内午餐均值
D_mean	一周内晚餐均值
B_count	一周内早餐数量
L_count	一周内午餐数量
D_count	一周内晚餐数量
B_variance	一周内早餐方差
L_variance	一周内午餐方差
D_variance	一周内晚餐方差
carteen_1	一周内一级食堂次数
carteen_2	一周内二级食堂次数
carteen_3	一周内三级食堂次数
A_consume	一周内总消费
A_count	一周内食堂总次数

拓展特征：

特征名称	特征说明
	减去贫困生早餐均值
	减去贫困生午餐均值
	减去贫困生晚餐均值
	减去全体学生早餐均值
	减去全体学生午餐均值
	减去全体学生晚餐均值
	减去贫困生早餐数量
	减去贫困生午餐数量
	减去贫困生晚餐数量
	减去全体学生早餐数量
	减去全体学生午餐数量
	减去全体学生晚餐数量
	减去贫困生周期内一级食堂次数
	减去贫困生周期内二级食堂次数
	减去贫困生周期内三级食堂次数
	减去全体学生周期内一级食堂次数
	减去全体学生周期内二级食堂次数
	减去全体学生周期内三级食堂次数

图 6　消费数据特征制定方案

（三）精准帮扶——青学工程

"青学工程"作为对家庭经济困难学生开展的系列资助育人工程，通过将数据门户中学生学业成绩、创新实践、文体活动、志愿服务、获奖情况、科研经历等各方面数据资源分类，基于五育并举构建我校家庭经济困难学生整体特点和不同年级阶段学生特点两个特征维度，有针对性地开展相关育人活动，以最大程度实现资助育人的工作目标。

本文通过对学生整体特点进行分析，发现家庭经济困难学生的特点主要包括务实、勤奋、自强、善实践、迷茫、急躁、自卑、不善表达。通过对不同年级学生的特点和发展需求进行分析，发现大学四年是学生对于个人性格能力的了解由模糊到清晰、对行业的了解由浅入深、专业知识和实践能力不断增加的过程。大一学年，学生刚刚步入大学，处于转变和适应阶段，迷茫与积极性共存，需要更多地对行业、职业的认知和自我规划的引导；大二学年，学生有了一定的知识基础和行业了解，需要更多地加强专业学习和能力储备；大三学年，专业知识不断深入学习，对未来选择规划也有初步设想，需要更多地去了解不同专业方向、工作方向的实际情况，在实践中锻炼所需能力，以明确自己的选择并为选择做好准备；大四学年，学生需要在选定的未来职业方向道路上努力前行，并在有余力的情况下可以带给学弟学妹一些经验感悟分享。图 7 所示为"青学工程"资助育人活动体系，图 8 所示为"青学工程"资助育人活动品牌。

图 7 "青学工程"资助育人活动体系

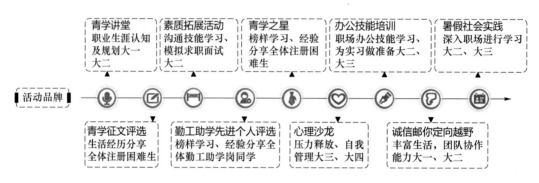

图 8 "青学工程"资助育人活动品牌

四、总结与展望

（一）总结

本文主要通过"学生一张表"平台的较为全面的数据采集，形成学生的校园行为大数据，运用随机森林、DNN 等数据挖掘技术对大数据进行挖掘分析，建立精准认定和精准预警模型；基于数据门户形成的学生德智体美劳综合评价，从我校家庭经济困难学生整体特点和不同年级阶段学生特点两个维度进行分析，精准制定"青学工程"资助育人体系和活动品牌，全面提升精准资助育人质量。

（二）展望

本文将探索运用人工智能和大数据分析技术，对学生的社交关系、学业成绩、图书借阅等数据进行分析，精准挖掘学生的个性特征、学习能力、校园行为等成长轨迹，从学生的环境系统、家庭系统等维度了解、评估成长发展需求，精准实施发展型资助，提升育人实效。

参 考 文 献

[1] 徐剑. 基于一卡通数据的消费行为与成绩的关联性研究分析[D]. 南昌：南昌大学，2010.

[2] 王婷. 基于半监督集成的遥感图像的分割和分类[D]. 西安：西安电子科技大学，2009.

[3] 赵雨. 高校资助育人的质量提升研究[D]. 焦作：河南理工大学，2019.

[4] 姜楠，许维胜. 基于校园一卡通数据的学生消费及学习行为分析[J]. 微型电脑应用，2015,31(02):35-38.

[5] 莫媛媛，顾明言，张辉宜. 基于谱聚类与支持向量机的高校经济困难学生认定方法研究[J]. 中国教育信息化，2017(15):48-51.

[6] 刘云博.新时代高校精准资助育人质量提升研究[J].教育评论,2019(4):61-65.
[7] 张锡钦,肖海茵.立德树人:新时代高校资助育人质量提升对策[J].教育教学论坛,2020(34):83-85.
[8] 刘云博.新时代高校精准资助育人质量提升研究[J].教育评论,2019(4):61-65.
[9] 周芳,黄凯,付彪.新时代下高校资助育人质量提升体系研究[J].课程教育研究,2019(2):4-5.

大数据时代高校学生管理工作智能化的构建研究

现代邮政学院（自动化学院）　王静缘

摘　要　"互联网＋"和大数据时代的来临给高校学生管理工作带来了较大的冲击。不论是从当下学生工作需要处理的庞大信息量的角度，还是从专业化人才发展的知识框架、价值观体系及生活方式的角度来看，互联网信息技术的飞速发展与移动终端的升级优化都给高校学生管理带来新的机遇和挑战。互联网对当代青年的各个方面都产生着广泛和深刻的影响，而大数据思维视域也给学生管理工作提供了新的智能化模式与数字化平台。

关键词　大数据；高校；学生管理

一、"大数据"的时代背景

美国国家科学基金会（National Science Foundation）将大数据定义为："由科学仪器、传感设备、互联网交易、电子邮件、音视频软件、网络点击流等多种数据源生成的大规模、多元化、复杂长期的分布式数据集"[1]。中国的大数据相关产业对人们社会生活起影响已经有近10年的历史，我们生活中很多场景，背后起作用的全部是大数据。大数据时代具有信息大量性、信息多样性、信息处理高速性以及价值性四个特点[2]。大数据时代的最大特点是信息具有巨量性，在信息技术已经充分发展的当下，大部分的管理数据电子化，各单位部门基本实现了无纸化办公。在这种情况下，信息的数量具有大幅度的提升，一些配套信息技术设施的建设也使得数据更加庞大。

在大数据时代，信息处理的速度有了大幅度提升，检索信息与处理信息更加方便和快速。一些关键的信息更以数据的形式存在，导致数据具有巨大的价值，因此大数据时代对于管理部门的运作具有很大的优势。同时，我国也拥有全球最庞大的数据生产群体，任何一个行业都离不开大数据的影响控制，教育行业中的学生管理工作也不例外。

二、大数据视域下的高校学生现状

中国互联网络信息中心的研究报告显示，手机、Pad等移动终端网民已成为我国总体网民规模攀升的主要形式，而大学生群体是使用大数据终端载体的主力军。大学生已逐渐习惯并依赖于使用搜索引擎，通过计算机网络/无线通信网等渠道，并基于计算机、手机、数字电视等终端实现大容量信息的实时交互，并形成了在这种新的模式下的特有的学习和生活模式。

多种多样的信息获取方式使得每个学生都能便捷地了解社会各方面的信息,共享信息的媒体网站平台也越来越多,但信息质量参差不齐,内容多样复杂,相当多的学生缺少信息优劣辨别能力。受多元文化的冲击,学生的价值观多元化,创新性思维较强。因此,在纷乱繁杂的大数据时代,加强学生管理工作模式的创新研究是当今阶段教育管理行业的新机遇与挑战的迫切需要。

三、大数据时代高校学生管理工作的挑战

(一)管理方法与手段相对传统

面对数据与信息迭代频率更新更高的社会现状,以往存在于纸质的学生管理方法,明显不能适应当代高校管理工作多方面开展的需求。而且,当代大学生获取信息的途径很多,他们独特的个性与多样的想法和需求导致高校管理者的管理难度加大。当今社会各行各业都紧跟现代办公、自动化技术和电子信息技术飞速发展的脚步,改革办公处理手段,提高生产效率迫在眉睫。许多高校的学生管理工作者也会组织学习培训,优化管理阶层在计算机方面的使用和操作。但是学生数据量庞大,日常信息烦琐。尤其是在线上办公极速发展的当下,各项学生信息的线上处理需求增大……以至于很多方面都显示出信息化处理手段远远不够的情况,标志着管理模式和管理方法还无法适应新形势的发展。

(二)学生信息流动的智能化比例低

信息化是21世纪的典型标志,信息技术的迅猛发展为社会经济、文化交流等创造了有利条件。因为诸多因素,学生日常管理类工作一直受到相关部门领导的高度重视,并配备了专业的信息化处理手段,也在积极寻求改革与智能化发展。很多高校购买符合学生管理工作的数据信息系统,但因为这是校外其他企业开发的,系统的数据交换通用性常常不佳[3]。加之学校的学生日常管理信息还没有形成方便交互与流通的统一数据库,很多情况下的学生数字化信息是存在于单一的系统中,各个部门之间没有做到技术上的打通与相互调用,导致学生日常管理统计工作中,业务的重复性高,信息收集的效率低下,以及数字化的信息内容无法做到充分利用,十分影响管理工作的有序、高效开展,也给管理者造成一定的负担。与此同时,数据录入工作中也经常出现数据维护不及时、不准确的问题,这样经常影响到数据信息的质量[4]。

(三)管理人员工作的数字化思维转变不足

在目前高校的学生管理工作中,尤其是处于线上办公极速发展的当下,线上统计工作与信息收集报送工作强度加大,人员排查工作的需求量更是较以往加剧。管理人员日常需要应付很多表格与数据,更加困难的是,在如今防疫信息统计上报相关工作中,信息收集的内容、类别、报送方式等都随时可能随着疫情形势的变化而变化,信息表的制作很难在一段时间内保持稳定的形式、格式并且逐步优化。烦琐的工作在一定程度上限制了管理人员在工作方式上进行效率的提高。信息报送的流程更是涉及管理人员众多,流程链条冗长,要想做到管理工作数字化改革创新的联动,更是困难重重。

四、高校学生管理模式的新构建

（一）增加资源管理效率

在大数据时代，大学生在校园的活动过程会留下一个数据集，这个数据集记录了个人学习、日常生活的痕迹，让个体特性有据可循，个人的行为特征、思想倾向、兴趣爱好等都将一览无余[5]。在大数据时代，高校管理部门可以充分利用大数据处理系统来优化学生信息管理报送，提升学生基本信息系统的数字化与自动化，减少人工管理在整体管理中的占比，起到提高高校学生工作管理效率的作用。技术人员需要应用先进的大数据处理系统，搭建起完善的现代化自动管理软件，为学生管理全程提供后台支持。

（二）强化监管机制的建设

在大数据时代，关键信息多以数据的形式存在，因此优化高校的智能化管理模式应该进一步强化信息数据录入的监管机制建设，并且进一步对学生信息数据的真实性和一致性进行审核，防止在智能化管理中出现因为数据构建不真实而产生效率低下和出错率高的问题。

在大数据背景下促进数据之间的流通具有十分重要的意义，因此在信息的传递和沟通交流的过程中应该进一步加强相关监管机制的建设，对高校内部管理机制的运行结构进行优化和改革，实现信息的高效传播和交流，保证信息交流的准确性和安全性，尤其是对内部具有重要价值的数据进行有效的控制。

（三）匹配大数据时代的转型要求

大数据时代，信息呈几何级、爆炸式地产生，巨大的数量同时也存在信息质量参差不齐的问题。在众多的信息中，需要管理人员从众多价值密度低的数据群中辨别有价值的信息和垃圾信息，更有难度的是，这些信息中还可能存在干扰信息甚至错误信息。解决数据的辨别问题后，智能化构建中的技术人员就需要根据管理人员提供的有效信息和需求进行平台或系统的构建。

2018年，教育部印发了一项行动计划——《教育信息化2.0行动计划》。在此项计划中，主要概括了数字时代不同阶段的教育相关信息化特征。根据计划中的要点可知，下一步高校的教育管理工作是需要构建数字校园，具体来讲，就是要实现搭建覆盖全体师生的教学、学习应用；与此同时，还要提高智能化办公的水平，打通数据流转渠道，努力建成"互联网＋教育"的高校平台，实现更数字化和智能化高校管理、学生发展规划、资源共享的管理新模式。

大数据背景下的高校信息系统管理的基础是实现底层数据的互联互通。利用信息化技术改变传统经验管理、粗放式管理现状，建立基于大数据视角的细粒化感知、精准判断、综合评价和智能预警信息管理体系，发挥大数据优势，为高校的教学、科研、行政管理等职能部门提效赋能。

在完成了底层数据的挖掘建设之后，下一阶段将致力于打造智慧校园模式。在信息化高速发展和推进的时代，智慧校园是较为高级的形态，是起初数字化校园的发展和再升级。智慧校园进一步串联使用先进的信息技术，将大数据、人工智能、云计算与5G以需求为导向有机结合。智慧校园的发展改变了以往的管理者与数据的有效交互方式，每个高校都能汇聚形成代表自身特色的庞大信息流,甚至学生特点、校园文化与校园精神这些无形的内容都可以在大数据寻找到特点与规律,从而具象化高校自身的精神内涵,成为高校在大数据时代的新"名片"。这很有可能会导致现代高校管理模式的解构,由此诞生新的带有大数据时代特色的智能化高校管理运作模式。

五、结语

在信息化与大数据并行发展的新时代之下,高等学校的学生管理工作始终需要应对新的挑战与变革。因此,高校学生管理工作的智能化、深层次、全覆盖、高水准的发展要求是十分重要的。高校各级管理人员就需要紧跟时代步伐,积极跟进智能化管理工作的转型要求,抓住大数据管理的优势。新兴的大数据分析技术提供了优化人才培养模式的新视角、新方向,为人才培养模式提供了多层次、多维度的发展前景。创新教育服务业态,建立数字教育资源共建共享机制,这也是帮助学生树立正确的价值观,引导学生逐渐朝社会需求的方向转变。总之,通过分析大数据时代下高校智能化管理工作存在的问题,研究基于信息化和数字化手段的提升方法,验证了管理工作信息化是推进现代教育发展的关键因素。

参 考 文 献

[1] Hilbert M, Lopez P. The Word's Technological Capacity to Store, Communicate and Compute Information[J]. Science, 2011, 332(6025).

[2] 舒小琴.大数据时代下事业单位内部控制的优化与建议[J].中国市场,2022(05):195-196.

[3] 陈文,蒲清平,邹放鸣.大数据时代的高校学生教育管理模式转变与应对策略[J].江苏高教,2017,15(1):67-69.

[4] 姜钰.大数据思维视域下高校学生管理工作模式研究[J].中国民族博览,2018(10):86-87.

[5] 范庆瑜.大数据思维视域下高校学生管理工作转型研究[J].教育现代化,2017,4(02):169-172.

关于"四位一体"新生引航工程的模式探索

信息与通信工程学院　黄一霖

摘　要　党的十八大以来,我国先后召开了全国教育大会、全国高校思想政治工作会议和学校思想政治理论课教师座谈会,出台了一系列包括《北京市建设全国"三全育人"综合改革试点地区实施方案》《北京高校学生思想政治工作规划(2018—2022)》等文件,将高校的新生教育摆在了一个突出的位置。那么,在这样的背景下,如何引导高校新生尽快适应大学学习生活,如何增强"四个自信"、坚定理想信念,就显得尤为重要。本文以北京某高校本科新生年级为例,以"弘扬爱国精神,勇担时代使命"为主线,以理想信念教育、价值观念引领、学习生活适应和健康安全教育为主要抓手,大力培育和践行社会主义核心价值观,探索"四位一体"的新生引航工程模式。

关键词　新生引航工程;理想信念教育;价值观念引领;学习生活适应;健康安全教育

一、总体思路

深入学习贯彻习近平总书记关于教育和青年工作的重要论述,全面落实立德树人根本任务,坚持用习近平新时代中国特色社会主义思想铸魂育人,围绕"学史明理、学史增信、学史崇德、学史力行",多措并举加强新生党史学习教育,深化理想信念教育、价值观念引领、学习生活适应、健康安全教育"四位一体"新生教育模式,大力培育和践行社会主义核心价值观,教育引导新生扣好"人生第一粒扣子",做到肩负历史使命,坚定前进信心,立大志、明大德、成大才、担大任,努力成为堪当民族复兴重任的时代新人。

二、主要措施

(一)抓理想信念教育,继续深化"使命在肩、奋斗有我"主题教育活动

1. 强化思想理论教育,深入推进习近平新时代中国特色社会主义思想"三进"

加强党团班一体化建设,发挥新生基层组织的重要作用。通过新生主题班会和党团日活动,在辅导员组织下,深入学习习近平新时代中国特色社会主义思想,推动习近平新时代中国特色社会主义思想入脑入心,引导学生增强四个意识,树立四个自信,做到两个维护。

加强对学生干部的选拔和培养。新生入校后,通过严格的班委选举和学生干部系列培训,提升学生干部思想认识水平和领导力,带领班级、团支部做好各项思想教育活动,加强对学生

理论社团的管理和指导,发挥理论学习骨干的引领带动作用。

2. 加强"四史"学习教育,传承"长征精神",用首都历史文化滋养学生、教育学生

在"党史、新中国史、改革开放史、社会主义发展史"学习教育活动的基础上,继续开展"网上重走长征路"暨推动"四史"学习教育系列活动,将深化学习与不断增强"四个自信"相结合,将传承、弘扬"长征精神"与努力"走好新时代的长征路"相贯通,组织开展习近平总书记在庆祝中国共产党成立100周年大会上的重要讲话精神学习活动,同时发挥首都文化资源优势,推进学习实践"六个一"计划,辅导员组织新生学生代表参观爱国主义教育基地香山,结合抗疫斗争伟大实践,加强爱党爱国教育,引导新生坚定理想信念,厚植爱国情怀,发奋成长成才。

3. 开展形势政策教育,厚植爱国主义情怀

围绕当前国际形势打赢脱贫攻坚战等,通过年级大会等形式引导新生正确认识热点问题。以爱国主义教育为核心,加强马克思主义民族观、宗教观教育和少数民族学生教育管理,通过举办讲座、报告会等形式,加强新修订《北京市宗教事务条例》的宣传,引导新生抵御校园非法传教。

4. 宣传贯彻落实《新时代爱国主义实施纲要》,全面开展"使命在肩、奋斗有我"主题教育活动

通过主题班会、主题团日活动等形式,学习、宣传《新时代爱国主义实施纲要》,厚植学生爱国情怀,组织新生参加学校十一升旗仪式,进一步激发广大学生的责任感和使命感,教育引导学生以实际行动报党、报国。

(二)抓价值观念引领,大力培育践行社会主义核心价值观

1. 将社会主义核心价值观融入学生教育全过程

依托学院领导、知名教授等资源,将社会主义核心价值观融入讲座中,鼓励学生在大学期间要勇于尝试,练就和掌握过硬的专业基本知识与科技技能,积极向科研方向发展,要心怀远大梦想,脚踏实地,努力奋斗,为国家做出贡献。

坚持以文化人、以文育人,结合"诵读传经典、书香满邮苑"系列活动深入开展中华优秀传统文化教育。通过"诵读红色经典,勇担青春使命""唱响经典诗歌,领悟传统文化""品读线上书香,提升品性情操"和"激发健身热情,引领阅读风尚"等主题活动,培养学生"多读书、读好书、好读书"的良好习惯,提高学生的思想水平、政治觉悟、道德品质和文化素养,达到传承弘扬中华优秀传统文化,培育和践行社会主义核心价值观的活动目的。

强化实践育人、体育育人,引导学生全面发展,动员新生积极参与冬奥会服务保障、新时代文明实践中心建设及"双百行动计划"、红色"1+1"等活动。落实《关于全面加强和改进新时代学校体育工作的意见》有关要求,大力开展劳动教育和课余体育活动,引导学生德智体美劳全面发展。

深化网络育人,在新生教育中充分用好新媒体途径和平台,增强教育吸引力。

2. 开展爱校荣校教育,激发学生爱校荣校的自豪感和荣誉感

组织开展校史讲座,邀请学校德高望重的教师作为主讲人,使新生对北邮历史、信通行业发展有更直观的认识,有助于学生了解校情校史,营造爱校荣校的良好氛围,向优秀的前辈看齐,传承学校优秀基因,做一个有理想、有志向的青年大学生,为祖国的发展贡献力量。

3. 开展各类主题宣讲,发挥榜样引领作用

邀请校马克思主义学院专业教师,向本科新生进行"弘扬革命精神,抒发爱国情怀"主题宣

讲,普及党的历史,弘扬爱国精神,激励学生学习先辈精神,在生活或者学习中遇到困难不退缩,勇敢克服困难,超越自我,立志像革命先辈学习,报效祖国,引导新生树立正确价值导向,肩负起时代赋予的使命。

(三)抓学习生活适应,精准开展新生入学后帮扶指导工作

1. 加强心理健康教育,强化精准指导帮扶

新生入学后,应密切关注其心理状况,开展新生心理状况全覆盖式筛查,按照"一人一策""一人一组"做好心理咨询和辅导工作,提升危机预防与干预水平。

辅导员应组织新生积极参加心理素质拓展活动,在户外活动中放松身心,拉近彼此之间的距离,有助于其更好地适应大学生活。

组织新生参观心理咨询室,通过熟悉和了解学校心理素质教育中心的定位和作用,使学生在有需要的时候能够获得专业、温馨的心理咨询和辅导帮助,顺利、愉快地渡过大学生涯。

2. 加强学风建设,帮助新生尽快适应大学学习生活

组织开展"青春与价值对话"——学长、学姐交流会。邀请优秀的学长、学姐从不同角度出发,为学生全面、细致地介绍大学学习生活的方方面面,并根据自己的亲身体验,为学生提出详细的学习建议,引导本科新生完成角色转变,尽快适应大学学习生活。

加强学风道德建设,推进学业辅导,帮助新生适应大学学习模式,激发学习动力,提高学习能力。强化家校合作,引导家长参与育人全过程。

组织开展线下自习活动。本科新生以班级为单位进行线下集体自习活动,要求各班通过纸质签到的方式记录每次自习出勤情况,每次参与度至少为50%(需要拍摄照片进行记录)。自习活动有助于督促学生自主学习,引导本科新生形成良好的自律学习习惯。

3. 加强职业生涯规划,引导新生树立理想信念

在本科新生中开展"写一封信寄给四年后的自己"的活动,引导新生从大一开始做好职业生涯规划,更好地规划大学四年的学习和生活,引导新生树立理想信念。

(四)抓健康安全教育,严格落实常态化校园疫情防控要求

1. 教育、引导学生积极参与校园疫情防控工作

通过新生年级大会的形式,在辅导员的指导下进行疫情防控宣传教育,将校园常态化疫情防控要求、传染病防治和健康教育作为开学第一课重要内容,充分发挥学生自我教育、自我管理、自我服务作用,深化爱国卫生活动,引导新生养成良好卫生习惯,模范遵守防疫要求,主动参与校园疫情防控工作。

2. 加强垃圾分类宣传教育,开展"节约粮食、防止浪费"主题宣传教育

加强宣传教育,践行《北京市文明行为促进条例》,引导新生养成垃圾分类习惯,积极投身垃圾分类志愿服务,培养文明素质和环保理念,建设文明校园。通过各班召开主题团日活动,倡导光盘行动,厉行节俭、反对浪费,引导新生养成简约适度、文明绿色的餐饮理念和生活方式。开展以宿舍为单位的"光盘行动"打卡活动,引导学生珍惜粮食,从我做起。

3. 强化法制安全教育,为学生成长发展保驾护航

加强总体国家安全观以及网络安全、日常安全、生产安全、交通安全、财产安全、消防安全等宣传教育,开展《北京市保守国家秘密条例》学习宣传活动,组织反电信网络诈骗宣传活动,

开展"禁毒防艾"等各类主题教育活动,不断强化学生安全意识,提升防范能力。加强"校园贷"等不良网贷警示教育,强化网络法制和新媒体素养教育,组织新生参加线上防诈骗安全教育讲座,邀请当地派出所民警针对当前大学生群体防范意识差、辨识能力弱、应对水平低的现象,通过典型案例并结合从警实际经验,引导学生树立正确的消费观和金钱观,不贪图小利,理性消费。学习掌握安全知识,增强防范意识,了解身边常见的诈骗行为,增强辨识能力。

三、结语

新生入学是学生坚定理想信念、适应大学生活、树立发展目标的关键时期。构建"四位一体"的新生引航工程模式,完善"三全育人"工作体系,有助于学生在大学阶段开好局,起好步,扣好"人生第一粒扣子"。在具体实施的过程中,学校和学院要整合资源,形成工作合力,加强顶层设计,提前谋划,制定具体的实施细则,多措并举,确保新生教育落到实处、取得实效。

参 考 文 献

[1] 中共中央办公厅.关于在全党开展党史学习教育的通知[EB/OL].(2021-02-26)[2022-05-13].http://www.gov.cn/xinwen/2021/02/26/content_5588966.htm.

[2] 中共中央办公厅,国务院办公厅.新时代爱国主义教育实施纲要[EB/OL].(2019-11-12)[2022-07-17].http://www.gov.cn/zhengce/2019/11/12/content_5451352.htm.

[3] 中共中央办公厅,国务院办公厅.关于全面加强和改进新时代学校体育工作的意见[EB/OL].(2020-10-15)[2022-09-21].http://www.gov.cn/zhengce/2020/10/15/content_5551609.htm.

[4] 教育部.习近平总书记在清华大学建校110周年校庆日的讲话[EB/OL].(2021-04-19)[2022-10-13].http://www.moe.gov.cn/jyb_xwfb/xw_zt/moe_357/s7865/s8417/.

[5] 教育部.习近平总书记在全国教育大会的讲话[EB/OL].(2018-09-10)[2022-04-23].2018.https://edu.people.com.cn/GB/8216/421254.

[6] 新华社.习近平总书记在庆祝中国共产党成立100周年大会上的重要讲话[EB/OL].(2021-07-15)[2022-07-23].http://www.xinhuanet.com/politics/leaders/2021/07/15/c_1127658385.htm.

[7] 中共北京市委教育工作委员会.北京高校学生思想政治工作规划(2018-2022)[EB/OL].(2018-03-02)[2022-08-21].http://jw.beijing.gov.cn/xxgk/zfxxgkml/zfgkzcwj/zcqtwj/202205/t20220523_2718874.html.

[8] 中共北京市委教育工作委员会.北京市建设全国"三全育人"综合改革试点地区实施方案[EB/OL].(2019-05-21)[2022-09-18].http://jw.beijing.gov.cn/so/s?tab=all&siteCode=1100000152.html.

[9] 北京市人民代表大会常务委员会.北京市宗教事务条例[EB/OL].(2020-07-30)[2022-06-28].http://www.bjrd.gov.cn.

[10] 北京市人民代表大会常务委员会.北京市文明行为促进条例[EB/OL].(2020-04-24)[2022-06-29].http://www.bjrd.gov.cn.

[11] 北京市人民代表大会常务委员会.北京市保守国家秘密条例[EB/OL].(2021-10-1)[2022-07-13].http://www.bjrd.gov.cn.

奏响三部曲,推进做好"开学第一课"

学生工作部(处)　任增霞　尤雪尘

摘　要　本文以"开学第一课"为主题,从时代需要、学生需求、创新方式三个方面分析如何推进做好此项工作。结合开学第一课的时间节点特性,多元化的主体对象,从内容设计、方式途径、重点遵循等方面进一步总结归纳,形成了以思想引领为核心,以学生诉求为切入点,运用特色载体与展现形式推进做好"开学第一课"的理论与实践的经验。

关键词　"开学第一课";新生引航工程;三全育人;教学设计

"开学第一课"这个概念源于教育部和中央电视台共同推出的一档面向全国中小学生的节目。从2008年开始,教育部与中央电视台联合打造,在每年3月和9月新学期,面向全国中小学校园播放"开学第一课"的电视节目[1]。针对当年政策与形势选定节目内容,教育的时效性十分突出。

在《教育部2022年工作要点》中的加强和改进学校思想政治工作部分指出,要做好"开学第一课"等主题教育活动,加强校园文化建设[2];北京市委教育工作委员会推出了首都高校"新生引航工程",从思想引领、精神熏陶、成长服务三个方面入手,重点将大学入学教育抓到实处,为新生上好"开学第一课"[3]。

"开学第一课"作为大学特色文化的重要组分之一,是面向大学生开展思想政治教育和日常事务管理的"第一课",在构建"大思政"格局的教育背景下,"开学第一课"要以思想引领为核心要义,融合理想信念、立德修身、求知增能、校园生活等多方面内容,在学生成长过程中的多个"过渡期",引导学生树立正确的人生观和价值观,正确审视自我,找准人生定位,在以后的校园生活中更好、更快地成长。

提升"开学第一课"的质量与实效,要聚焦学生成长成才,坚持问题导向,饱含关切关怀和深情挚爱,结合新时代大学生特点和属性,以生动活泼的形式,围绕帮助学生顺利度过"过渡期"、开启新学期进行有效引导。近年来,各高校高度重视"开学第一课"教育教学工作,积累了很多优秀经验,并取得了一定成效。

本文在当前高校现有"开学第一课"典型工作和优秀经验基础上,围绕为做好新学期大学生思想政治教育和疫情防控常态化下的日常管理,使学生从假期状态快速调整到学习状态,使全体学生开好头、起好步。

一、奏响时代之音"旋律曲"

习近平总书记指出:"青年的价值取向决定了未来整个社会的价值取向,而青年又处在价值观形成和确立的时期,抓好这一时期的价值观养成十分重要。[1]"善于把握时代脉搏,找准切入点,深化思想引领。把时代不断发展变化的新理论、新要求、新形势、新发展、新热点等思政必要元素融入"开学第一课"中,不断丰富与充实教育内容。思想政治教育是贯穿育人工作始终的内容,高校学生虽经过世界观、人生观、价值观的初步建立,人生阅历相对不足,思想尚未完全成熟,对事物的判断能力有待加强。在开学第一时间进行思想动态调查,做好充分的背景调查,一方面了解学生的学习、生活、心理近况,另一方面帮助学校通过了解学生对时事热点的看法,判断学生的价值取向是否偏离正常轨道,以便及时进行积极引导,在充分了解学生思想动态的基础上,有的放矢、因地制宜、因势利导。

以建党百年、疫情话题、冬奥热点等不同主流话题为依托,将主流思想潜移默化地根植学生心中,给思政教育一个聚焦点,让学生更能理解,切实提高教育的实效性。例如,结合党史学习教育活动,特别是学习十九届六中全会精神和《中共中央关于党的百年奋斗重大成就和历史经验的决议》,关注正在召开的全国"两会",关注时事,关心政治,培养自己勇于开拓、勇于进取的精神;结合校园疫情防控工作,学习宣传弘扬伟大抗疫精神,深入挖掘、大力宣传校园疫情防控中的典型工作和动人事迹,上好疫情防控"思政大课",利用伟大抗疫精神引领学生、感召学生、激励学生,凝聚团结奋进力量,用好抗疫活教材,将科普工作、抗疫精神宣传、课堂与思政相结合,保障学生身心健康的同时进行价值引领,突出学校立德树人的根本任务。

二、奏响学生心声"共鸣曲"

以人为本的教育理念是做好"开学第一课"的基本遵循,了解学生,理解学生,解决学生诉求,掌握学情,都是提升教育效果的核心因素。根据受众对象的教育程度不同,开学第一课可以划分为两类,其一是面向新生的"新生第一课",其二是面向老生,我们也可以称之为"返校第一课"。在面向不同的受众时,针对受众群体不同的特点,"开学第一课"在内容设计上也有所不同、有所侧重,只有紧密贴合授课对象的成长成才需求,才能最大限度地让"开学第一课"的教育成效突显出来。

"新生第一课"(新生引航工程)包含的基本内容:坚定理想信念,树立远大理想;开展新生入学适应性教育;增强学校、专业认同,职业生涯规划前置,严把安全教育关,保障生命财产安全等。

"返校第一课"包含如下基本内容。

二、三年级非毕业生:广泛开展思想动态调查,针对性地进行思想引领;深化自治、共治意识,提升自我教育能力;结合学生个性化发展差异,进行职业生涯规划调整等。

毕业生:加强使命担当,厚植爱校荣校之心,激发报国建国之志;形成有效就业指导思路,全面提升毕业生综合就业能力,强化综合毕业素质培养意识;做好毕业生感恩、诚信、文明、安全教育等。

在全面构建"大思政"格局的新时代教育背景下,大学生思想政治教育重在推进全员、全过程、全方位育人,"开学第一课"作为大学生思想政治教育中基础的、重要的、不可或缺的一环,同样需要构建开学第一课育人共同体,需要多方力量协同开展,面对不同授课主体的教育重点,所需要或是所适用的教育方式途径也各不相同。

高校党政领导干部、优秀师生代表为授课主体,一般是以全体学生为教育主体,以价值观教育为主要目的,对此授课的关键词是"仪式感"。

专业任课教师以及学业班主任为授课主体,主要承担的工作是帮助广大学生增强专业认同感,充分激发学生的学业兴趣,培养学生研究、创新能力。

高校学生工作队伍为授课主体,主要指负责学生思想政治教育工作的学生工作部、研究生工作部、校团委等职能部门以及辅导员队伍。其中,学工部、研工部、校团委等职能部门在"开学第一课"中主要负责构建丰富、系统的系列主题教育活动,多以组织多样化的校园文化活动的形式构建完善的校园文化体系,让广大学生在系列主题教育活动中寓教于乐,感受校园文化,在潜移默化中加强思想引领。而辅导员队伍作为与学生联系最为紧密的教育者,需要将"开学第一课"中的精神内涵以各种方式传达给学生,包括走访宿舍、团日活动、支部会议、主题班会等,将思想引领、安全教育、学风建设、心理健康教育、适应性教育、政策讲解等内容系统化的根植学生心中,从而提升"开学第一课"的教育实效。

高校其他职能部门人员为授课主体,要构建"开学第一课"的协同育人机制,学校的其他职能部门缺一不可,需要通过贴心、暖心、知心的管理服务育人方式,在平时的工作服务中尽可能地创造各种环境和条件提升学生在学校中的学习生活体验,不断提升育人成效。

三、奏响特色方法"交响曲"

"开学第一课"的教学设计至关重要,需要综合考虑多方面因素,做好规划和运筹,做到既高屋建瓴,又切实可行,具有较好的可操作性,切忌空泛和不切实际。

要丰富教育内容,建立完备的"开学第一课"育人体系。坚持以立德树人为根本,将思想政治教育作为"开学第一课"的主线任务,将生涯规划、校园安全、心理健康、学风建设等各方面内容融入其中,同时结合时代背景和时代精神,不断补充完善"开学第一课"的教育内容,帮助广大学生尽快融入高校教育生活。

要加强分层指导,提升"开学第一课"育人成效。既要做好面向全体学生的宏观教育,也要注意对学生进行分类指导,精准思政,提升育人实效。要结合不同年级学生的特点和需求,开展重点不同的"开学第一课"教育;要重视学生开学前的思想动态调查,做好充分的背景了解工作,对于存在疑惑、困难的学生重点关注,认真辅导,解决问题;要关注少数民族学生、家庭贫困学生等特殊群体,做好细心引导、精准帮助,让学生真正感到党和学校的温暖。

要与时俱进,创新"开学第一课"的载体形式。要结合当前"00后"大学生的特点,采用新技术、新形势、新载体开展育人工作。在新时代教育背景下,充分利用大数据、互联网技术,拓展思政育人平台,让思政和网络碰撞出新时代教育的火花;重视实践育人,充分利用军训、实践活动,将"开学第一课"融入其中,提升教育效果;加强校园文化建设,注重将爱国教育与弘扬高校精神结合起来,与新时代背景下赋予高校校训新的精神内涵结合起来,充分激发学生爱校荣校情怀,传承学校精神,增强使命担当。

要全员加入形成"开学第一课"协同机制。要积极动员,形成党政领导、教授名师、学工干部、职能部门、优秀校友等都参与到"开学第一课"育人工作中的生动局面,推动三全育人大思政格局的构建。充分利用各方资源,建立"开学第一课"的共同体关系。

充分认识到"开学第一课"工作的重要性,它是在特殊节点开展的教育活动,具备独特的形式与展现方式,在开展"开学第一课"的过程中,要精心规划和计划,善于把握时代脉搏和学生内在需求,强化统筹资源、机制建设、精细服务、精准实施,在"谋好篇、布好局,开好头、起好步"上狠下功夫,最大化发掘育人潜力,凝聚育人合力,形成"开学第一课"协同育人机制,为学生思想教育、管理、服务等工作开展奠定稳固基础。

参 考 文 献

[1] 史光明,张艳阳,陈凯,等.课程思政视角下"开学第一课"教学设计探讨.科教导刊,2021,(12).

[2] 教育部.教育部2021年工作要点[J].中国教育网络.2021(Z1).

[3] 中共北京市委教育工作委员会课题组,于海,赵国伟,等.上好开学第一课——首都高校新生入学教育的实践与思考[J].前线,2013(12):187-189.

[4] 习近平.在北京大学师生座谈会上的讲话[EB/OL].(2018-05-03)[2022-09-13].http://edu.people.com.cn.

[5] 马春蓉.精神疾病:21世纪的流行病?[J]中国社会导刊,2006(18).

[6] 傅晓荟,李丽萍.大学生自杀态度与抑郁情况研究[J].中国健康心理学杂志,2007,15(1).

[7] 姚晓茹.大学生抑郁现象透析[J].辽宁师专学报(社会科学版),2007(3):64.

[8] 丁云.推动党史学习教育常态化长效化[EB/OL].(2022-02-22)[2022-09-23].http://theory.people.com.cn.

新时代高校国旗护卫队创新性建设与育人实践

武装部　魏嘉利

摘　要　高校大学生国旗护卫队作为当今校园弘扬爱国主义精神、传播优秀中华文化的载体,是创新性开展国防教育的重要力量,是国家实施"全民国防"的有力抓手。本文通过笔者实际的带队经历,分析高校国旗护卫队发展过程中存在的问题,总结建队经验,厘清育人目标,进而探索高校国旗护卫队建设及在国防育人方面的可行性做法。

关键词　高校;国旗护卫队;国防教育

一、前言

2019年,中共中央、国务院印发了《新时代爱国主义教育实施纲要》,明确指出"要注重运用仪式礼仪,认真贯彻执行国旗法、国徽法、国歌法,学习宣传基本知识和国旗升挂、国徽使用、国歌奏唱礼仪,要求在全社会广泛开展同升国旗、同唱国歌活动,让人们充分表达爱国情感,这无疑对强化国家意识与集体观念起到了重要的作用"[1]。2020年10月17日,中华人民共和国第十三届全国人民代表大会常务委员会第二十二次会议通过《全国人民代表大会常务委员会关于修改〈中华人民共和国国旗法〉的决定》,新修正的《中华人民共和国国旗法》自2021年1月1日起施行,其中第六条规定:"学校除寒、暑假和休息日外,应当每日升挂国旗";第十四条规定:"学校除假期外,每周举行一次升旗仪式";第二十一条规定:"国旗应当作为爱国主义教育的重要内容"[2]。由此可见,在高等院校内升挂国旗,举行升旗仪式,是法律赋予我们每一位公民应尽的义务,是履行新时代爱国主义教育的主要依托。

近年来,许多高校成立了以在校生为主体的国旗护卫队。他们日渐成为各高校推进国防教育、思想政治教育与爱国主义教育的鲜活载体和有效途径[3]。本文即在具体实践的基础上,以北京邮电大学国旗护卫队为例,概述我校国旗护卫队的发展现况,分析其中存在的问题,剖析原因,提出破解路径,以对高校国旗护卫队的发展起到镜鉴作用。

二、高校国旗护卫队发展存在的问题

我校国旗护卫队自2017年建队以来,认真履行任务职责,每周执行两校区日常升旗任务,并在重大典礼、纪念日举行升旗仪式。良好的表现得到了校内师生以及校外同行的普遍认可。但笔者通过担任国旗护卫队指导老师两年多的实践发现,大学生国旗护卫队在建设过程中仍然存在着一些问题,阻碍了队伍的长期稳定发展,影响了其育人作用的发挥。

(一) 在队伍建设层面:组织体系不完善,团队建设有缺失

1. 组织体系粗放,职责分工不明缺

我校国旗护卫队是在校党委武装部和团委的共同指导下逐渐发展、壮大,属于功能型社团。目前,社团设有队长1名,副队长2名,其余均为普通队员。因此,在职能划分以及工作分配时,相关工作全都压给3位队长,日常训练、升旗以及开展活动都是由队长们负责组织实施,队员们只充当了参与者。工作分配不均衡,导致骨干成员花费了大量的时间和精力在社团工作中,工作压力大。普通队员由于参与度不够,积极性逐渐消失。双方都感觉到,现实与自己最初加入国旗护卫队时候的初衷和向往渐行渐远。

2. 文化生活匮乏,团队凝聚力弱

目前,国旗护卫队日常活动的主要精力放在了日常训练和执行升旗任务上,队员彼此间交流少。即使有交流,内容也都局限在队列素质的提高上。这样一来,造成队员彼此间缺乏了解,难以形成默契。国旗护卫队作为一个担负着特殊任务使命,并且在校内的显示度和出勤率都非常高的学生社团,没有展现出应有的凝聚力,也没有彰显出自己的风格。

(二) 在队员发展层面:思想认识有偏差,业务素质能力弱

1. 思想认识狭隘,内生动力不足

目前,各高校普遍把身高、外在形象作为选拔国旗护卫队队员的标准,忽略了对其内生动力的考查。然而,目前"00后"的大学生普遍存在着爱国主义教育缺失的现象。他们对于国旗护卫队的认知主要来自对天安门三军仪仗队的直观感受。仪仗队员们高大、帅气,受万众瞩目,是镁光灯下的焦点。然而,很少有人认识到三军仪仗队的队员们首先是军人,军人就要履行军人的职责和使命。在每一位仪仗兵威武、光鲜的背后,是他们艰辛的训练、默默的付出。狭隘的认识使大学生队员认为国旗护卫队就是执行升降旗和日常训练,不用承担其他国防教育职能。因此,队员们就是为了升旗而升旗,不愿接受国防教育,不愿承担国防宣传职能。

2. 业务素质一般,缺乏训练积极性

目前,队员们的基本队列素质主要是依靠军训期间的强化训练来达到效果。在军训期间,绝大多数队员们都能够做到刻苦训练,使自己的技术动作初见成效。但是在军训过后的日常训练中,长时间枯燥的队列训练让部分队员心生厌倦,甚至产生一定的抵触情绪,导致训练效果差,基本处在对现有技术动作反复熟悉中。此外,大多数队员对军事素质训练的认识较狭隘,忽视最基本的体能训练和力量训练,导致其在训练过程中,动作不到位,绵软无力。

3. 作风素质养成差,场上场下两个样

"00后"的大学生个性化突出,喜欢彰显自己的风格。这与军人标准统一、一丝不苟、雷厉风行的作风要求形成了鲜明的对比。在训练场上,经过短期强化训练的队员们穿上军礼服,走在队列里也是威风凛凛、英姿飒爽。但在训练场下,由于自身思想认识不到位,加上没有养成好的习惯,不经意间流露出很多坏习惯和毛病,穿着军礼服出各种洋相的情况屡见不鲜,成了名副其实的升旗"模特队"。

三、国旗护卫队建设与育人实践

(一) 完善体系架构,增强队伍凝聚力,全方位培养队员

1. 完善培养体系,细化组织构架

按照每个年级学生的特点,综合考虑学生的学习任务、心理需求等因素,将国旗护卫队划分为四个梯队进行培养。第一梯队为预备队,由大一新生组成,主要任务是接受国防教育,锻炼身体素质;第二梯队为主力军,由大二学生组成,主要任务是执行各类升旗仪式,以及重大活动、典礼时的擎旗、护旗任务,组织开展国防教育宣传等活动;第三梯队由大三队员组成,作为备选方案,主要执行人数较少的升旗任务。此外,国旗护卫队还组建教练员梯队,从各年级国护骨干中选拔产生,负责新队员的选拔、教育、训练、考核等。在现有人员配置的基础上,综合考虑国旗护卫队肩负的任务职能,细化队伍的职能分工。通过设置作训部、思政教育部、后勤保障部、宣传外联部,让更多的队员参与到队伍建设发展中,充分发挥其主观能动性,为国旗护卫队的日常训练、执行任务、比赛、宣传等提供服务保障。

2. 传承国护精神,丰富文化生活,塑造国旗护卫队品牌效应

以队徽、队旗为主题,定制国旗护卫队专属队徽、体能训练服,制作PPT模版,设计开发有国旗护卫队特色的文创产品,打造品牌效应;在遵守疫情防控要求的情况下,组织郊游、爬山、远足等活动;组织参观纪念馆、博物馆、爱国主义教育基地等,开展沉浸式的爱国主义教育活动。每年9月,举行北京邮电大学国国旗护卫队老队员退队暨新队员入队仪式。新老队长通过指挥刀的交接,昭示着国旗护卫队责任与使命的传承。丰富多彩的文化活动增加了队员彼此间的交流,使大家更好地融入国旗护卫队大家庭。

(二) 注重思想引领,加强政治学习,发挥育人成效

1. 完善选拔机制,从源头进行思想政治考查

在新队员的招募条件中明确增加对思想政治素养的考查,积极鼓励热爱国防、愿意接受磨炼的学生踊跃报名。对提交报名材料的学生,主动向其所在班级的辅导员老师了解其日常表现、行为习惯、责任心以及道德品质等。对于反馈好的,作为重点考查对象;对于反馈不好的、有劣迹的直接拒绝。此外,增加国防基础知识测验,对学生的国防知识储备进行考查,拒绝成绩差的或者答案比较离谱的学生入队。

2. 以弘扬爱国主义为主题,开展国防教育宣传活动

大学生国旗护卫队是高校开展爱国主义教育的主力军,国旗护卫队的队员们在国庆节、国家安全教育日、"9.3"抗战胜利日等重大典礼、纪念日,通过举行升旗仪式,弘扬爱国主义精神;在"军歌嘹亮""艺馨杯"等校内爱国主义教育专题活动中,执行升旗、擎旗任务,传承红色基因;在国防教育宣传月,联合"戎归邮子"社团、国防教育协会,开展各类国防教育宣讲活动,传播正能量。此外,国旗护卫队每周开展一次以学习旗帜知识为主题的队日活动,围绕党旗、国旗、军旗、团旗以及北京邮电大学校旗,开展爱国主义教育及国防知识学习,并将知识传播给身边的人,让更多的学生接触、了解国防,提高学生的综合国防素质。

(三)苦练业务本领,狠抓纪律作风,塑造"校园军人"形象

1. 制定完备的训练计划,增加训练强度

以军事体育训练为基准,通过设置训练科目,细化训练内容,制定考核标准,制定国旗护卫队日常训练计划。根据《军事体育训练大纲》和全军统编的《军事体育训练教材》,从基础体能训练、实用技能训练、综合应用训练,制定训练计划,锻炼队员们的基本身体素质;以《中国人民解放军队列条令》为基准,制定单个军人队列动作训练计划,提升队员们军人的气质;以中国人民解放军三军仪仗队为标准,进行升旗展示动作训练,提升整个团队的精神面貌。

2. 制定工作日历,明确考核机制,全年工作制度化

于每年年初制定"国旗护卫队工作日历",明确本年度需要执行的升旗任务和计划开展的爱国主义教育活动。于每年年底编著"北京邮电大学国旗护卫队大事记年表",对全年工作进行总结。采取积分制,从训练、执行任务、参加国防教育宣传等方面,对队员们全年表现进行量化考核。量化考核一方面可以激发当代年轻人比、学、赶、超的激情,提高训练的积极性;另一方面可以增强队员们的团队合作意识,强化团队合作理念。此外,设置"体能训练标兵""队列训练标兵""全勤标兵"等荣誉称号,对表现优异的队员进行奖励,通过颁发奖励证书和奖章,激发队员们额荣誉感,使队员们更好地感受部队的训练氛围,增强军事化训练的代入感。

3. 明确行为规范,严肃作风纪律,培养军人作风

穿上军礼服的国旗护卫队的队员就是行走在校园中的"军人"。校园既是展现自我的舞台,也是检验自己的"演兵场"。因此,每一位国护队员的言谈举止、行为规范都要符合军人的标准。首先,按照《中国人民解放军内务条令》中的相关要求对队员们的外在形象进行统一;其次,制定《国旗护卫队着装规定》,明确军礼服、体能训练服、日常训练服等各类服装的着装场合以及着装要求;最后,按照《中国人民解放军纪律条令》对队员们的日常行为进行规范。从着装到行动,从场上到场下,用制度规范每一个细节,让队员们时刻接受良好作风纪律的熏陶,使队员们无时无刻不体现着军人的作风。

四、总结

对我校而言,国旗护卫队建设尚处在初期,发展过程中存在着一些问题,面临着一些困难。国旗护卫队要切实发挥其在国防教育中的先行作用,就要明确自身在国防教育中的职责、定位,将育人目标与学校"立德树人"的根本目标相契合;要以现代化军队建设发展为准绳,让体系构架更加科学化,管理训练更加军事化,工作运行更加制度化;要增强队员们的国防意识和国防责任,培养国护情怀,维护国护形象,宣传国护精神。由于各高校具体情况不同,国旗护卫队建设具有各自的特点,因此本文的分析和研究难免存在局限性,仅供参考和借鉴。

参 考 文 献

[1] 本书编写组.《新时代爱国主义教育实施纲要》学习读本[M].北京:人民出版社,2020.
[2] 中国法制出版社.《中华人民共和国国旗法》(最新修订)[Z].北京:中国法制出版社,2020.
[3] 教育部思想政治工作司.高校校园文化建设理论与实践[M].北京:中国言实出版社,2008,5(13).

网络新媒体下大学生思政工作的探究及路径

信息与通信工程学院　宋　飞

摘　要　本文分析了当下网络新媒体相较于传统媒体而具备的新特点以及网络新媒体下大学生思政工作遵循的原则,并分析了网络新媒体对大学生思政工作带来的机遇和挑战,最后结合网络新媒体的新形势和新环境,提出了对做好大学生思想政治工作的建议。

关键词　网络新媒体;大学生思政;探究;路径

随着网络新媒体技术的发展,新媒体平台逐步成为高校传播信息、引导舆论的重要工具,高校大学生思政教育工作的阵地也逐步转移。高校思政工作要敢于创新,既要紧跟时代步伐融入时代特色,又要激发大学生个人能力的培养,帮助学生树立正确的三观,将学生培养成各方面发展的新时代青年。互联网具有快速传播、方便、自由等特点,推动青年在互联网生活中成为重要的参与者。2021年,在对信息与通信工程学院的1 112名大一到大四的大学生进行抽样调查中,高校大学生除上课及自习以外,其他时间占用比为玩手机占23.85%,看视频等占17.52%,玩游戏占15.95%,文体活动占10.89%,学生工作占10.77%,公益活动或社会工作占8.43%。高校学生除上课及自习以外,在网络上的时间占了很大的精力。大学思政教育如何通过新的互联网媒体的快速变化而发展成为新命题。

一、网络新媒体的特点

相对于传统媒体的概念,互联网新媒体概念的产生较复杂。新媒体有广义和狭义之分。广义上,是指网络媒体、手机媒体、数字电视等传统媒体后期发展起来的新媒体形式,如报纸、杂志、广播、电视等;狭义上,是指自通过网络,个性化、大众化的传递信息的自媒体。新媒体宣传的平台也是具有发展性,从开始的论坛BBS到贴吧,再到微博、微信,以及现在的直播和短视频等。

(一)新媒体的开放性

新媒体的信息发布者可以随时随地在新媒体平台发布信息。除了学校官方平台,很多学院、学生组织、年级、班级甚至是学生个人,都具备发布信息的资格。这些具有发布信息资格的组织和个人,在发布的信息上具有不确定性。这种不确定性是由信息发布个体引发的,因为信息中可能带有不准确的消息,负面的情绪等,这可能对思政工作中起到了消极影响。

(二)新媒体的时效性和传播性

新媒体随着网络快速发展,时效性和传播性均快速发展。信息接收者除了通过传统媒介,还可以通过高速发展的网络获取信息。中国互联网络信息中心(CNNIC)发布第49次《中国互联网络发展状况统计报告》显示,截至2021年12月,我国网民规模达10.32亿,较2020年12月增长4 296万,互联网普及率达73.0%[1]。新媒体的发展,影响着我们高校学生的学习和生活,他们获取信息的渠道很大程度上是通过网络。新媒体的发布者能及时发布信息,并且信息能扩张性的形式进行传播。在大学生思政教育方面,它可以把握学生关注的热点,有力地推动了大学生的思政教育。但是,如果被负面的情绪及错误的舆论影响之后,再想进行正确的教育引导,是很困难的。

(三)新媒体平台的发展性

新媒体的平台是变化的、发展的,不是一成不变的。大到论坛BBS、贴吧、微博、知乎,小到微信、B站、抖音等,新媒介平台在不断地扩展,也在不断地改变,这给大学生的思政教育带来了一定的困难。但是,新媒体发布的信息种类包括文字、音频、图片、视频,只要利用好,仍能起到很好的效果。

二、网络新媒体下大学生思政工作的原则

(一)思政工作的及时性

网络新媒体思政工作要及时。传统的教学模式已经不能应对当代的变化,对于新信息、新思想,思政工作想要做到引领学生发展,就要利用及时性对学生关注的热点进行解答、分析和学习,才能充分发挥网络新媒体的优势。

(二)思政工作的互动性

网络新媒体具有互动性,学生可以通过不同的平台表达看法和抒发感受,同时也能使老师及时了解到学生关注的热点。作为学校官方新媒体的平台,能做到及时回复学生,具有良好的互动性。思政工作从课堂上到学生的日常生活,可以潜移默化地影响其思想政治工作的开展。

(三)思政工作的坚持性

网络新媒体平台虽然具有不断发展的特性,但是对于思政工作则需要不断地坚持。在当代复杂的国际背景下和互联网环境的冲击下,只有持续、长久的引导,思政工作才能到达一定的效果。

三、网络新媒体下思政工作的机遇与挑战

(一)网络新媒体下思政工作的机遇

从课堂上到日常生活,思政工作可以潜移默化地影响思想政治工作的开展。当代大学生

思政工作已经不仅仅局限于传统的授课以及讲座,新媒体技术的运用能够给学生带来更多的沟通和体验。网络新媒体的应用突破了时间和地理的限制,可以促进更多的交流。

(二)网络新媒体下思政工作的挑战

网络新媒体下,教师和学校的主体位置受到了挑战。传统授课方式的模式已经转变,学生不再是被动接收者,在获取新知识的过程中,而是传播的主体。例如,北京邮电大学毕业的何同学,从2017年到2022年6月,其在B站上拥有约950万的粉丝。另外,信息技术的发展带来了思政环境的复杂多样性。以前学生只关心读书,当代学生能自由地接收信息并获取信息,甚至创造信息。

四、网络新媒体下如何做好大学生思政工作

(一)建立健全思政队伍保障机制

高校应建立健全网络思政队伍及其保障机制。首先,应充分发挥网络新媒体的优势,结合当下热点,建立微博、微信、贴吧、论坛、短视频平台等官方公众平台,并进行管理。其次,将与学生相关的资讯进行整合,培养学生的运用方式,使思政工作日常化,为学生的思想政治建设保驾护航。在此基础上,建立有效的媒介联盟,将思政工作进行集成,以获得教育资源方式获取渠道、传播信息,使教育内容更新颖、更丰富。此外,北京邮电大学建立了学工系统,学生的评奖评优、困难生申请、基本信息等都能在线上完成,学生参加的活动也通过第二课堂平台进行记录。同时,学校成立多个辅导员工作室,多渠道地健全思政团队。

(二)深入网络新媒体下思政工作,使其进实验室、课堂、宿舍

高校应将思政工作深入学生日常学习、生活中,将网络新媒体的应用落实到学生真正关心的事情上,深入实验室、课堂、宿舍。辅导员与导师共同建立大学生思想教育工作计划,将思政工作落实到每名学生。

(三)利用多种网络新媒体平台,多渠道、多方位进行思政工作

当代网络新媒体发展迅速,学生获取信息、进行沟通的平台也有很多。这些传播平台通过文字、音频、图片、视频等传播信息,可以多渠道、多方位对学生进行思政教育。北京邮电大学经济管理学院康晓老师建立了个人抖音账号,通过短视频将学生们遇到的困难进行讲解,受到师生的好评。

(四)充分调动学生积极性,开展学生喜闻乐见的思政活动

要将思政工作深入学生喜闻乐见的活动中,在活动中体现教育。将优秀学生作为主体,传播正能量,发挥良好带头作用。结合网络新媒体,在活动中不断培养学生群体的用户习惯,将获取信息的渠道转变为学校官方账号。同时,让优秀的学生带动其他学生参加活动。

(五)树立优秀典范,带动学生关注思政工作

树立优秀的思政典范。优秀的教师、辅导员、学生将新媒体思政工作模式化,让思政工作

有迹可循,让其他思政工作者可以向优秀典范学习。同时,也可以在学生群体中树立优秀、典范的形象,起到更好的宣传作用。例如,2020年,北京邮电大学在北邮青年微信公众平台推送了28位北邮青年,包括10名北邮教师、5名北邮校友、13名学生,在师生范围内取得了非常好的反响。

五、小结

网络新媒体下的思政工作充满了机遇与挑战。思政工作的成果不是一蹴而就的,是经年累月不断积累的。做好思政工作,需要有章可循、有法可依,需要高校自上而下的重视,并建立完善的制度及机制。思政工作者要认识到网络新媒体下思政工作的重要性,不断完善自己,提高自身能力,紧跟时代步伐,切实深入学生群体中,真正做到"三全育人"。

参 考 文 献

[1] 中国互联网络信息中心.第49次中国互联网络发展状况统计报告:中国互联网络信息中心[EB/OL].(2022-02-25)[2022-06-28].http://www.cnnic.net.cn/hlwfzyj/hlwxzbg/hlwtjbg/202202/t2022022571727.htm,2022-02.

大数据时代精准思政的作用机理与发展路径研究

经济管理学院 宋 娟

摘 要 随着大数据时代翩然而至,数据作为一种新型要素已经成为当前社会运转和价值创造的重要资源,并且正在以前所未有的态势深度影响着人类社会,作为社会子系统的高校思想政治教育借力数据要素实现精准发展也自是大势所趋。精准思政既是大数据时代的吁求,亦是思政教育内构力跃升的自我驱动。本文系统分析了数据要素赋能精准思政的作用机理,并从教育主体、客体、介体、环体等方面对精准思政的创新发展提出了策略建议。

关键词 大数据;精准思政;作用机理;创新发展

习近平总书记在2016年全国高校思想政治工作会议上强调指出,"要推动思想政治教育的传统优势同信息技术深度融合";2018年,教育部印发《教育信息化2.0行动计划》,提出"要全面深化教育大数据应用";2020年,教育部思想政治工作司明确提出"实施精准思政"[1]。所谓精准思政,是指基于大数据等前沿技术,依托于精准化思维引领,实现思想政治教育的精准育人。精准思政是技术优势与教育实践的深度互嵌,是思想政治教育从"大水漫灌"到"精准滴灌"的规律性发展必然。本文旨在通过对大数据时代精准思政的作用机理和路径研究,以期充分挖掘数据要素红利助力精准思政创新发展。

一、大数据时代精准思政的特点诠释

精准思政是大数据时代高校思想政治教育工作的新理念和新模式,充分运用数据要素赋能精准思政可以使之更具时效性、针对性和科学性。

(一)服务育人更具时效性

传统思想政治教育模式下,受限于教育主体的时间和精力,往往对教育客体无法即时全面认知,教育管理稍显滞后。大数据时代的精准思政依托于不断增强的高校信息采集能力,获取教育信息更加及时准确,通过全口径采集各项数据,构建高质量的基础数据库,实时更新、随用随取,可以有效突破传统思想政治教育的时空窠臼,减少重复冗余的数据处理、节约数据搜寻的时间成本,全面提升服务育人的时效性。

(二)聚类分析更具针对性

当前思政工作中教育主体对于共性问题的处理相对得心应手,重难点主要在于特殊人群的及时发现和特殊问题的有效化解,精准思政的实施正是这一现状的破冰之举。教育主体可以通过对数据要素的全面解析,完成教育客体的全样本画像,绘制其行动轨迹,跟进其趋势变化,实现教育供需的精准匹配。例如,通过学生食堂用餐消费额度识别经济困难群体,通过课堂出勤率排查学生学习状态,通过宿舍出入数据发现晚归学生个体,有助于实现人群聚类、个体聚焦,有效增强思想政治教育工作的针对性。

(三)效果评估更具科学性

相比于过去传统的经验式管理,精准思政以数据为量化支撑可以实现对个体全周期的科学评估,避免过分依赖经验判断而造成认知偏差,数据要素的客观性能对教育主体的主观性形成有效对冲。教育数据的动态化反馈,有助于信息查漏补缺,充分把握学情,提供预警管理。教育数据的规律性提取,有助于科学预测趋势,掌握教育先机,工作节点前移。教育数据的关联性分析,有助于提高教育效果评估的科学性。

二、数据要素赋能精准思政的作用机理

大数据时代孕育了精准思政的技术土壤,通过基础数据的采集实现教育要素可共享、教育主体可联动,通过行为数据的解析实现教育环节可追溯、教育个体可跟进,通过资源数据的运用可以实现教育方案可定制、教育效果可评估,由此构建出数据要素驱动精准思政的有效范式。

(一)基础数据赋能精准管理

基于大数据时代背景,基础数据的生成更具主动性和自觉性,数据从拟态升级为实时,真实度和可靠性明显增强。基础数据作为一种生产要素,对于提高价值转化率具有很强的乘数效应,运用于思想政治工作领域后可以成为推动精准思政的"加速器"。

一方面,通过充分挖掘基础数据的信息延展性,有效突破精准思政实施过程中教育主客体之间的信息不对称,教育主体的信息源从过去的碎片印象到数据化的全景辐射,数据化的现象和行为有助于解读教育客体需求,从而使教育者的主观经验和客观量化指标有效结合,让教育者在见人见事之前即能心中有"数"。另一方面,将基础数据转化为高质量的信源,将单线式的信息来源转变为多元化的数据聚合,对可能性问题有效事前判断,对规律性问题及早把握趋势,实现超前研判和提前布局,推动管理关口进一步前移,进而缩短工作线程,使过程管理更加扁平化,为精准思政的管理控制提供运行保障,实现精准管理。

(二)行为数据赋能精准定位

在智慧校园的生活过程中,学生在一定程度上让渡着自己的行为数据信息,学生数据可以实时追溯,数据变化能够动态掌握,效果评估也更加有据可依。行为数据的价值核心在于分析,将静态数据实现动态关联,捕捉相关要素,获取兴趣偏好,从而有效实现供需匹配,这对于精准思政中个性化教育理念的贯通无疑是雪中送炭。

在精准思政的推进过程中,教育主体通过长期跟进学生行为数据链可以描绘其发展曲线,及时掌握教育客体的日常行为特点,缩小教育主客体之间的信息差,有效提升思政工作的效度和信度。在此基础上,教育主体还可以进一步将行为数据所蕴含的价值有效关联,解读相关

性、挖掘规律性,将潜隐的学生特征显性化、将分散的群体特性聚类化,有效识别出重点人群、重点领域、重点任务,了解学生思想嬗变,关照学生情感波动,优化思政资源配置,及时掌握教育客体的个性化需求,实现精准定位。

(三) 资源数据赋能精准施策

当前,高校实施精准思政的一大瓶颈在于只见数据不见价值,没有充分挖掘出数据要素的育人功能。事实上,教育主客体长期积累的教育数纹,经过存储、加工和运用可以成为一种优质的育人资源,既能实现数据价值的增值,又能有效打通精准思政的"最后一公里"。

精准思政借助资源数据可以开展诊断性推理[2],进行育人模式设计,优选思政育人实施方案,靶向施策;方案实施周期内对资源数据的全程检测,可以用于横纵向比对并科学评价出育人效果;以资源数据为基础构建一体化智能数据平台,将数据理性融入思想政治教育,从理想信念、价值塑造、知识传授和能力培养等多方面实现学生多维智能评价,推动思想政治教育的智慧化。有了资源数据的加持,育人效果的跟进更加长期可持续,借此进一步优化育人体系,实现精准施策。

三、大数据时代精准思政的发展路径

高校虽然掌握着大量学生数据,但数据红利尚未充分惠及思政教育,因此要进一步强化数据要素对精准思政的赋能作用,从教育主体、客体、介体、环体全方位推进其创新发展。

(一) 教育主体:聚焦教育规律,根植数据思维

美国学者维克托·迈尔-舍恩伯格曾在其大数据研究的先河之作中提到:"大数据时代将要释放出的巨大价值使得我们选择大数据的理念和方法不再是一种权衡,而是通往未来的必然改变"[3]。数字化时代的时空场域里,高校思想政治教育也迫切需要因时而变,把握思政教育与大数据融合发展趋势,培育教育主体以数据思维为导引,通过数据要素获得教育客体的行为"镜像",使之成为实现精准思政的最大增量。

首先,高校要加强理念培育,顺应思想政治教育精准化变革的大潮,引导教育主体根植数据要素思维、提升数据治理能力,在思政工作中敢用、想用大数据分析问题,推动教育理论、教育实践与前沿技术深度融合,实现分类指导,因材施教。其次,要强化队伍建设,探寻教育主体与数据价值的融通路径,构建思政技术双结合的育人团队,敏锐捕捉数据价值,增强数据应用能力,助力教育主体能善用、常用大数据增强说理的力度和效度,充分发挥好教育主体的能动性,成为数据要素赋能精准思政的引领者。

(二) 教育客体:聚焦成长规律,培育数据素养

当前大学校园中"00后"的成长历程与我国互联网的飞速发展恰存时间上的耦合性,大学生们自然而然的日益置身于一种"数字化"的生存状态,通过教育主客体在数据空间上的共通共融来推动精准思政已是发展必然,因此,对于教育客体数据素养的科学培育也更显其必要性。

教育客体提供的多、广、深的信息资源可以成为有效的思政工作素材,助力教育主体充分考量现实境遇,实现价值契合,但海量数据往往使发现行为规律的复杂性程度变高,要引导学

生成为科学数据的提供者和受益者。同时,要关注自媒体时代网络主体鱼龙混杂带来的教育困境,教育客体往往极易受到社会思潮特别是网络快销高热眼球信息的影响,因此要充分把握教育对象思维的易变性,加强网络意识形态治理,清朗数据空间,避免学生在虚拟世界里精神迷失,以积极理性的数据文化濡染出多维互动的精准思政育人格局。

(三)教育介体:聚焦实践要求,创新联动机制

精准思政通过数据效能实现蓄势跨越是一项复杂的系统工程,需要学生工作部门、教学科研部门、管理服务部门、信息技术中心等多维介体共同构筑起精准思政的坚实后盾。大数据时代介体之间的链接逐渐从传统线下模式向线上载体延展,需要创新联动机制凝聚多元育人介体协同开展数据教育实践。

在高校教育管理服务过程中,要进一步加强思政一体化大数据平台的建设,面向各类教育介体进行全时空数据抓取、多源异构数据处理、协同应用平台建设,汇聚介体合力扫清信息盲点,有效构建信息闭环,加大精准思政数据化产品的有效应用,为三全育人突破时空场域提供更加科学的实践路径。在操作层面强化协同联动效应,打破各主体、各部门之间的数据壁垒,走出信息孤岛,消弭信息鸿沟,加强数据整合,实现数据延展,将颗颗散落的数据"珍珠"串联成更具含金量的华美"项链"。

(四)教育环体:聚焦任务要求,加强顶层设计

新时代标定了高校思想政治教育的新方位,精准思政正是因事而化、因时而进、因势而新的生动呈现,也是深化高校现代化治理能力、推进落实立德树人根本任务的有力助推。因此,高校应以更高站位积极探索"制度+数据"组合扶持政策推进精准思政。

一方面高校要切实加强党委统一领导,积极把握国家大数据发展战略契机,完善教育管理信息化顶层设计,通过人力、财力、物力的充分配给推进校园数字化建设,主动打造智慧校园的总体大环境,用好大数据,布局新时代。另一方面,要通过党政齐抓共管,在相关部门主体间形成管理协同,统一数据采集口径、完善数据平台建设、巩固数据制度保障,形成数据驱动的内外互动机制,实现数据要素的共建共治共享,推进育人资源的效能最大化,为精准思政的落地实施提供良好的制度环境和政策保障。

大数据时代的思想政治教育迫切需要弥补数据要素的缺位,牢牢抓住大数据带给思想政治教育的"机会窗口",瞄准精准思政进一步深挖理论矿脉、加强实践创新,激活数据要素的育人功能,推动精准思政的内涵式发展。当然在一线工作中也要避免数据迷信,不囿于信息茧房,要坚守数据伦理,保护数据隐私,在数据要素赋能精准思政的过程中坚持守正创新、久久为功。

参 考 文 献

[1] 魏士强.健全精准思政体制机制 为教育高质量发展固本培元[N].中国教育报,2020-12-15(1).

[2] 吴满意,景星维.精准思政:内涵生成与结构演化[J].学术论坛,2019(5):133-139.

[3] 维克托·迈尔-舍恩伯格,肯尼思·库克耶.大数据时代:生活、工作与思维的大变革[M].杭州:浙江人民出版社,2013:94.

"三全育人"视域下高校网络思政工作的实践与探索
——以北京邮电大学电子工程学院为例

电子工程学院 刘 俭

摘 要 网络育人是"三全育人""十大育人"体系的重要内容之一,也是疫情防控常态化背景下开展教育工作的必要手段。围绕一个目标,立足两类群体,巧用各个载体,不断优化思想政治工作路径、活化思想政治工作资源,创新构建高校网络思政工作的育人格局,在凝聚起思政工作育人合力、锻造出具有思政功能的新媒体平台、取得良好的教育和社会成效的同时,有利于找准高校网络思政工作的出发点和落脚点,推进"三全育人"教育理念落地生根,持续深化"三全育人"综合改革的实践与探索。

关键词 三全育人;网络育人;思想政治教育;新媒体

2017年,在教育部印发的《高校思想政治工作质量提升工程实施纲要》中,网络育人作为"十大育人"体系的重要内容之一,成为新时代高校育人工作的基础领域。受突如其来的新冠疫情影响,为响应"停课不停学"的号召,大学生思想政治教育的主场战也从线下逐渐地向互联网平台转移。如何坚持党对意识形态工作的领导权,如何建好、用好、管好校园新媒体平台,如何彰显网络育人的魅力,如何提升网络思想政治教育的质效,成了高校教育工作者的共同课题。

北京邮电大学电子工程学院自2018年被确定为教育部首批"三全育人"综合改革试点示范院系以来,紧紧围绕立德树人这一根本任务,深入贯彻落实全国教育大会、全国高校思想政治工作会议精神,以社会主义核心价值观为引领,积极推进"三全育人"理念,由学工队伍牵头、教职工助力、学生自主管理,筑牢学院网络思想文化阵地,构建网络思想工作的育人新格局,网络育人工作取得实效。

一、"三全育人"视域下高校网络思政工作育人格局的构建

自2014年起,学院就意识到网络阵地对于加强大学生思想政治教育的重要意义,主动响应学校的网络媒体建设要求,开通运营学院官方微信公众号"E信邮你"(后更名为"北邮电子工程学院"),并于2018年依托教育部"三全育人"综合改革试点平台,积极探索思政类公众号在实现全员、全程、全方位网络育人方面的优势和潜能。截至目前,学院官方微信公众号增加到3个。学院在网络育人过程中坚持弘扬爱国荣校情怀、传播主流价值观念、创新表达表现形式,形成了"举旗帜、重引导、强队伍、育新人"的工作思路,创建了一支素质过硬的育人队伍,打

造了一批"叫好卖座"的"网络爆款",也逐步构建起了高校网络思政工作的育人格局。

(一) 围绕一个目标,实施全员育人

坚持以培养德智体美劳全面发展的社会主义建设者和接班人为目标,以培育和践行社会主义核心价值观为引领,成立"三全育人"工作领导小组,探索建立包括学院党委、学生工作办公室、管理服务职能部门、教职工等在内的"网络育人"工作的体系,注重发挥教师、辅导员、优秀校友、学生家长以及学生朋辈的主观能动性。例如,通过在网络新媒体平台推出"院长说""导师说""学长说""辅导员说""校友说""家长说"等系列推送,着力形成院领导讲发展、导师讲科研、学长讲经验、辅导员讲成长、优秀校友讲未来、学生长辈讲培养的多层次、系统性、全覆盖的特色精品项目,在吸引教职工、学生、家长亲友、校友、社会等多方关注的同时,还能够凝聚起学校、社会、学生以及家长的广泛力量。

(二) 立足两类群体,聚焦学生发展的全过程

尽管互联网不是教室,不是正式的教育空间,却是价值观教育时时刻刻都发生的教育场所[1]。根据高校研究生和本科生两类不同的学生群体,学校应以不同学生的特点和需求为导向,积极打造具有针对性、前瞻性的新生引航、在校生护航、毕业生导航工程系列的"品牌栏目"。例如,就信息发布来看,可以在公众号菜单栏中设置迎新特辑为新生提供尽快适应校园的生活指南;通过设置研招信息专栏,帮助考研学生及时了解学校及学院研究生招生动向;也可以设置就业信息板块,面对即将毕业的学生发布各大校招宣讲信息;还可以借助相关学术讲座、比赛竞赛相关板块有针对性地为研究生和本科生群体及时提供各类科研创业的信息等。在此过程中,还应当注意各版块内容的及时更新以及排版、编辑的精美性,努力为师生打造良好的阅读体验。尤其是面对常态化疫情防控的现实情势,各类云端主题活动的设计与组织,不仅是为了给居家学习的学生带去属于特别时期别样的温暖,也是为了在特殊时期"抓住""抓牢"各类学生群体,确保思政工作不缺位、不间断、不脱节,融入学生点滴日常。

(三) 巧用多个载体,实现为学生成长成才全方位赋能

为提升网络思政的渗透性,站牢网络意识形态主阵地,学校应当积极搭建并充分调动各方面网络教育新媒体平台,让学生无论何时何地均能通过互联网获取知识和信息、接受教育和培养。而在设计高校网络思政工作载体时,需要遵循事物发展和学生认知的客观规律,用符合学生接受习惯的工作方法开展工作[2]。就北京邮电大学电子工程学院来看,一是以"北邮电子工程学院"微信公众号为核心,持续推出覆盖学院教职工、学生全生命周期的综合性微信公众平台,实现各部门工作的深度协同,提供品质优良的网络内容和新媒体作品,以师生喜闻乐见的方式开展网络思想政治教育;二是以"电子院微言辅导员工作室"微信公众号为辅助,为辅导员发言发声提供平台,突出思想价值引领,为辅导员的专业化和职业化发展提供锻炼的机会,并开通在线辅导员预约窗口,搭建辅导员与学生交流对话的平台,学生可以自由预约学院任何一名辅导员进行答疑解惑;三是以"邮E站"微信公众号为补充,为学生自治提供窗口,鼓励学生实现自我管理与教育,最大可能地发挥学院学生会和研究生会的功能和作用,挖掘学生党员、学生干部、先进个人、先进团体等朋辈力量的育人元素和育人潜力。三个微信公众平台通过抓住思想政治教育的关键力量,有利于实现全方位路径整合利用,推动网络育人全方位可持续发展。

二、高校网络思政工作育人格局对"三全育人"工作的深刻影响

随着不断沉淀内容,积累用户,经过几年的摸索与实践,学院3个官方微信公众号影响力逐渐增强。截至目前,全平台栏目总数达30个,产出内容阅读总量累计超80万。其中,"北邮电子工程学院"微信公众号关注人数超12 000人,入选中宣部、网信办、教育部、团中央首批高校思政类公众号重点建设名单,成为高校思想政治教育网络育人的优秀载体。综合育人效果来看,高校网络思政工作育人格局对"三全育人"工作主要具有以下两方面的积极影响。

(一)凝聚育人合力,锻造具有思政功能的新媒体平台

高校通过构建全员、全过程、全方位的网络思政工作育人格局,能够最大限度地调动学校的各级领导、行政部门、思政课教师、专业课教师、学生工作队伍、学生自身以及社会上的校友、家长、政府、国企、私企等各方力量,形成"大思政"育人格局。以互联网为媒介,可以打破时间与空间的局限,不仅能有效弥补疫情防控期间难以面对面交流的现状,而且也便于更广泛地吸纳育人资源,为学生提供更具针对性、更加多元化的"科学团餐"和"营养套餐"。与此同时,尽管当前各高校均开通了不同平台的新媒体账号、官网,但部分账号、网站的功能和作用尚不十分明晰,网络思政工作育人格局的构建则为各网络平台、载体的运用指明了方向,唯有明确自身的"思政"属性,着力发挥"育人"功能,高校各类新媒体平台才能不断"注入活力、延长生命",真正地发挥实效。

(二)取得良好成效,找准高校网络思政工作的着力点

新媒体平台的传播方式、教育形式在某种程度上改变了传统教育单线的师生沟通模式,用"对话"代替了"独白","学生可以自主地在网络上表达更为真实的自己,有利于思想政治工作者在探讨观点、引导意见、发现问题、化解舆情等方面更好地发挥作用。[3]"因此,高校网络思政工作育人格局作为学生"第一课堂"的有效补充,能够取得良好的教育成效,是新时代高校落实立德树人根本任务的必要手段。高校网络思政工作育人格局的构建,也对高校开展网络育人工作的出发点和落脚点进行了精确定位,更加清晰地梳理出当下高校网络思政工作的中心任务、受众群体、教育方式以及教育载体,化"平铺式"的网络思政教育为"立体化""综合性""多样态"的育人模式,思路清晰、抓手明确、形式创新,成果自然显著。

三、"三全育人"视域下高校网络思政工作的总结与反思

(一)正视网络思政,科学评判网络思想政治教育的价值意蕴

网络思政是伴随着互联网发展以及新媒体运用而产生的一种新型的思政工作形式,并在新冠疫情暴发的背景下得以更加广泛的提及和研究,然而这并不代表着传统的"课堂思政"被取代或遗弃,正相反,"二者没有明显的价值高低之分,也并非简单的主次关系,它们只是适用于不同的教育情境,拥有各自擅长的领域,因而具有互补价值"[4],而"线上+线下"的形式也构成了更加完整和全面的思政教育,有利于提升高校思想政治工作质量。

（二）注重顶层设计，健全完善网络育人的体系机制

为筑牢清朗的网络空间，扎实开展网络育人，首要任务即是建立起思想政治理论课教师引领、学生工作队伍协同，以青年教师和学生骨干为主体，全体教职工共同参与的网络育人团队。围绕弘扬主旋律、夯实主阵地、壮大主力军、把握主动权等内容，科学打造学院网络育人系统工程，合理规划设计具有特色的品牌栏目。

（三）加强内容创新，拓展网络思政工作的广度与深度

高校"三全育人"工作需要顺应时代发展要求对思想政治教育进行创新，但必须始终坚持以马克思主义为导向[5]。因此，网络思政工作应当格外关注内容的质量，做好内容的审核。网络思政工作提供的内容首先必须是准确的，经得起推敲的，在此基础上，才可以继续对学习内容进行广度和深度的延伸。网络思政工作还可以通过创新讲理论、树价值的方式，突出打造师生的"记忆点""话题点""兴趣点"和"情怀点"，用创意引人气，用真情感人心，不断优化网络思政供给，真正获得广大师生的认同和接纳，发挥网络育人平台的正能量。

四、小结

互联网是高校开展思想政治工作的最大增量，各高校应当牢牢把握机遇，紧跟时代"潮流"，遵循思想政治教育工作规律，着力构建起良好的新媒体平台生态，积极探索网络育人的路径方向，建立健全"三全育人"教育体系，进一步推动学生培养教育工作行稳致远。

参 考 文 献

[1] 曹杰.新时代大学生网络思想政治教育议程设置创新研究[J].思想理论教育导刊,2020(6):151.

[2] 索文斌,朱翰墨,唐佳奇.对加强网络思政工作的若干思考[J].学校党建与思想教育,2019(8):87.

[3] 闫研.自媒体视域下高校"三全育人"工作策略研究[J].思想教育研究,2021(3):142.

[4] 翟中杰.新时代网络思政工作的五个着力点[J].人民论坛,2020(9):101.

[5] 李翔,巩建华.全媒体时代高校"三全育人"工作探究[J].学校党建与思想教育,2021(12):96.

高校网络舆情泛化对大学生思想政治教育的影响及应对

计算机学院(国家示范性软件学院)　李惠玲

摘　要　新时代网络技术背景下,需探究大学生思想政治教育工作新路径。网络信息碎片化的主观认知导致网络舆情泛化对大学生思想产生多元化、随意性、易偏性等情况。本文探析高校网络舆情泛化理论基础,包括舆情泛化的冰山理论、成见系统理论、蝴蝶效应和黑天鹅现象。高校网络舆情泛化给大学生思想政治教育带来一定的冲击和挑战,高校教育者坚持思想导向的正向作用,分类监测,精准回应,使得泛化网络舆情营造良性网络生态空间。

关键词　舆情泛化;信息碎片化;思想政治教育

一、网络舆情泛化是网络信息碎片化主观认知的结果

网络信息碎片化是网络时代信息传播和信息积累的重要表现,这同网络技术设计的自由、保密和互享息息相关,也同现代社会个体生活的快节奏和娱乐化紧密联系。网络信息碎片化具有如下表现和特点。

(一) 信息内容的碎片化

网络信息的内容涉及面广,而且这些信息基本上是片段化的,不完整的,有的只是一句话、一段文字,或是一张图片、一截视频,甚至是一个表情符号,有时分不出信息所表现的具体含义和完整的内涵,只有结合前后信息链条或者信息出现的环境才能知道片段信息所表达内涵。

(二) 信息表现形式的碎片化

信息的存在不是以完整的文字、系列图片或者连续的视频表现出来,而是以极少的文字、个别图片或者一个符号的方式表现某种信息。

(三) 信息发布主体的碎片化

主体的碎片化主要是由信息发布的匿名性左右,某种信息的发布仅从发布者来看,分不清主体的身份,也辨不清男女老少,有的用异化的名字表示(一个物品、一只动物或者只用一个符号表示),碎片化的主体使得网络信息纷繁零碎。

(四)信息表达价值倾向的碎片化

信息表达的价值倾向具有碎片化特征,主要表现在一个碎片化的信息出现之后,随之而来的是许多网民对此的评论和意见,更多的是带有主观性的信息,是网络舆情形成的重要力量。

舆情泛化是网络信息碎片化聚合作用的结果,网络是各种信息的集散地,各类信息相互影响、相互作用,对网民形成不同的冲击和影响,产生不同的认知,表达不同的观点和倾向,从而形成个体碎片化的舆论观点,在网络舆论的聚合作用下产生了具有整体倾向性的网络舆情,对涉事主体形成一定的网络压力和民意导向。由于泛化信息的存在,不同主体对信息价值的倾向和认知感应是不同的,对某种行为既有赞同的一面,又有反对的声音。通过聚合舆情的认知倾向,可以酝酿多数网民的观点和倾向,从而使碎片化的信息所呈现的舆情具有某种一致指向性。例如,在校园疫情封控管理中,由于学生不便利而不断在网络发声,揭示学校管理的疏漏和对学生学习生活带来的影响,这些网络信息通过各种各样的形式表现出来,可以看出有些学生对封控管理比较理解,有些学生则抱怨不断,时常传播和发布学校生活和管理中的负面信息,各种负面化的信息堆积必然形成负面舆情,给学校的校园管理无形增加压力,也给学生的思想状态产生波动。由此可以看出,舆情的泛化在一定程度上是一把双刃剑,既可以成为改进网民与管理者关系的桥梁和纽带,增加解决问题的便利渠道,也可激发冲突,形成隔阂重重的壁垒。

总之,高校网络舆情泛化可以从三个方面理解:一是从舆情产生的主体来看,各类组织、个人不分校内外和年龄大小都可对涉高校的一些信息进行交流评论,形成自己的观点、意见和倾向。主体来源广泛,涉及行业也广泛,高等教育同他们的利益存在一定的关联性,因此,多数人都可以对高校的信息评头论足。二是从舆情形成的渠道来看也具有泛化的基础,高校舆情的产生既可以由校内管理的松懈引起,又可以由员工的某些不当言论引发,还可能是社会问题延伸校内而引起舆情。引发高校网络舆情不仅是网络言论的结果,还是实际线下行为所致,各种渠道都可能滋生涉校网络舆情,从而使舆情的产生渠道具有泛化的特点。三是引发高校舆情的内容具有泛化的趋势,大到高校的安全事故,小到学生的宿舍矛盾,从日常的管理制度到课堂教学活动,从学生的违纪处理到学校教职员工的违法调查,所有这些内容都可能成为舆情的导火索和引爆物。

二、高校网络舆情泛化的理论基础及影响

网络舆情是网络信息经过个体加工而形成的群体观念倾向的集合,既有碎片化的客观信息基础,又有主观情绪和意见的表达,形成一股股舆论压力之流。这之中不仅有一道舆情主流,也存在各种舆情泛化的支流。舆情泛化之所以能够产生,基于以下三种理论。

(一)舆情泛化的冰山理论

所有的舆情都依托于一定的信息支撑,经过个体集成最终成为舆论的集合体。冰山理论揭示某种理论的产生只是由一部分的信息所致,而大部分的信息仍然处于冰山之下,一旦有更多的信息溢出则会形成更多的舆情,滋生更多的舆论场。冰山的稳定性也存在于隐藏于冰下的更多信息,该理论也揭示出冰山下面的信息越多,上面信息越少,这样的结构则越稳定,而由此溢出的舆情也越有限。因此,在舆情形成过程中,并不需要把冰山的信息全部呈现出来,否

则不仅形成信息泛滥,而且因此滋生更多舆情以致逾控。在高校舆情引导过程中,尽量把握住冰山的信息概况,控制冰山信息的呈现度,在碎片化的信息流转中,防止舆情泛化而滋生汹涌的网络压力。

(二)舆情泛化的成见系统理论

对待同一个网络信息,不同的社会主体产生不同的情感认知和价值倾向,出现这种情况的主要原因是网民成见系统作用的结果。每一个网民都有不同的成长经历和生活环境,以及对事物的价值判断,当网络出现某一信息时,不同的网民就会依据自己的价值认同标准进行网络评价,从而形成"不同的观众就会有不同的哈姆莱特"的结果。由于成见系统对网络信息的价值判断和认知倾向具有个体思维惯性,因此对于统一信息就会产生不同的舆情观念,并在此观念的支配下发布更多支持自己观点的信息,强化自己的成见认知。当然,网络舆情的形成也受沉默螺旋的影响,每个网络信息形成主流舆情不仅是沉默螺旋作用的结果,还是成见系统作用的结果。高校在舆情管理中,应充分发挥两种作用力的正向引导,在舆情泛化时突出主流的舆情方向,化解舆情施与学校的压力,也要充分了解学生的成见知识结构,了解大学生成见知识结构,分析其认知惯性,做好网上网下联动。

(三)舆情泛化的蝴蝶效应和黑天鹅现象

一种舆情形成开始的网络信息在碎片化加工的作用下,会滋生另外一些舆情,其影响力和爆发力有时更是出人意料,就如同此岸的蝴蝶扇动翅膀引发对岸的海啸一样。由于网络信息具有接续性和增生性,每一个接续增生的信息都可能形成舆情导火索,也都可能成为一波汹涌的舆情引爆器,这个过程就如同黑天鹅现象,让人猝不及防而又客观存在。对于舆情泛化的蝴蝶效应和黑天鹅现象,高校应深入细致监测涉校舆情信息,分析每一条信息的舆情走向和潜在的舆情风险,对任何网络设校信息都应审慎评估和判断,做好由信息至舆情的各种预案。

三、舆情泛化背景下高校思政工作的应对措施

(一)坚持思想导向,把握舆情泛化的正面效应

泛化的高校网络舆情对学校正常的教学生活和管理产生一定的冲击,学校的管理部门需要投入巨大的精力进行舆情涉事事项的调查并回复网民的关切。我们也应看到舆情泛化的价值倾向并非对学校的正常运行没有任何作用,从本质上讲,大量舆情兴起的目的是对真相的追求和对正常秩序的回归。在泛化的舆情体系中,也存在着许多对学校发展及管理活动合理的意见和建议,这对学校秩序的维护、对合理利益的坚持具有重要作用。因此,学校在引导高校舆情过程中应树立主流的思想导向,坚持底线思维,以社会主义核心价值观作为判断思想观念正确与否的标准,以维护学校广大师生的根本利益和学校发展稳定作为舆情导向的作用方向和活动着力点。对于触碰社会主义政治和政策红线的思想观念要敢于"亮剑"、积极抵制和斗争,让错误的思想在网络舆情的空间没有一席之地,而对于泛化舆情中合理的成分要积极引导、扩大其影响力,发挥其舆情导向的正向作用,使得这种网络正向作用能够不断壮大,不断使得负面信息形成的舆情逐渐退出网络空间,形成良性的舆情生态系统。

(二）分类监测，精准把握舆情泛化的主流走向

目前,舆情信息的载体发展到3.0时代,其显著的特点是网络主体既能营造汹涌澎湃的舆情场域,又能各安其事的风平浪静。网络舆情营造既不同于信息1.0时代进行长篇报到的解说和跟评,又不同于2.0时代微博、博客的跟帖评论,而更多的则是一则文字或是一段视频,这些文字视频往往最初都在抖音或是微信的私密空间。因此,舆情泛化时代的信息及观念的监测不仅要有公开的监测技术,而且也应有捕捉私密、狭小空间的能力。信息捕捉的触角既要监测公开网页中的敏感报道,又要辨析出公众号、微信群、抖音视频中的观念和倾向、认知和价值。舆情泛化的监测不仅需要网络技术对核心概念的抓取,通过网络的捕获技术判断舆情信息的主要内容和核心意义,而且在网络信息表达中,舆情的形成是一种观念倾向性的力量,其认知的倾向性往往都蕴藏在表面语言文字之下。这就需要在监测中进行观念分析和倾向判断,把文字监测和价值监测统一起来,把表意认知倾向和内在观念倾向结合起来,综合分析舆情的真实表达和泛化走向,位精准把握舆情的内在趋势提供帮助,也为引导舆情走向和进行舆情回应做好准确预测。

（三）精准回应,消除舆情泛化的次生灾害

舆情回应是关切网民关注的问题的重要方式和主要环节,也能促进主管机构积极应对网络舆情所涉及的问题。在舆情泛化的背景下,主管机构不仅要关注并回应网络中主流舆情所涉及的相关问题,而且要针对大多数网络所涉及的焦点和重点问题作出回应,推进网络舆情所涉及的重要事项能够得以回复,让网络的主流舆情逐步得以平复。对于泛化出的其他舆情,相关主管机构在认真分析舆情信息和参与群体认知倾向以及所涉事项关联度的基础上,研判舆情发展态势,防止小舆情变成大舆情,次生舆情变成暴风舆情或者舆情波,演变成按下葫芦起了瓢、一波未平一波又起的状态。对泛化次生舆情的回应不仅要有针对性,回应突出重点,而且也应有基本的事实支持和诚恳的态度,而不应觉得不是舆情的重点而一笔带过或是采取形式主义的糊弄。对次生舆情泛化舆情的回应需要针对网络信息性质进行预测,不同观点信息会形成不同的舆情,次生的信息如果同事件的关联度较高,或是契合了社会当下的某种潮流,或是被一些网络大V的鼓动和煽情,都有可能形成一波舆情风暴,因此需要全面客观分析网络内外的涉舆情信息,科学研判,精准回应。

参 考 文 献

[1] 白月.高校网络舆情的类型、特点及应对研究[J].河南社会科学,2020,(7):11-12.
[2] 陈强,王雅雷,王国华.高校突发事件网络舆情泛化现象研究[J].情报杂志,2011,(5):42-45.
[3] 陈国强."网络+"推动思想政治教育新变革[J].解放军报,2020,(12):37-41.

高等院校在网络思想政治教育中的困难及途径

信息与通信工程学院　宋　飞

摘　要　网络思想政治教育是我国高等院校思想政治教育的新阵地,为高校思想政治教育工作事业发展提供了机遇和挑战。本文对我国高校网络思想政治教育工作中所面临的新问题与挑战进行了剖析,并根据我国网络思想政治教育工作因事而化、因时而进、因势而新的新要求,探索我国高校网络思想政治教育的育人路径,提出了长短文字视频的四位一体新模式,充分发挥高校网络育人的功能。

关键词　高等学校;网络思想政治教育;网络育人

做好高等学校思想政治教育工作,要因事而化、因时而进、因势而新,要因势利导,要运用网络新媒体的宣传手段把思想工作办活、做活,将我们的传统优势和信息化优势高度融合起来,以增强高等学校思想政治教育的时代性和吸引力。作为新时期大学思想政治教育的一个重要内容,网络思想政治教育相比传统思想政治教育,不可避免地存在着一定的优势。网络思想政治教育已成为中国新时期高等学校思想政治教育的主要组成部分,具有与传统学校思想政治教育难以相比的优越性。网络思想政治教育最大限度拓展了普通高等学校网络思想政治教育教学的范畴,并创造了多元化的教育教学形态,更加适应了学习者差异性和丰富多样的个性需要。而网络思想政治教育,虽然相对于传统思想政治教育增添了创新的平台与措施,但是仍然面临着新的困难。

一、高等院校网络思想政治教育的困难

（一）网络思想政治教育内容缺少规划和深度

互联网发展到今天,越来越多的平台被用来作为互联网的思想政治教育的平台,而大部分学校、院系并未做出整体规划。尽管学校在各种网络平台均有账号并发表内容,但许多信息都只是对学校活动的宣传,缺乏对网络思想政治教育的深入。另外,学校部分网络平台对网络思想政治教育的传播还不够重视,关注点和学生平时的日常生活联系并非很密切,且缺少富有学校特点的互联网产品,对网络平台传播快受众强的特点利用也还不够完善。

（二）网络思想政治教育基本规律的矛盾

在教育时,教师是组织者和引导者,教师要发挥模范作用,在教学中发挥着良好的推动作

用。为了吸引学生以及尊重学生的主体性,网络思想政治教育常常会受到老师的引导,学生想看、想听什么,我们就做什么。网络思想政策教育也有另一种模式,网络思想政治的方向均由教师输出,不考虑学生接受的程度。网络思想政治教育应立足于整合师生的网络思想政治教育需求,寻找平衡点,做到以学生实际需要为中心,同时做到严格要求和灵活处理。

(三)网络思想政治教育组织的欠缺

虽然很多高校有宣传部或者相关组织,但是缺乏负责网络思想政治教育的日常管理和维护的单位。

各类平台的兴起。从以前的"人人网"到现在的"朋友圈""易班网"等,学生的平台具有一定的变化性。目前,各高校都可以使用现有平台,包括学校主页、微博、微信公众平台、bilibili视频、抖音快手短视频等。高校既不能一有新平台就立即注册账号,发布内容,又不能全然置之不理。高校可以从内容出发,以文字和视频形式传播相关内容。在内容长短上,可以细化成长文字或短文字、长视频或短视频。

(四)网络思想政治教育影响的改变

传统的教育模式效应主要表现在教育方法、教育组织形式等方面。网络思想政治教育与传统教育比较,网络教育影响力也随之发生了新的改变。网络思想政治教育削弱了教育者的身份,让学生自发地接受网络思想政治教育。但因为缺少互动而导致难以真实感受教育过程,从而导致教育的效果大打折扣。

(五)网络思想政治教育开放性

现在的互联网科技能够把每名学生都变成信息的传播者。有些学生因为法律法规知识的欠缺以及警觉性不高,随意下载网络内容为己所用,甚至传播违法违规内容,触犯了法律的红线。学生不仅接受学校的教育,而且通过网络接受着各式各样的教育,这给高校思想政治教育工作带来了非常大的难度。

二、高等院校网络思想政治教育的途径

网络思想政治教学作为高等学校内思想政治教学的战略地位日益提高,其发展一定要遵循因事而化、因时而进、因势而新。

(一)建立网络思想政治教育规划,深入网络思想教育本质

高质量的网络思想政治教育内容是发挥思想政治教育功能并实现立德树人目标的坚实基础[1]。高校网络思想政治教育内容广泛而深度不够,其关键是缺少对网上思想政治教学的统筹思考。目前,网络思想政治教育还处于摸索阶段,各高校也在不断地探索和创新。高校网络思政教育既要积极开展红色教育,又要结合当前国内外时事政治开展特色活动,加强大学生传统文化教育,实现线上、线下"两线作战、联动并进"工作格局[2]。

(二)尊重学生主体地位,发挥教师主导作用

要使教育过程顺利进行,必须注重其主体地位,注重其积极性。思想政治教育要使学生成

为主体,加强其的主观能动性。高校可以成立一支专门的网上思政师资队伍,由党政干部、大学教师、辅导员、学生骨干等组成。同时,也可以招聘一些辅导员、任课教师等,从事网上思政工作。

(三)完善校园思想政治教育的架构与管理方式体系

在网络思想政治教育中,应完善"整体教育、全面教育"的教学队伍架构,从学生入校到学生毕业,全方面、多渠道地开展思想政治教育教育。

高校可以建立"校园新传媒管理中心-院系新传媒管理中心-年级互联网信息技术群-班级教师互联网信息技术群"的四级组织架构。

思想政治教育材料可以形成"长文字+短文字+长视频+短视频"四位一体的形式。虽然平台不断变化,但是传播的形式和内容目前还没有变化,仍然以文字和视频为主。高校不能被新兴的网络平台所限制,要挖掘出内容主体,发挥主体作用;要从内容出发,发挥主观能动性,不能被技术所限制。

(四)加强线上线下相结合交互体验

学校要关注并强调学生融入网络思想政治教育的真情实感,引领高等学校思想政治教育工作往远看、向学生看,使思想政治教育多一分温度、多一分人情味、多一分情怀。思想政治教育可以在"线上"解决学校的共性问题,在"线下"解决学校特殊性问题,将情感教育和温度教学在思想政治教育中有效融合。"线上线下"相结合,可以更好地推动网络思政教育与传统思政教育的结合,获得更好的教育体验。

(五)加强高校学生法律意识教育,提高高校学生警觉性

高校需要重视网络的使用,日常积极开展相关工作,可以培训并选拔"网络文明志愿者"等学生干部,使其积极发声,主动发声,精准发声,带动周边同学,推动构建绿色文明网络。同时,也需要全校各个部门对网络思想政治教育工作的认可,需要各个部门的积极配合,尤其是任课老师的认可。网络思想政治工作,不仅是学校党政办公室或者辅导员的工作,而且是每位高校老师的工作,需要每一位老师的认可。

三、总结

坚持立德树人,培养共产主义接班人,这是网络思想政治教育的终极目标。通过正确掌握与实施网络思想政治教育育人的功能,推进文明健康的网络思想政治活动,促进大学网络思想政治育人的发展,从而全面培养大学生在德、智、体、美、劳方面发展。

参 考 文 献

[1] 蒋春燕,孙祺. 新时代高校网络思想政治教育的现实困境及发展路径[J]. 学校党建与思想教育,2021(12):59-61.

[2] 白云利,徐江虹. 基于7S模型的高校大学生网络思想政治教育育人体系研究[J]. 学校党建与思想教育,2020(16):80-82.

引导学生树立服务国家重大需要的正确择业观的路径探析

网络空间安全学院　王　轶　李华君

摘　要　习近平总书记对做好高校思想政治教育工作和就业教育工作提出了一系列新理念、新思想和新观点,为做好大学生就业教育工作提供了根本遵循和行动指南。德才兼备的人才与国家的前途、民族的命运息息相关。当前,大学生择业观存在功利主义倾向明显、社会责任意识淡化、职业发展规划不清的偏差,大学生就业指导工作不应只局限于学生职业生涯规划、求职技巧指导等方面,还应引领当代大学生树立正确的择业观,对于开创新时代高校思想政治教育工作新局面、着力培养大学生成为担当民族复兴大任的时代新人具有极大价值。

关键词　择业观;服务国家重大需要;社会主义核心价值观

一、引言

习近平总书记在中国共产党第十九次全国代表大会上指出:"就业是最大的民生。要坚持就业优先战略和积极就业政策,实现更高质量和更充分就业"。大学毕业生的就业关系到毕业生个人未来发展,更是影响着国家人才储备,而人才储备问题会直接影响到国家社会、经济的各个方面。早在2004年,中央16号文件就明确指出,要帮助大学生树立正确的就业观念,引导毕业生到基层、到西部、到祖国最需要的地方建功立业。教育部对于就业工作的工作要点,已经从2021年的"确保毕业生就业总体稳定"转变为2022年的"促进高校毕业生更加充分、更高质量就业"。党中央的号召及国家建设的需要,使广大青年学生围绕国家需要就业成为高校就业指导工作的重点。

习近平总书记对做好高校思想政治教育工作和就业教育工作提出了一系列新理念、新思想和新观点,为做好大学生就业教育工作提供了根本遵循和行动指南。德才兼备的人才与国家的前途、民族的命运息息相关。

二、学生择业观存在偏差

(一)功利主义倾向明显

当前的大学毕业生基本为"95后",多数学生在相对优渥的物质条件和生活环境下成长,部分学生受拜金主义、享乐主义等不良价值取向影响,在择业过程中更倾向于追求个人利益,将"薪酬待遇""一线城市""解决户口"等功利性的条件作为选择职业的首要决定因素,也成了其衡量工作好坏的主要标准。学生择业观存在明显的功利主义倾向。学生择业的过程中不断寻求更高的薪酬,若缺乏高薪,部分学生宁愿选择暂不就业,甚至继续深造也是为了能在求职中获得更高薪酬。在就业地域选择方面,学生也往往主要考虑北京、上海、广州等一线城市,对于西部以及欠发达地区的就业意愿则较弱。什么专业方向在大城市好找工作就研究什么方向,什么企业挣钱更多就去什么企业。择业观的偏差直接影响了学生在校期间的专业学习和研究方向,导致学生重工程轻理论,重实践轻学术。

(二)社会责任意识淡化

"天下兴亡,匹夫有责"的观念不能只停留在口号上,应成为大学生择业时的价值取向。因此,大学生就业指导工作中必须引导学生树立服务国家的强烈使命感,将个人的全部热情投入国家建设中,为国家发展战略贡献个人智慧。然而,学生在择业过程中却更重视自我,对于考虑国家利益、人民利益和社会利益的意识比较淡薄,缺乏责任意识。多数学生在择业过程中视野狭隘、目光短浅、缺乏政治意识,对国内外热点时事、发展形势不关心,对国家发展战略不了解,没有考虑国家和人民的根本利益,不能将个人价值实现与国家民族命运相联系。

(三)职业发展规划不清

由于受到功利主义思想影响,学生在择业过程中往往存在目光短浅、看重眼前利益的问题,对于所选岗位是否与自己专业背景契合、是否有发展空间、是否能发挥能力和优势等问题却不予考虑。客观层面上,学生在校期间接触行业产业、用人单位的机会有限,对相关单位、相关岗位的认识非常模糊,对这些单位、岗位具体从事的工作内容也都不甚了解。学生往往通过师兄、师姐口口相传的方式,认识和了解师兄、师姐前往的单位以及从事的岗位,进而出现就业行业、单位、岗位集中的情况。主观层面上,部分学生缺乏职业道德约束,急功近利、心态浮躁,工作过程中频繁跳槽,追求涨薪,缺乏长期职业生涯规划。

三、大学生正确择业观培育路径

学生的就业指导工作不应只局限于学生职业生涯规划、求职技巧指导等方面,更要重视培育学生树立正确的价值取向,重点帮助学生清楚地认识自我,将个人生涯规划与国家需要紧密结合,引导学生把个人需要同社会需要、个人前途发展同国家发展联系在一起。

(一)以社会主义核心价值观为指导,涵养家国情怀

党的十九大报告再次强调要培育和践行社会主义核心价值观,要以培养担当民族复兴大任的时代新人为着眼点,把社会主义核心价值观融入社会发展各方面,转化为人们的情感认同和行为习惯。"富强、民主、文明、和谐、自由、平等、公正、法治、爱国、敬业、诚信、友善"这24个字从国家、社会、个人三个层面高度概括了新时代价值取向。"爱国、敬业、诚信、友善"是从个人行为层面的凝练,是基本道德准则和价值标准。择业观是学生对职业选择的看法,是其职业价值取向的体现,是其人生目标、生活态度在职业选择上的具体体现。大学生正确择业观的培育要以社会主义核心价值观为指导。

1. 爱国主义教育

以爱国主义对大学生进行择业教育,引导学生把个人人生价值的实现与中国梦的实现结合起来,使个人的需要服从于中国梦的实现,自觉地在自我价值实现和国家富强之间建立匹配关系,认真思考国家需要什么样的人,自己所从事的工作能够为国家和社会做什么样的贡献。大学毕业生是国家人才的主要来源,实现大学毕业生的高质量就业对构建中国特色社会主义和谐社会和可持续发展都有着举足轻重的意义,这就要求毕业生必须政治合格、心系家国,必须成为社会主义核心价值观的坚定信仰者。

2. 聚焦国家发展战略

大学毕业生应树立"青春向党、不负人民"的决心和理想,争做"复兴栋梁、强国先锋"。因此,学校要主动对接重点地区、重点单位的人才需要,并引导学生围绕国家发展战略求职,拓宽重点就业领域。高校应充分分析所在优势学科对国家发展战略的积极影响,梳理相关战略性产业的龙头企业,并加大宣传力度,帮助学生了解相关产业发展的战略意义,熟悉相关单位的招聘需求,例如国防军工、航天航空、芯片等关系国家发展命运的行业。

3. 敬业和诚信教育

爱岗敬业教育是要引导学生树立热爱本职工作、忠于职守、尽职尽责的事业心,以踏实的工作态度不断进取创新。学生职业选择与其思想觉悟、知识结构、兴趣爱好等都有很大关系,职业道德教育要渗透到学生学习生活各环节,与思政教育、综合素质教育、校园文化建设、社会实践等相结合。通过学习对爱岗敬业精神的经典论述、宣传时代楷模的爱岗敬业典型事迹、弘扬科学家精神,营造"干一行,爱一行"的良好氛围。大学生要以坚定的敬业之心驱动内生兴趣作为动力,不断探索,从而推动专业发展和行业成长。

(二)培养奉献社会服务基层的意识,强化社会责任感

大学生在志存高远的同时,能脚踏实地,勇于到基层一线工作,服务国家社会的各个层面。在培育大学生正确择业观的过程中,一方面通过实习实践机会,让大学生在具体平凡岗位上感知价值认知,培育奉献精神;另一方面,要加大国家各项基层就业宣传力度,如大学生应征入伍、选调生、志愿服务西部等,鼓励学生主动投身国防、服务地方、投身中西部建设,引导学生到国家最需要的地方去。应该引导学生在择业过程中结合自身条件,充分考虑自己选择的工作能为社会所做的贡献,自觉服务社会,自觉承担社会责任。

(三)研究行业人才生涯规划体系,树立职业理想

大学生正确择业观的培育要在社会主义核心价值观的指导下,结合学生专业特点和行业形势,开展具体而细致的职业生涯规划。学生学习过程中面临不同的专业方向、研究重点,积极普及生涯规划教育有利于学生根据国家社会需要,充分分析个人实际,寻找最适合自己的发展方向,找准定位,制定长期规划目标,并在实现过程中不断调整优化。科学合理的生涯规划使学生在面临择业时不会手足无措、一味从众,而是及时明确职业目标,并提前有针对性地开展知识技能储备。大学生要把握好时代机遇,树立远大理想,将个人远期职业目标与服务国家战略结合,着力于自身素质的全面发展和人生价值的实现。崇高职业理想的树立有利于强化学生的职业认同感,能更强地驱动内在动力。

(四)发掘宣传优秀典型,提升职业荣誉感

学校可以通过在应届毕业生中评选优秀就业典型,开展学生就业经验交流;在往届毕业生中发掘相关领域就业先进个人,开展校友传承交流;从行业从业者中邀请行业领军人,开展讲座交流,引导学生对相关职业、岗位产生向往之情,从而提升在校学生对于相关职业的认可感和荣誉感。

学校学生思想政治工作者有责任、有义务引导教育越来越多具有较高使命感和社会责任感,心系家国、志存高远、理论扎实、务实创新的大学毕业生不断投身国家发展战略,帮助他们以社会主义核心价值观为指导树立正确的择业观,科学规划职业生涯,实现个人价值与国家发展的紧密结合,在青春赛道奋力奔跑。

参 考 文 献

[1] 刘琪,李哲. 社会主义核心价值观引领下大学生正确择业观的培育[J]. 现代交际,2018(19).
[2] 夏风云,姜冬. 新时代大学生就业价值取向及其引导研究[J]. 教育与教学研究,2018(10).
[3] 常艺凡. 以社会主义核心价值观引领大学生的择业观研究[D]. 西安:西安科技大学,2016.

以北京邮电大学为例浅析冬奥志愿服务经历对当代大学生就业择业观念塑造的影响

现代邮政学院(自动化学院) 刘 佳 张 权

摘 要 本文以文献法和问卷调查法为基本方法,以北京邮电大学2022年冬奥志愿者为研究对象,从就业视角分析冬奥志愿服务经历对志愿者成长成才的作用,围绕意志品质的塑造,探究冬奥志愿服务经历对个人成长发展的隐形影响,并在此基础上提出思想政治教育在就业观念塑造中应发挥的作用。

关键词 大学生;就业择业观念;冬奥会;志愿服务

2022年,中国北京成功举办第24届北京冬奥会和冬残奥会。作为世界瞩目的最大规模冬季体育运动赛事,共计91个国家和地区的4 000余名运动员参加了此次盛会,赛事吸引了全球超十亿名观众观看。为向世人呈现一场"简约、安全、精彩"的冬奥盛会,本次冬奥会共招募1.9万名赛会志愿者和20余万人次城市志愿者参与到冬奥会和冬残奥会服务保障工作中,资料显示[1],在志愿者构成中,94%以上为青年志愿者,其中在校大学生志愿者为主力。

在北京冬奥会、冬残奥会总结表彰大会上,习近平总书记深刻指出:"广大志愿者用青春和奉献提供了暖心的服务,向世界展示了蓬勃向上的中国青年形象。"作为这支服务保障队伍的主力军和中坚力量,在校大学生在这次冰雪实践中,真正做到了"牢记党和人民的重托,满怀为国争光的壮志,在各自岗位上真诚奉献、默默耕耘"。在北京邮电大学628名冬奥志愿者中,对117人进行抽样调查,统计数据显示,95%以上的北京邮电大学冬奥会、冬残奥会志愿者表示,参与此次冬奥会的志愿服务工作,对自身成长起到了积极影响(如图1所示),同时表示,志愿服务经历对自己进一步了解国家发展大势发挥了重要作用,进一步增强了自己的民族自豪感和自信心。这一调查结果充分彰显了中国当代青年坚定理想信念,矢志不渝奋斗的优秀品格,为实践育人工作探索奠定了扎实的理论基础。90%以上的志愿者表示,参与此次志愿服务,提升了自身的家国情怀、奉献精神和合作意识,统计结果为进一步研究奠定了扎实基础。据报道[2],在服务冬奥会、冬残奥会期间所形成的精神品格和意志品质对于个人就业和择业观念会产生重要影响(如图2所示)。综上,本文将通过对北京邮电大学冬奥志愿者调查,分析冬奥志愿服务经历对大学生成长和就业观念的形成产生的影响。

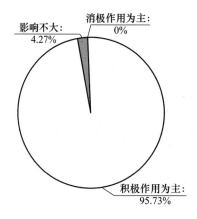

图 1　冬奥志愿服务经历对个人成长发展起到的作用调查结果饼状图

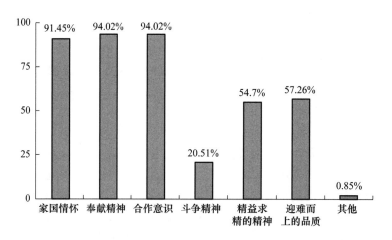

图 2　冬奥志愿服务经历所培养的意志品质调查结果柱状图

一、冬奥志愿服务经历对个人意志品质的塑造

习近平总书记在北京冬奥会、冬残奥会总结表彰大会上深刻阐发了"胸怀大局,自信开放,迎难而上,追求卓越,共创未来"的冬奥精神及内涵。大学生志愿者作为这一人类冰雪盛会的亲历者和见证人,一方面,冬奥举办激发了其潜在的优秀意志品质;另一方面,在日常工作中受到办奥工作人员的影响,进一步筑牢了思想根基。因此,冬奥志愿服务经历对于大学生意志品质的塑造起到了积极作用和正面影响。

(一)冬奥志愿服务经历塑造家国情怀

新时代下,家国情怀的主要内涵包括国家认同感、社会主义核心价值观的认同感、传统文化的认同感、围绕爱国主义的民族精神、正确的人生观、世界观和价值观、依法治国的理念、以德治国的思想以及多元化国际视野[3]。北京邮电大学高度重视冬奥志愿者思想理论教育和价值引领工作,冬奥期间,响应北京市教育工委和团市委号召,为志愿者们准备了一堂冬奥"大思政课",志愿者们无论是在场馆,还是在驻地都能接受到不同形式的家国情怀主题教育。校党委书记亲自为志愿者讲授"冬奥第一课",专职思政教师为志愿者讲授思政课,在场馆见证中国队夺得金牌升国旗,奏国歌的庄严时刻。志愿者们通过自媒体平台表达内心真实感受,根据问卷调查结果,91%的志愿者表示服务冬奥切实增强了自身的家国情怀。

随着我国进入新时代,疫情防控、科技发展、人民生活水平等方面都在世界处于领先地位,这无疑增强了人民的自信心和自豪感。志愿者在实践当中能够更近距离感受到了国家富强带来的巨大变化,结合自身经历,在环境的熏陶下,自觉感知到祖国发展日新月异,从而明确树立了家国情怀。在冬奥志愿服务过程中,出现了很多感人事迹和先进典型,通过对人物事件进行专访后了解到,主导其克服困难,投身服务的根本原因在于其渴望参与国家大事的无限热情,进一步了解后发现,这一热情在为期近两个月的实践过程中,逐步转变为一种驱动自身行动的家国情怀。这种感情是始终根植于志愿者内心深处的一种感情,冬奥期间,由于自身工作与国家大事相联系,志愿者们意识到了自身工作的重要性,从而产生了自己可以为国家服务的自豪感和使命感,从而加深了家国情怀。因此,在服务冬奥过程中,志愿者逐步树立起了强烈的家国情怀。

(二)冬奥志愿服务经历塑造奉献精神

大学生志愿精神的内涵是"奉献、友爱、互助、进步",联合国前秘书长科菲·安南在"2001国际志愿者年"启动仪式上的讲话中指出[4]:"志愿精神的核心是服务、团结的理想和共同使这个世界变得更加美好的信念。"研究显示[5],奉献精神是大学生志愿精神的精髓。在冬奥会、冬残奥会服务保障工作中,志愿者们不计个人得失,帮助他人,促进场馆正常运行,都体现着无私奉献的精神。

根据对部分志愿者的访谈结果显示,冬奥志愿者在服务过程中出现了比较明显的思想变化,从最初觉得志愿服务"有趣"逐渐转变为渴望奉献的思想。这是多重因素导致的,一方面是参与冬奥服务之后,迅速进入工作状态,其行动本身是带有明显奉献精神的,志愿者通过长期实践,明确了自身行动的含义,这是由内而外的产生的奉献精神;另一方面,由于周围人文环境营造出的崇尚奉献的良好氛围,志愿者身处其中,在正确认识自身行动内涵的基础上,进一步树牢奉献精神,这是由外而内形成的奉献精神。因此,冬奥期间,志愿者的奉献精神得到进一步加强,其对自身"能做什么""想做什么"有了更加深刻的理解。

(三)冬奥志愿服务经历塑造合作意识

北京冬奥会、冬残奥会志愿服务涉及20余万人,运行体系极其庞大,除了需要明确的分工之外,还需要志愿者之间密切配合,互相补台。在北京邮电大学负责的服务区域内,共包含13个业务区域、22个岗位,志愿者之间需要相互理解、相互配合,才能够形成合力,完成好工作任务。

在北京冬奥会、冬残奥会期间,由于工作内容多、任务量大,志愿者们往往不能在完全独立的情况下完成所有工作任务,常以团队形式执行服务保障工作,因此在服务期间,志愿者们一般以小组会或业务领域会议的形式,对人员进行分工,志愿者们除了要明确自身工作内容外,还需要了解其他志愿者的工作内容,形成有效衔接,形成"流水线"作业的合作机制。此外,冬奥期间,志愿者们相互交流机会增加,志愿服务团实际上是从几万名学生中重新遴选,组成了成员具有相同特点的团队,因此志愿者们能够更快熟悉、相互了解、彼此信任、默契配合,在日常工作生活中形成了良好的合作机制,激发了志愿者们的合作意识。

二、意志品质对大学生就业观念的影响

据报道[6],大学生就业观念往往受到社会因素、学校因素和家庭因素的多重影响,其中学校因素对于大学生就业择业发挥着决定性作用。学校因素包括高校教育对大学生就业择业的影响和就业心理指导对就业择业观念的影响,其中高校教育是指对大学生综合能力的培养和意志品质的塑造。另有文章指出[7],大学生存在的不良就业观念主要包括消极等待观念、职业稳定观念和从众就业观念。此外,根据调查分析显示[8],受经济利益驱动以及拜金主义、享乐主义等不良社会意识影响,在就业方面,许多大学生存在追求眼前利益的特点。根据以上研究分析可知,当代大学生就业择业观念仍然存在误区,特别是2020年以来,出现了盲目"求稳"的现象和"利益至上"的就业趋势,出现了不良的就业择业风气。

习近平总书记在全国高校思想政治工作会议上明确指出[9],要坚持把"立德树人"作为教育教学的中心环节;同时,习近平总书记在给中国石油大学(北京)克拉玛依校区毕业生回信中对大学毕业生寄予厚望[10],希望全国广大高校毕业生志存高远、脚踏实地,不畏艰难险阻,勇担时代使命,把个人的理想追求融入党和国家事业之中,为党、为祖国、为人民多作贡献。这对大学生就业观念培养和塑造起到了关键指引作用。一方面,大学生在就业择业过程中应该发挥主观能动性,放弃"等、靠、要"的思维,主动出击,积极应变,才会有所收获;另一方面,应该意识到学校培养对大学生的个人选择起到了重要的引领作用,大学生就业观念塑造非一日之功,要授人以渔,长期教育引导学生树立为人民服务的就业择业观念和意识,而这一顶层设计的基础,是持续培养学生健康向上的意志品质,为有源头活水来,只有把握思想根源,才能从根本解决就业观念的偏差问题。

树立积极的就业观念需要在学生培养阶段提供土壤,而北京冬奥会和冬残奥会的志愿服务正是一片沃土,为冬奥志愿者塑造了坚定的意志品质。基于此,本文进一步调研了冬奥志愿者在参与志愿服务前后就业择业观念的变化,并从中总结规律,探究冬奥志愿服务经历对其就业择业观念塑造的影响。

三、冬奥志愿服务经历对就业择业观念塑造影响

为进一步发挥冬奥志愿服务在"为党育人,为国育才"实践中的重要作用,充分挖掘冬奥精神遗产,从中汲取思政育人养分,本文对北京邮电大学冬奥志愿者进行调研并论证,探究冬奥志愿服务经历对就业择业观念塑造的影响。根据调研结果,有55%的志愿者在参与冬奥志愿服务前就有服务基层的意愿,在冬奥志愿服务后,这一比例提升至84%。70%的志愿者认为家国情怀对就业观念有重要影响,认为奉献精神是未来工作中的必备素养,超过91%的志愿者认为,合作意识对于个人成长发展起到积极的推动作用。此外,本文广泛调研了参与冬奥之后,志愿者的就业行业意向,结果显示,绝大部分志愿者愿意从事通信工程、计算机编程、邮政快递业及工程建筑类行业等基层服务业,有超过七成的志愿者表示愿意回到家乡工作,其中50%的志愿者家乡处于中西部地区。

根据统计数据和访谈结果,冬奥志愿服务经历对于个人发展起到了积极的推动作用,通过对部分志愿者访谈发现,志愿者们服务冬奥后明显消除了对于就业的"恐惧感",而是愿意更积极地面对就业。这对推动学生就业起到了积极作用,有利于在大学生群体中形成集群效应,能

够更好地帮助毕业生调整就业目标,缓解紧张压抑情绪。

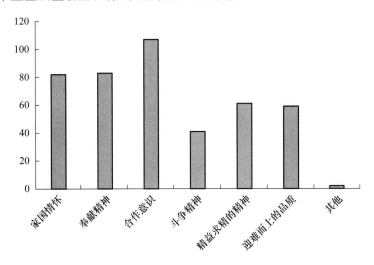

图 3 各项意志品质在就业中是否有积极作用调查结果柱状图

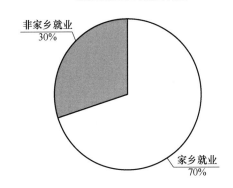

图 4 冬奥志愿者就业区域意向调查结果饼状图

图 5 返乡就业志愿者家乡分布词云图

本文认为,就业观念的树立和塑造,一方面应当从根源入手,严把思想观,以大学生思想政治教育为抓手,开展职业规划教育,只有在思想上认可,在意志品质上加以培养和完善,才能塑造积极向上的就业观念;另一方面,要充分挖掘大型志愿服务经历的育人功能,通过这种润物无声的方式,能帮助当代大学生更加深刻的理解其精神内涵,从而对个人成长发展起到积极的引导作用,减少"排异反应"。

参 考 文 献

[1] 王喆.20万人次冬奥会城市志愿者 如何统筹协调[N].中国青年报,2022-03-17(004).

[2] 李文静.中国传统文化基本精神对大学生就业的影响与启示[J].现代商贸工业,2022,43(06).

[3] 要叶美.家国情怀课程资源在思想政治课教学中的运用研究[D].石家庄:河北师范大学,2019.

[4] 王卓.试论中国传统文化中的"志愿"意蕴[J].湖南科技学院学报,2013,34(09):70-72.

[5] 臧炜晨.新时代大学生志愿精神培育研究[D].天津:天津商业大学,2021.

[6] 桂艳春.高校毕业生就业观念影响因素分析与思考[J].理论月刊,2008(10):110-112+135.

[7] 肖强.大学生择业观念的引导研究[J].四川理工学院学报(社会科学版),2005,20(3):118-121.

[8] 刘小娟.探讨新时期高校思政教育与就业指导教育的整合[J].时代报告,2022(3):143-145.

[9] 陈睿.基于教育部43号令谈新时代高校辅导员队伍的新要求[J].课程教育研究,2018(12):2.

[10] 中国妇女报.志存高远、脚踏实地,勇担时代使命[N].2020-07-09(001).

成长发展需要视域下的高校辅导员职业发展能力1+4模型

信息与通信工程学院　常　征

摘　要　本文在深入了解高校辅导员基本要求和工作职责的基础上,借鉴阿德弗ERG需要层次理论、职业五力模型等相关理论,关注到成长发展需要对人的深远影响,并在此视域下建立了高校辅导员职业发展能力1+4模型,指出成长力是辅导员职业发展的牵引力,行动力、影响力、思考力、领导力是四种平行作用力,在不同维度、不同领域发挥影响。牵引力和平行力相互协同、共同作用,从而决定职业发展的高度和广度。高校辅导员职业发展能力1+4模型能够深入分析辅导员职业发展的能力构成、内在需求和客观规律,对做好辅导员队伍建设有一定促进作用。

关键词　高校辅导员;成长发展需要;职业发展能力;1+4模型

一、相关理论综述

(一)ERG需要层次理论中的成长发展需要

美国学者阿德弗(C·P·Alderfer)于1969年提出ERG需要层次理论,认为人都有生存需求(Existence)、相互关系需求(Relatedness)和成长发展需求(Growth)三个核心需求。需求从低层次向高层次发展,人们在满足了低层次的需求之后,随之便会相应地产生更高层次的需求,并且这种需求是可以跳跃式发展的,即直接从"生存需求"跳到"成长需求"。"生存需求"关系到人的基本物质生存需要。"相互关系需求"指的是人对保持重要的人际关系的需要,需在与其他需求相互作用中达成这种社会和地位需求的满足。"成长发展需求"被阿德弗独立出来,表达个人内心谋求发展的愿望,其中包含自尊和自我实现的内容。这是ERG需要层次理论相较其他理论的重要不同之一。

(二)职业五力模型

我国学者李辉提出了职业五力模型,他认为五力模型包括成长力、行动力、影响力、思考力、领导力,这五种能力是所有能力的基础,是一个卓越人物的成长坐标,是职业发展的内在支撑系统。对照五力模型可以测试出个体的优劣势,挖掘不为人知的内在潜能,更好地提高素质能力,快速弥补短板,极限发挥优势能力。

图 1　职业五力模型

表 1　职业五力的具体内容

名称	含义
成长力	成长力核心是"品质、格局、渴望和目标" 1. 成长力是人的本能,是一种来自人内在深层的求生存的本能,内心有对成功的渴望 2. 有极强的欲望,有极强的目标感,有追求卓越和优秀的强劲驱动力 3. 勤奋是其基本品质,格局视野好,成长力决定人的发展高度。也就是所谓的根有多深,发展就有多高
行动力	行动力擅长"速度和动手操作" 1. 行动力强的人,善于动手操作,马上执行,速度是其最重要的衡量标准,他们不在乎完美 2. 行动力强的人,喜欢和事物交流,对事物的结构和功能理解深刻,他们对结果的追求超过品质
影响力	喜欢和人交流,善于鼓舞,情绪起伏变化 1. 影响力高的人,善于处理人际关系,说服力强,容易影响别人,也容易被别人影响 2. 影响力强的人,情绪变化起伏明显,感觉是其第一诉求,感觉不好行动力就会下降
思考力	思考力决定专业性,就是"想问题,看事情"的能力 1. 思考力高的人,考虑问题比较全面,追求完美,对事物的关系理解深刻,很容易抓到问题本质 2. 喜欢批判性思考,凡事易怀疑,善于反省自己,更多的时候喜欢一个人干,向内学习
领导力	领导力就是结果力,是指带领团队达成目标的能力。"能力的全面性和均衡性""善于发挥别人的力量""总是以团队利益为先"是其特点 1. 领导力是一个人综合品质、能力的融会贯通,带领团队达成目标的能力 2. 善于带一群人干,知人善用,胸怀开阔 3. 目标远大,意志坚定,远见卓越,以他人利益为优先

（三）高校辅导员的基本要求和工作职责

高校辅导员的基本要求为恪守"爱国守法、敬业爱生、育人为本、终身学习、为人师表"的职业守则；围绕学生、关照学生、服务学生,把握学生成长规律,不断提高学生思想水平、政治觉悟、道德品质、文化素养；引导学生正确认识世界和中国发展大势、正确认识中国特色和国际比较、正确认识时代责任和历史使命、正确认识远大抱负和脚踏实地,成为又红又专、德才兼备、全面发展的中国特色社会主义合格建设者和可靠接班人。

高校辅导员的工作职责细分为九大项,即思想理论教育和价值引领、党团和班级建设、学风建设、学生日常事务管理、心理健康教育与咨询工作、网络思想政治教育、校园危机事件应对、职业规划与就业创业指导、理论和实践研究。

二、高校辅导员职业发展能力1+4模型

辅导员是高校教师队伍的一个重要组成部分,他们不仅是高校从事德育工作,开展大学生思想政治教育的骨干力量,还是大学生健康成长的指导者和引路人。深入分析辅导员群体的成长需求以及职业发展要素,有助于辅导员队伍的建设和发展。

基于阿德弗的需要层次理论,我们可以看到一个人的成长需求不仅是外部环境提出的要求,而且是已经内化为自身的一种需要。对于辅导员来说,这种成长需要当然客观存在。如何使辅导员在工作岗位上激发成长的驱动力,并且通过内部和外部的双向激励不断满足这种需要,成为一个值得深思的问题。而我们需要做的事情是,如何为辅导员营造良好的职业环境,让他们把所有精力集中到学生的培养教育上。对照辅导员的基本要求以及辅导员的九大工作职责,我们尝试建立和研究高校辅导员职业发展能力1+4模型,对其中的每个维度进行深入分析,从而指导我们的实践工作。

在高校辅导员职业发展能力1+4模型中,成长力为纵向贯穿力,是带动其他几种能力的牵引力,是1+4模型中的"1",成长力的强度和持续性会影响其他能力的强度和持续性;行动力、思考力、影响力以及领导力是职业发展的四种平行力,在不同维度、不同领域发挥影响。牵引力和平行力相互协同、共同作用,决定职业发展的高度和广度。

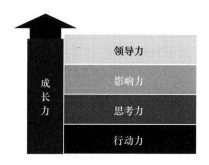

图2 高校辅导员职业能力1+4模型

(一) 成长力

美国学者约翰·拉塞尔提出"在现实社会中,组织和个体追求的不仅仅是生存问题,而是成长问题,甚至不是成长问题,而是成长速度的问题"。如果仅有成长,而缺乏持续的成长力,依然不能胜任日新月异的环境、错综复杂的情势,以及不可预见的未来挑战。

辅导员的成长力是职业发展能力的核心能力,贯穿整个职业生涯的发展,是行动、思考、影响、领导的内生动力之源。成长力要素包括"品质、格局、渴望和目标"。辅导员经过层层选拔,已经具备了相当的素质和能力,在走上工作岗位之后,需要不断锻造和升华优良的品德修养;在一点一滴的日常中深入理解学校办学的宗旨,既定规则的初心,在回复学生诉求的时候既要保持适宜的同理心,又要坚持应有的原则性;既要保证日常运转的平稳有序,又要在处理突发事件时表现出果决担当,在实践中不断拓展自己的眼界和格局;在日积月累中把对学生的热爱变成自己发自内心的渴望,把立德树人内化为自我的目标。只有这样,辅导员的个体成长力才能源源不断的支持整个职业生涯。

当然，我们要认识到成长型组织和个人互相成就，很多成长的促发来源于一线的辅导员，因此学校应该采用合理的机制去挖掘其成长的潜力，从而促使高校思政工作的水平进一步提升。

（二）行动力

清代文学家彭端淑在《白鹤堂集》中写过这样一句话："天下事有难易乎？为之，则难者亦易矣；不为，则易者亦难矣。"而其中的难与不难完全在于行动。行动力即指策划战略意图，拥有超强自制力，能突破自我，实现自己想做而不敢做的，或是自认为能力不足的事情，并拥有坚定的决心一定要实现制定的计划。就个人而言，行动力的核心含义便是自制力。

辅导员的行动力着重体现在一个字，那就是"做"。面对纷繁复杂的大量事务性工作，首先，应该培养主次观念，将自己的工作分成轻、重、缓、急四个维度，保持多线程的工作同时协调有序推进。其次，倘若我们真的难以抉择，那么索性硬着头皮，迎头而上，在行动中学习。实践是检验整理的唯一标准，行动是一切目标的燃料动力。而阻碍行动的最大问题在于畏难情绪，畏惧困难、畏惧失败、畏惧未知，而年轻的辅导员确实需要避免过早地陷入职业倦怠，避免躺平在自己设定的舒适圈内。

（三）思考力

思考力指的是透过现象看到问题本质的能力。思考力可以分为三个层次的能力：发现问题的能力：质疑他人所未质疑的问题和找到突破学识的问题点的能力；解决问题的能力：面对自己发现的问题，克服所有的困难，将问题整理、分析、分解直至找到问题答案的能力；永不言弃的精神：在结果出现之前决不放弃，执着地坚持从根本上解决问题，直至找到问题答案的能力。

辅导员的思考力决定着其专业性水平。首先是思考力的要素是信息量的大小；对于工作对象掌握的知识量和信息量的多少决定着是否具体、全面和完整，决定着工作中思维的高度和维度。其次是方向性：是不是有正确的价值导向，是不是做到了目的性、方向性和一致性的高度统一，决定着工作中思维的角度和向度。最后是作用点：是不是把握了工作中特定对象（学生群体或具体工作任务）的关键要素和关键特征，是不是理解了解决问题的关键节点，避免了在工作中漫无目的，造成大量无用功。

（四）影响力

影响力是一种以他人所乐于接受的方式，改变其思想和行动的能力。"权力性影响力"与"非权力性影响力"是影响力的两大基础。法律、职位、习惯、武力等方面是权力性影响力的主要来源。权力性影响力具有强迫性、不可抗拒性，并通过外推力的方式发挥作用。在外推力方式的作用下，权力性影响力对人的心理与行为的激励是有限的；非权力性影响力也称非强制性影响力，主要源于个人的人格魅力、相互感召和相互信赖，与权力性影响力相反。

高校辅导员的影响力部分来自岗位授予的权力性影响力，更多地来自与学生长期交互中潜移默化而形成的信任力、感召力和说服力。毋庸置疑，辅导员从事思政工作其影响力非常重要，而很多时候都在运用语言来发挥影响力，这包括理智语言和非理智语言，理智语言在于传达学校的各项制度和工作安排，非理智语言包括辅导员个人自我精神的表白、自我生命的袒露、个人终极立场的澄明，以及跟学生朝夕相处时的形体语言和行动语言，这一切都在悄悄塑造和发挥着自我影响力。

(五)领导力

领导力指在管辖的范围内,充分利用人力与客观条件,以最小的成本办成所需的事情,提高整个团体办事效率的能力。北京大学国家发展研究院管理学教授杨壮认为:"领导力是职场人自身所渗透出的气质,而领导则是外界赋予的权利,当下中国职场人都面临着建立领导力的难题。"

辅导员的领导力在其工作场域更多的像一种无形领导力,一般包含共同的驱动目标(立德树人、全面发展、成长成才)、个体成员对目标的崇高信仰(培养什么人、怎样培养人)和感情投入(是否真心热爱,是否全身心投入)、汇聚集体力量的人力资源(带动学生集体进步,一个都不能少)、超越个人利益的意愿(敬业奉献)等方面的含义。

辅导员职业发展的水平和成果除了体现在促进学生的成长成才,还有一个非常重要的表现就是辅导员本身的成长和成才,这种职业发展结果来自对工作深层次的思考、日复一日地实干苦干、多维度的良性互动、集体价值和自我价值的共同实现、职业能力的不断培养和积累。建立和研究辅导员职业发展1+4模型,可以让我们深入了解辅导员发展的内在需要和客观规律,从而在工作中有的放矢,事半功倍。

参 考 文 献

[1] 中共中央国务院.关于加强和改进新形势下高校思想政治工作的意见,2016.
[2] 教育部.高等学校辅导员职业能力标准(暂行),2014.
[3] 教育部等八部门.关于加快构建高校思想政治工作体系的意见,2020.
[4] 曾峰,邝小红,冯晓虹.ERG理论对现代人力资源管理的启示[J].商业时代:2003(24).
[5] 陈果.懂你——道德教育的语言艺术[M],济南:山东画报出版社,2016.
[6] Hilbert M, Lopez P. The Word's Technological Capacity to Store, Communicate and Compute Information[J]. Science,2011,332(6025).
[7] 舒小琴.大数据时代下事业单位内部控制的优化与建议[J].中国市场,2022(05):195-196.
[8] 陈文,蒲清平,邹放鸣.大数据时代的高校学生教育管理模式转变与应对策略[J].江苏高教,2017,15(1):67-69.
[9] 姜钰.大数据思维视域下高校学生管理工作模式研究[J].中国民族博览,2018(10):86-87.
[10] 范庆瑜.大数据思维视域下高校学生管理工作转型研究[J].教育现代化,2017,4(02):169-172.

二、案例篇

紧抓"管靠引"撬杆 探寻思政工作进科研团队新路径

计算机学院(国家示范性软件学院) 李祉莹

一、工作简介

研究生规模不断扩大,随着社会思潮不断冲击,目前出现了新特点和新问题。很多研究生思想政治方面的问题相继出现,如信仰缺失、学术不端等一系列问题,而研究生与本科生相比,三观基本固化,对学校的思想政治教育接受程度降低,思政教育工作仍有许多亟须解决的问题。在新的培养机制和学术压力下,导师及学生科研压力大,就业压力大,没有足够的精力特意安排出时间经常性的组织参与顾及党班团活动。2018年1月,教育部下发了《教育部关于全面落实研究生导师立德树人职责的意见》(教研〔2018〕1号),专门要求落实导师是研究生培养第一责任人,明确研究生导师立德树人职责。通过学生的问卷调查显示,关于思政工作教育主体,学生思政教育接受度从高到低的是:导师＞辅导员＞思政课教师＞学生党支书,所以探索如何发挥导师在思政工作中的作用显得尤为重要,在科研学习中融入思政工作将会达到事半功倍的效果。

二、做法与成效

随着改革与发展,计算机学院(国家示范性软件学院)形成了根据招生组及研究方向而形成的由多名导师组成的研究生指导团队,组成更为整体的研究生指导团队——科研团队,科研团队通常由老、中、青三代组成合理学术梯队,由学术带头人担任中心主任,以科研团队建立教职工支部,推选出支部书记主抓思政工作。北京邮电大学计算机学院(国家示范性软件学院)通过调研研究生导师立德树人的现状,基于研究生培养模式,紧抓"管靠引"撬杆,积极探索研究生导师全员全过程全方位立德树人新模式,探寻思政工作进科研团队新路径。

(一) 管:双导纵横管理,让责任意识强起来

辅导员与科研团队直接对接,建立起沟通联系、情况反馈和分析会商工作机制,形成"导师＋辅导员纵横结合型"管理模式。学生组织架构优化调整,党支部设在研究中心、科研团队。推动党班团一体化,党支部书记由学生担任,党支部组织委员兼任团支部书记,党员身份班长

兼任党支部副书记,并由所在研究团队教职工党支部书记、研究生辅导员共同指导学生工作。按照学生发展规律,辅导员将助学、心理、就业等情况定期汇总同步给科研团队,让导师共同关注学生情况,做好研究生的日常管理,加强导师是研究生培养第一责任人的责任意识。

(二)靠:紧靠团队特点,让思政教育顺起来

紧靠科研团队的组会规律性特点,定期组织"科研组会思政学习一刻钟"活动,分为三个板块:"咨询学习"由学生党支书对近期时政热点要点归纳分享;"导员导语"由辅导员将近期重点工作进行动员,进行主题微党课;"师说时政"结合思政要点及近期科研任务对学生提要求提展望。学生支部书记、辅导员、汇集导师形成教育合力,将思政学习融入科研组会日常,将加强思想政治教育和指导专业学习、科研训练相互渗透、有机结合,充分发挥研究生指导教师在研究生思想政治教育中的重要作用,增强思政工作开展时效性和团队凝聚力,增强思政教育实效。

(三)引:引入五德育人,让科研团队动起来

聚焦"德智体美劳"全面发展,全方位、多角度在实验室内开展多样化活动。"学党史"、建立"实验室图书角"促德育发展,"学术技术沙龙""博览群会"促智育发展,"欢乐实验室""师生拔河比赛"等师生共同参与的文体活动促体育发展,"爱国爱党摄影展"在实验室内布展促美育发展,"最美实验室"由导师担任评审,多维度拼比工位卫生促劳育发展。这些活动促进了师生交流,增进了团队凝聚力,营造了积极向上的实验室团队文化。

紧抓"管靠引"撬杆,实现资源共享、优势互补,为思政进科研团队体系构建提供新思路新路径。将全院师生的思想政治教育和专业建设有机融合,形成了三全育人思想政治工作体系。这既调动教师参与思政的积极性,又引导学生成为思政的主体,思政工作与专业建设的融合度越来越高,师生的思想政治素质和专业能力水平得到锻炼和有效提高。思政工作进科研团队把思想政治工作推上一个新台阶,着力构建与一流学科建设相协调的一流育人格局,全面推进培养国家急需的高层次人才,做好内涵式发展的研究生学生工作。

三、思考与建议

(一)增强协同育人理念,提升导师立德树人意识

使导师转变观念、明确责任,推进导师在学生思想政治教育工作中的作用,加强师德师风培训,提升综合素养,完善育人机制。构建导师和辅导员的协作育人理念,共同关注学生工作。在科研项目多任务重的情况下,探索实现思想教育与专业教育相结合的工作模式。

(二)融入研究生全过程培养

科研团队中学生实验室相对集中,硕博梯队发挥传帮带作用,从新生入校到毕业就业,导师通过培养时间线每个阶段对研究生有计划、有组织地进行思想政治理论灌输,做好研究生成长成才的指导者和引路人。

（三）全方位培养践行立德树人工作职责

通过课程培养教育、科研素养教育、综合素质教育、实践活动教育、日常管理教育五个维度，依托原本科研节奏、依托实际生活工作、依托师生团体性质、依托党班团协同开展，提升研究生思想政治素质，培养研究生学术创新能力和实践创新能力，增强研究生社会责任感，指导研究生恪守学术道德规范、优化研究生培养条件，注重对研究生人文关怀。

"三全育人"中家校共育模式探索

国际学院 刘 畅

一、工作简介

为落实中共中央、国务院提出的"三全育人"工作要求，探索高校大学生培养环节中"家校共育"模式，辅导员在学生管理工作以及和家长沟通方式中，要充分利用互联网信息技术和微信等网络通信工具，使工作方式更加灵活和多元化。在多年辅导员工作中，我不断探索"家校共育"模式新的开展方式，思考家长在大学生成长成才中，如何更有效地发挥学校之外的辅助作用，并在实践工作中不断尝试和调整，逐步探索在"三全育人"过程中实现家校共育，促进学生成长成才，现将主要做法阐述如下。

二、做法与成效

（一）调整观念，变被动为主动

很多辅导员在日常工作中，联系学生家长的原因一般是学生在校学业、心理、社交方面出现问题后，履行学生培养职责，告知家长们学生在校情况；或是家长主动联系辅导员询问学生在校学习生活各方面情况时，辅导员给予答复。

面对家长们层出不穷的问题，辅导员感到精疲力竭，认为管理学生已经耗费大量时间和精力，不愿再去应对家长的问题。部分学生也认为，自己已经上大学，终于摆脱了在父母身边的束缚，不希望家长过多地了解自己在校情况。也有部分家长认为，孩子上大学后，全权交给学校管理就好。但从个人多年从事辅导员工作的经验来看，以上观念都存在偏差。

我认为，大学生在校学习生活的每个环节都需要学校、学生和家长多方参与和协同，缺少任何一方的支撑，都可能在学生的成长成才过程中形成隐患。在大学生管理工作中，辅导员要深刻理解"三全育人"的意义，调整观念，在家校共育中变被动为主动，让家长更有效地参与到学生培养环节中。

（二）搭建平台，建立沟通渠道

之前，与家长沟通的方式主要是电话、面谈，随着互联网的发展，QQ、微信也变为主要的沟通方式，甚至有辅导员开设个人微博和公众号作为上述渠道的补充。但这些沟通大多数都是点对点的交流,缺乏整体性,难以发挥家校共育的最大影响力。

换个角度看,其实很多家长也很想了解学生在校学习所处的大环境情况,包括所在班级、学院的最新动态,但因为担心麻烦辅导员或缺少有效途径而无法实现。自带国际学院2017级本科生以来,我尝试通过建立家长微信群,在群内不定期发布学生在校学习生活情况(照片和班级新闻),以及院校相关通知和新闻,使家长们对学生在校学习和生活情况、学校相关要求有了更直观、更深入的了解。利用该方法,我被家长咨询的工作量并没有提升,但辅导员和家长的沟通却更加顺畅,从未出现家长对于学校不满而投诉的情况。

(三) 建立互信,落实"三全育人"

通过家校共育有效联系机制,日常工作中的点滴积累,建立家校互信,形成对于家长群体的有效影响力,给我的辅导员工作带来了极大的帮助,真正使得"三全育人"工作通过家校共育的创新模式有效落实。

正是因为得到了家长的信任,在遇到突发事件造成学生利益受损时,家长能带着信任,积极配合学校工作,使问题得到圆满解决;在新冠疫情导致学生无法正常返校时,家长能最大程度地理解学校相关政策,有力支持了学生在家线上学习和每日疫情防控打卡等日常工作;甚至在招生季和毕业季,家长们也能发挥影响力,积极为学院推荐优质生源或帮毕业生寻找就业机会。

三、思考与建议

"三全育人"是新时代推进育人理念和育人方式变革的重大命题。培养具有家国情怀、人文素养、创新精神、实践能力、国际视野的高素质人才和德智体美劳全面发展的社会主义合格建设者和可靠接班人,是新时代高校的重要使命。

作为在思想教育一线工作多年的辅导员,在不断探索和实践家校共育模式如何使"三全育人"有效开展中,我主要有以下三方面的心得。

首先,家校共育是确保"三全育人"有效开展的重要抓手,家长对学校学生管理工作的理解和支持,很大程度上拓展了学生培养的深度。

其次,随着学生管理工作复杂度的提升和互联网科技的发展,要充分利用新媒体等手段,不断拓展家校共育渠道和平台,提升家校共育成效。

最后,作为家校之间的重要桥梁与纽带,家校共育对辅导员自身综合能力也提出了更高的要求。辅导员面对家长时要能讲得清政策,语言表达准确,专业素质过硬,这样才能赢得家长的信任与尊重。

以上是我多年辅导员工作中关于家校共育工作的一些思考。在今后的工作中,我将以"三全育人"工作要求为指导,在家校共育工作中,不断探索新方法、拓展新途径,持续提升辅导员专业技能。

研究生导师与辅导员"三个一"协同育人模式探索
——基于北京邮电大学思政进科研团队工作的教育经验

电子工程学院辅导员　杨薇薇

一、工作简介

当前,研究生思政教育工作在教育主体、教育受体、教育环境等方面存在着诸多压力与现实挑战。受到当前世界多元价值取向的冲击,在社会发展速度与生活节奏日益加快的环境下,面临就业、情感、学业等实际困难,相当一部分研究生出现了理想信念缺失、政治意识淡化、心理受挫能力差等诸多成长问题,这极大地增加了思政教育工作的难度。而在现有的研究生培养、管理模式中,导师主要通过科研开展育人工作,自身科研任务重,辅导员则主要在日常管理、生活等方面给予学生帮助引导,常常陷入日常琐事处理中,双方往往缺乏主动沟通,合作路径欠缺,陷入"日常少联系,有事才沟通"的状态中,这则导致思政工作的协同育人格局难以形成。

作为研究生思政教育两大主体力量,导师与辅导员队伍的协同育人路径嗜待探索,建立一支和谐统一、高效有力的研究生思政教育工作队伍,这是全面落实党的教育方针的实践探索,是当下做好研究生思想政治教育工作的现实需要。

二、做法与成效

作为电子工程学院研究生辅导员、研究生工作负责人,我从学院的学科背景、学生特点、科研团队建设情况以及学院研究生思政工作实际情况出发,在学院领导的指导下,以实际存在的困点为切入口开展工作,建立了"三个一"协同育人模式,推动形成学工队伍与导师队伍互为助力的研究生思想政治教育工作格局,努力打通"三全育人"最后一公里。

(一)建立一支自信型队伍

辅导员工作多在日常事务管理,而研究生问题多表现在科研方面,不少研究生和导师表示,与辅导员沟通并无太多帮助,因此目前的思政工作呈现出普遍存在的"辅导员主动、导师和学生被动"问题。我从自身成长出发,开展研究生辅导员队伍的专业化培养,围绕危机干预、团体辅导、生涯指导、公文写作等内容组织学院层面的辅导员培训活动,加强学生工作队伍的职业化建设,尤其是辅导员的心理工作实战技能,可以在处理导学矛盾、实验室文化建设、突发危机事件中发挥重要作用,在提升辅导员工作自信、专业自信的同时,让导师更加信赖辅导员队伍,吸引导师和研究生在思想问题、心理问题、就业问题上主动与辅导员沟通,寻求辅导员的指导与帮助,化被动为主动。

(二)开展一次温馨走访

辅导员与导师之间存在着学历、年龄和人生阅历之间的差异,因此双方在沟通中往往处于不平等的位置,互相欠缺理解。我在组织开展学院的各项评优、文化活动中,有意识地加入导师参与环节,采纳导师意见,通过正式的沟通方式促进沟通渠道的完善。同时,鼓励、组织学院研究生辅导员日常主动走进科研团队、导师办公室,通过游戏互动、团体辅导等形式,与导师探讨学生心理困点与成长需求。尤其对于心理、学业上重点关注的学生,共同拟定帮扶措施,帮助导师分析学生心理与需求,一定程度上为导师日常管理解决后顾之忧,通过非正式的沟通营造零距离的沟通氛围。通过正式与非正式沟通方式的有机结合,促进导师与辅导员的互相认同与理解,调动双方积极性,进一步推动研究生导师和辅导员的单向沟通、孤军奋战向双方沟通、协同作战的转变。

(三)搭建一套联动机制

目前,辅导员和导师的工作交集多在于事务性的沟通和应急事件处理,具有暂时性,没有形成系统化、常态化的沟通机制。且不同科研团队的管理模式、导师风格也有不同,因此在建立与科研团队之间的育人模式时,我力争求同存异,统一化制定日常联络制度,个性化制定与不同科研团队间的交流模式。首先,导师的空闲时间相对较少,许多活动需要借助学生开展,这一点是各个团队共通的。我通过与各个科研团队联系人老师的沟通商讨,在各个团队中选取一名性格外向、沟通能力强的学生作为团队思政工作联系学生,加强研究生与学校、导师、辅导员之间的交流,及时掌握学生的实际问题,积极协同导师帮助学生解决困难。再者,发挥思政进团队活动在研究生思想政治教育工作中起到的组织实施作用,根据不同导学团队、不同导师的特点,将实验室建设与心理活动、党建活动等有机结合,形成个性化的交流模式,满足科研团队实际需求,促进双方更深层次的联动。

三、思考与建议

《教育部关于进一步加强和改进研究生思想政治教育的若干意见》指出,加强和改进研究生思想政治教育,是当前全面推进大学生思想政治教育工作中一项十分紧迫的任务,高校要建立起以研究生导师和辅导员为主体的研究生思想政治教育工作队伍。研究生导师与辅导员"三个一"协同育人模式,紧密结合当前研究生思政工作需求,解决了目前三全育人工作推进中的难点与困点问题:首先,通过提升辅导员职业素养与专业能力,获得尊重、获得信任,解决了导师与辅导员协同育人工作中的供求不平衡问题;其次,辅导员主动走入实验室,真正让辅导员工作走入研究生培养全过程,增强双方理解,从根源上为协同育人增添动力;最后,通过搭建个性化联动机制,使得协同育人模式更具"可持续性",更加符合学生成长成才的内在需求,真正为学生成长保驾护航。

研究生导师与辅导员协同育人既要加强双方的横向联系，建立长效机制，又要适应研究生人才培养的特点和需求，提高育人实效。我将继续借助学院思政进科研团队的活动，结合学院特点和培养方式，进一步挖掘导师与辅导员在思政教育工作中的交集，不断提升育人水平，探索协同育人新思路、新模式、新举措。

危机预防与干预中家校合作模式探索

学生工作部(处)　张兰鸽　涂翠平

一、工作简介

众所周知,家庭是人生的第一所学校,对学生心理危机的形成、发展与化解具有至关重要的影响,心理危机预防与干预中的家校合作不可或缺。2020年,教育部等八部门发布的《关于加快构建高校思想政治工作体系的意见》中也指出,要"推动形成学校、家庭和社会教育协同育人机制"。为认真贯彻落实文件精神,2021年,我和同事们面向辅导员、心理危机学生家长和学生开展了"高校心理危机干预中家校合作的现状与困境"的访谈研究。结果显示,目前心理危机预防与干预中的家校合作既受心理问题隐蔽性强、家校合作地域限制大等客观因素的制约,又受家长心理健康意识薄弱、学生极力阻挠等主观因素的阻碍,这就导致虽然学校、家庭和学生三方都非常期待家校联动共同助力于学生的成长成才,但目前家校合作的系统性、科学性与实效性却不尽如人意。为此,我们有必要对大学生心理危机预防与干预中的家校合作模式进行积极的探索。

二、做法与成效

在调研中,我们发现提升家长的心理健康意识是开展家校合作的重要突破口。为了实现精准化的心理帮扶效果,我们针对不同群体开展了专项服务,搭建了面向家长的三级教育网络。具体做法如下。

(一)开展"五个一"暖心行动,构建和谐家庭氛围

为了让家长更加重视孩子的身心健康,为学生的学习、成长创建良好的家庭氛围,我们面向全体学生家长开展了"五个一"家校暖心行动:一场讲座、一本手册、一封家书、一个阅读系列和一系列家长心理微课。一场讲座是举办新生家长心理专题讲座;一本手册是制作并投放了1000册《寸草春晖——心理自助手册》(家长版),帮助家长转变教育理念,给予孩子恰如其分的爱与关注,进而帮助学生尽快适应大学生活;一封家书是动员100余名学生书写家书,形成近5万字的真情告白——《春晖至暖》,促进学生积极表达对父母的爱与感恩,提升亲子关系质量;一个阅读系列是建议家长阅读《为何家会伤人》《目送》《家庭依附》《活出生命的意义》等近30本心理学书籍的方式,帮助家长有效应对与学生的分离焦虑及对孩子未来的就业焦虑,实

现与学生心理上的共同成长;一系列心理微课是围绕良好亲子关系的构建与维持、亲子沟通与冲突解决、理解孩子的成长等主题,渗透正确的教育理念,提升沟通技巧及应对方式,构建和谐亲子关系。"五个一"家校暖心行动有助于让家长了解当前大学生的心理特点和成长规律,有效地缓解了家长的教育焦虑,指导家长改变教育理念和沟通方式,降低对孩子的非理性期待,提升亲子沟通质量和效果,构建良好家庭氛围,从而让家长为孩子提供良好的社会支持,预防心理危机的产生,也极大地提升了家校合作的系统性、科学性。

(二)依托"1+1+1"模式畅通家校合作渠道,增强家长的心理健康意识

为了突破家校地域限制,畅通家校沟通交流渠道,我们通过一系列家长心理沙龙、一部家长热线、一对一的家长心理咨询辅导的模式,整合线上线下资源,举办面向学生家长的心理宣传教育讲座、心理沙龙,不定期开展家长热线,并针对有特殊心理需求学生的家长提供心理辅导资源,向学生家长宣传心理健康知识,解答家长心理困惑,夯实对心理问题学生的精准帮扶的效果。这一模式依托多媒体平台,打破了家校沟通的时空限制,有效地引导家长重视学生的心理问题,向家长普及了心理疾病的相关常识,有助于家长从孩子的日常言行中识别心理危机信号,从而实现家校联动做好学生心理危机的早发现、早识别、早干预。这一模式也提升了家校合作的针对性与实效性。

(三)建立家校危机干预联盟,个性化、规范化指导保障危机干预效果

针对出现心理危机的学生家长,建立家校危机干预联盟,从如何改善与孩子的相处方式、如何更好地监护孩子、及时就医治疗等方面为家长提供个性化建议,与家长共同应对心理危机事件,家校协作帮助学生顺利度过危机。依据相关法律法规及上级文件精神,我们制定了《学生心理危机与干预手册》,明晰了心理危机事件出现后学生就医及服药、24小时监护、陪读等多项事宜中家庭和学校的职责,为家校合作提供了制度保障,有助于调动家庭、学校和社会多方力量共同守护学生们的生命安全,提升了家校合作的规范化。

三、思考与建议

家校合作是心理危机预防与干预工作的重要内容。提升家长的心理健康意识是增强家校合作效果的重中之重。我校在深入调研目前高校心理危机干预中家校合作困境的基础上,搭建了面向家长的三级教育网络:一级教育网络面向全体学生家长,着力构建和谐家庭氛围,以期通过家校合作预防学生心理危机的发生;二级教育网络重点针对有发展性困扰或轻度问题的学生家长,着力提升家长的心理健康意识,以期通过家校合作及时化解学生潜在心理危机;三级教育网络针对出现严重心理异常的学生家长,着力增强家长的危机处理胜任力,以期通过家校联动帮助学生顺利度过危机。三级教育网络强化了家庭育人功能,畅通了家校沟通渠道,增强家校育人合力,也提升了家校合作的科学性、系统性、实效性和规范性。

当前,家校合作三级教育网络虽然取得了一定的成效,但是如何构建危机预防与干预中家校合作的长效机制,进一步提升心理危机预防与干预的系统性与实效性,仍然是未来工作中不懈努力的重要方向。

新生引航,明"经"修"行"

经济管理学院　梁天驰

一、工作简介

作为 2021 年入职的辅导员,带领大一新生顺利地从中学过渡到大学的学习与生活环境是最首要的工作之一,为此,我在开学前利用互联网平台对 186 名经济管理学院新生的思想动态进行了初步了解,建立了大小班新生微信群与学生沟通。在这一过程中我发现学生对未来的大学生活充满向往又缺乏了解,我认识到这个时期的思想政治教育工作至关重要,要抓住新生入学的"窗口期",通过精准多元的新生引航工作开展新生思想教育,引导新生树立正确的价值观,坚定理想信念,明晰未来规划,调动新生的学习积极性。开学后我响应学校新生引航工程的号召,在学院党委的领导下结合疫情防控形势和经济管理学院实际情况,于 2021 年 9 月至 11 月组织 2021 级本科新生开展了"经生雏燕新飞,传邮万里相随"的新生引航工程,从"心怀理想——牢记使命,奋斗邮我;正视价值——自信奋进,不负韶华;勤学乐业——求知若渴,思贤精己;强身健体——防疫无懈,康健身心"4 个方面开展活动,通过思想、价值、学业、身心 4 个方面的正向引领,促进新生全方位融入大学生活。

二、做法与成效

1. 线上平台建设——公众号运营,架起与学生沟通的新桥梁,拓展思政教育途径

在当今互联网时代,信息传播呈现线上、线下双渠道趋势;大学生群体依赖网络的特征日益显现。为此,经济管理学院通过搭建微信公众平台来开展网络思想政治教育,畅通信息传播渠道,提升教育效果,创立了针对经济管理学院 2021 级本科生的微信公众号"21 级北邮经管之家",经济管理学院各小班也创立了公众号。自 2021 年 10 月 8 日"21 级北邮经管之家"正式上线至 2021 年 11 月 20 日,该微信公众平台共计推送 9 篇内容,其中涵盖开学典礼、"寻找李白"话剧观影、"军歌嘹亮"活动、红色"1+1"主题活动等多项日常和活动通知,使同学们能在第一时间了解最新资讯。通过线上组织召开的"学全国劳模,扬奋斗精神"交流会发挥榜样引领作用,助力角色转换,来自中国劳动关系学院的两位优秀毕业生任路楠、顾博与邮苑学子聚首"云端",这两位优秀毕业生在平凡的工作岗位上爱岗敬业、为民服务,精益求精、追求卓越的故事,为师生奉献了一场直抵心灵的精神盛宴。劳模精神、劳动精神、工匠精神,是以爱国主义为核心的民族精神和以改革创新为核心的时代精神的生动体现。

同时，我们注重微信公众平台的思想引领作用，即时在微信公众平台发布主题班会、主题团日等内容，发挥微信公众平台的信息传递作用。学生们通过微信的"分享"功能，将自己喜欢或与自己相关的内容转发到个人的微信朋友圈中，同时还可以进行线上评论，这在很大程度上增强了学生的主人翁意识，提高了学生在活动中的参与度和满足感；此外，通过"点赞""在看"功能，学生还可以表达对推送内容的满意程度。

作为辅导员的我和各班班委在宣传通知的同时也可以借助官方账号平台传达者与官方账号形成互联互帮的双向互惠关系，共同推进正向信息在学生中的传递。更为重要的是，微信官方账号具有权威性，其能够有效减少谣言，遏制不良信息的传播，能够在学生中发扬正能量，促进学生合力营造文明、和谐、整洁、舒适的生活氛围，同时也能够提高经济管理学院全体同学的凝聚力和增加其归属感。微信公众平台为本院学生的学习和生活提供了极大的便利，实现了面向学校、师生、家长的信息共享。

2. 通过线下实践活动，明"经"修"行"，促进新生引航工作的精准化、多元化

我们立足实际、多管齐下，加强宣传队伍建设，加强组织协调，营造浓厚的文化氛围，与时俱进，以形成工作合力和联动机制，教育和引导新生知行合一，矢志奋斗。

（1）组织以"弘扬爱国精神，勇担时代使命"为主线的参观学习活动

发挥首都资源文化优势，结合疫情防控形势，组织学生参观博物馆、历史纪念馆，使学生对爱国精神具有更加切身的感受。

了解邮苑历史，铭记爱校荣校。组织经济管理学院各班级参观我校发展成就馆，使学生深刻体会学院对通信领域的贡献，近距离了解我校教育发展的历史和新动态，切实感受学校严谨的管理理念，助力学生从各个方面增强作为北邮学子的自豪感，让学校新一代的朝气汇入历史的辉煌，明史立志，开拓创新。

（2）发挥榜样引领作用，助力角色转换

注重发挥同辈榜样的引领作用，邀请优秀的学长、学姐与新生进行面对面交流，给予新生充分的学业引导和路径选择，助力新生适应大学的学习节奏，顺利完成角色转换，提高学习动力和学习能力。

（3）组织新生研讨课，确保精准引航

开展针对大一新生的新生研讨课，引导学生对大学生活进行规划，以减轻学生大四时的就业思想压力，使其对于就业早准备、早投入、早收获，多向引舵。

（4）强化安全教育，提高防范意识

开展总体国家安全观教育，增强新生维护国家安全的意识，着重讲解"校园贷"、电信诈骗、网络法制、"禁毒防艾"，以及消防、交通、防震减灾等日常安全教育方面的知识。

三、思考与建议

精准化、多元化的新生引航工程对实现"五育并举"的育人规划具有重要意义。抓好新生入学的"窗口期"，关注新生入学的过渡阶段，助力新生明确方向、坚定信念、转换角色、提高效率，多向引航，给予学生多方面的引领，我们将微信公众平台与学生工作相结合，通过微信公众平台及时发布与学生相关的最新资讯，增强了学生参与学生工作的积极主动性，极大地提高了学生思政教育工作的效率，架起了学院与学生沟通的新桥梁，可助力新生顺利开启大学的学习和生活；通过线下的研讨会进行学业引领，精准引航，为新生未来的成长和发展奠定坚实的基

础,老师的指教与同学间的研讨,可使同学们对学业更具信心,对自己的未来更有期待。

新生引航工作是大学生思想政治教育的起点,要根据新生特点落实工作,不断开展线上线下实践活动,真正帮助新生了解校园、融入校园,要与时俱进,加强组织协调,形成工作合力和联动机制;注重工作实效,加强新闻宣传。新生引航以思想引领明确方向、立德树人;以价值引领培育爱国、爱校情怀,崇尚劳动实践;以学业引领指导人生规划,促进全面发展,培养健全人格,真正帮助新生了解校园、融入校园,助力美好未来。

重视培养少数民族学生干部

经济管理学院　玛依拉·乌斯曼江

一、工作简介

为了更好地提升少数民族学生的综合素质,在开展少数民族学生思想政治教育的工作中,应重点挖掘和重视培养思想上积极向上、学习上成绩较好、人际关系较好的少数民族学生,协助开展少数民族学生思想政治教育的有关活动,包括协助组织各项会议、日常学生活动等。在新生入学军训时,通过辅导员介绍以及军训中每天的交流和观察,本人发现一名维吾尔族学生玉同学在军训过程中积极报名担任临时班长,协助辅导员和教官组织各项军训任务。经过一段时间的观察,发现玉同学具有较高的政治觉悟、思想品质和综合能力。玉同学在思想上希望能加入中国共产党,早日成为一名中共党员,在班级中能紧紧地团结同学,相较于其他少数民族同学,其有更强的组织沟通能力和分析决策能力,并且具有较强的服务意识。观察该学生的思想品质和综合能力之后,在平时的工作中有意识、有计划地对他开展针对性的能力锻炼和综合素质培养,最终该生成为一名工作能力强、深受同学和老师认可的少数民族学生干部。

二、做法与成效

学生干部是大学生中的精英,精英的走向决定了民族、国家的走向,把握住广大青年的今天就把握了祖国发展的明天。优秀的少数民族大学生是铸牢中华民族共同体意识的带头模范,是校园里各民族相互交流、交往、交融的桥梁与纽带,是未来家乡建设中至关重要的人才队伍。在日常工作和生活中,我们要注重对少数民族学生干部的培养,善于观察,发现学生的特别之处,给予他们更多的机会,使他们参与到实际工作中。爱因斯坦曾说过,最直接有效的教育方法总是鼓励学生去实际行动。只有让优秀的少数民族学生参与到具体事务中,他们才能真正得到锻炼和提升。此外,我们还要以大爱、严爱之心和十分的热情培养学生各方面的能力,适时、恰当地给予学生鼓励和赏识,多运用积极心理教育法。

1. 案例处理方式

第一,使学生在活动中发挥综合能力,而不是"打杂工"。每次召开少数民族学生会议、组织学生校内外活动等时,在不影响玉同学学习的情况下,让他承担有一定分量的工作任务,在此过程中引导他、培养他,让他逐渐提高事情处理能力和问题解决能力,如撰写活动策划方案、设计活动流程,包括参会人员签到、现场组织、活动记录与总结以及撰写新闻稿件等。在实际工作中更好地发挥学生的综合能力,逐渐培养他们的组织管理能力。

第二,鼓励学生积极参与学院以及学校的各项活动,并且在少数民族学生中大力宣传,树立其表率作用。玉同学担任班长职务,在学院领导以及班级辅导员的大力引导和帮助下,通过学院以及辅导员为他提供的平台,积极表现,团结同学,一直严格要求自己,在思想上积极要求进步,最终成为一名中共党员。在学校庆祝共和国成立70周年专项工作中,经过学校优先安排、学院推荐、资格审定、选拔筛选,玉同学如愿成为志愿服务团队的一名成员,圆满完成了各项志愿服务工作。通过在少数民族学生中大力宣传玉同学的先进事迹,玉同学本人分享了在校学习和生活的经验,少数民族学生对"爱党爱国,爱校荣校"的教育入脑入心,同时玉同学也越来越自信。

2. 工作成效

经过将近4年时间的锻炼,玉同学的工作能力、人际交往能力等综合素质都得到了有效的提升。他参加国家公务员考试,报考了新疆维吾尔自治区组织部,以优异的成绩顺利地通过了笔试和面试,并根据组织安排准备到辽宁工作3年。在校期间,老师和同学对玉同学的评价比较高,一致认为玉同学做事有条理、有计划、有方案,处理事情的能力强。玉同学本人认为他能顺利通过新疆维吾尔自治区组织部的笔试和面试,除了专业优势以外,在校期间的学生干部经历和所获得的荣誉也得到了招聘单位的认可。

三、思考与建议

少数民族学生干部的培养是系统性工程。少数民族大学生作为校园里的特殊群体,在众多的大学生中或许并不是最优秀的学生,在日常的学生教育管理服务工作中,我们要善于观察和发现学生的特别之处,采用鼓励式教育方式,充分发挥学生的主观能动性,提升学生的学习力、领导力和社会实践能力。

第一,给予学生充分的信任,为学生提供更多的实际参与机会。信任是委以任务的基础。作为思想政治教育者,我们要充分信任学生,相信学生有能力处理好问题,相信学生能承担某项工作,给学生更多的机会参与实际工作,而不是"打打杂",要真正地让他"从做中学"。

第二,善于发现学生的闪光点。在日常生活中,用独特的眼光挖掘每一位学生的优点,从平凡中找出不平凡,对学生每一个好的表现和细微的进步,都要及时捕捉并给予认可和肯定。

第三,鼓励式教育。对待学生要"换位思考",了解他们的心理和性格特征,用更多的鼓励性语言滋润他们的心田,让师生关系更加融洽,师生间彼此认可、信任、互爱,在良性的互动关系中实现共同发展。

寝室矛盾与人际关系重建

信息与通信工程学院 郭书含

一、案例简介

小 A 和小 B 为信息与通信工程学院的本科学生，两人同处一间 6 人宿舍且为上下铺。其中，小 A 平时性格比较古怪，与同学相处存在问题，且有焦虑、抑郁等心理问题；小 B 平时睡眠质量差，且性格易怒。

事件的起因是某天上午，小 B 向我申请调出宿舍，理由为他的上铺舍友小 A 平时不注意卫生，睡觉打呼噜，此外小 B 和小 A 三观严重不合，平时经常发生言语冲突，最终小 B 无法忍受，希望学院出面沟通解决。

在向小 B 了解情况之后，首先，我通过检查宿舍卫生的机会走访该生宿舍，发现该宿舍整体卫生情况较差，小 A 个人也确实存在卫生问题。随后，我与宿舍长沟通了解情况，宿舍长说平时小 A 并不合群，舍友们都不是很喜欢和他交往，同时小 B 晚上睡眠质量很差，并且拒绝戴耳塞，如果被吵到就会非常愤怒，在宿舍里大喊大骂，甚至出现用衣架戳正在睡觉打呼噜的舍友等现象，态度十分恶劣，其他舍友也深受其影响。

在多方了解情况之后，考虑小 A 自身存在比较严重的心理问题，我向学院提出申请将小 B 同学调离该宿舍，并叮嘱宿舍长平时注意宿舍卫生，舍友之间多沟通，及时调节宿舍关系。几天之后，我接到心理中心的反馈电话，说小 B 近期由于心里比较烦闷，申请了心理咨询，但并无过度情绪或者过激行为，目前正在持续关注中。

事情大致过了一个星期，小 A 联系我，自述小 B 虽然搬离了原宿舍，但只有睡眠时间在新宿舍，其个人行李包括洗漱用品、衣物等都还存放在原宿舍，且常常在原宿舍打游戏至深夜，严重影响原宿舍其他学生休息，宿舍成员均希望小 B 能够尽快搬走自己的行李，不要再干扰其正常休息。随后我找来了小 B，并对其进行了批评教育，希望他能遵守校规校纪，按照约定到公寓中心办理手续，上交原宿舍钥匙，搬离宿舍。

事件平稳了一段时间，宿舍长于一天晚上联系我，自述宿舍门锁被小 B 踹坏了，整个宿舍的学生都比较害怕，事发突然，担心小 B 做出过激的事情。由于当时已经是深夜，我告知宿舍长保卫处的联系方式，如有意外事件发生让他立刻联系保卫处出面解决。次日，宿舍长向我说明宿舍内部沟通的解决方案：

（1）小 B 必须书面保证并写检查，不对该宿舍成员和财产进一步伤害，辅导员和宿舍全体成员签字；

(2) 放假前必须搬离并不再回原宿舍,书面保证;

(3) 要求小 B 更换已被破坏的锁和门框部分,且费用由其自理;

(4) 给原宿舍全体成员书面道歉,并在辅导员处报备;

(5) 若有进一步的过激行为,或者以上条款未被良好执行,马上通知保卫处,因为已经取证成功。

在安抚原宿舍成员的情绪之后,我找到小 B 了解情况,小 B 表示自己当天下午只是希望把存放在原宿舍最后的行李清理走,但到原宿舍之后发现原本从来不锁门的宿舍紧闭,舍友明明就在隔壁宿舍,却拒绝帮他开门,他一气之下将宿舍门踹开。小 B 表示事发之后十分后悔,他已经认识到自身问题,保证会尽快搬离,并赔付原宿舍修理门锁的钱。双方达成一致,事情最终得到了解决。

最后,我在宿舍楼下与小 B 进行交心谈话,他向我袒露,在平时的生活中,因为常常控制不住自身的情绪,做事十分情绪化,导致无法正确处理人际关系,对此他十分懊悔。在和我交流的过程中,小 B 表现出对整件事情的自责与悔恨。针对他的性格问题,我也对其进行了安慰与辅导,希望他在平时的人际交往中能够换位思考,常常反省自身的言行,遇到矛盾多沟通交流,这样才能化解误会。对于小 A 同学,虽然他在整个事件中属于弱势方,但他自身也存在人际交往、个人卫生等问题,我也对其进行了适当的辅导,并叮嘱他及时关注自己的病情,按时就医服药。

二、案例分析

1. 全面观察了解情况,透彻分析原因

由于小 A 的个人情况比较特殊,我在此之前就和家长取得联系并且详细了解过该生的情况。小 A 在大一时就注册了学校经济困难生,他家里经济条件较为困难,有一个正在上学的弟弟需要供养,曾经在大二向学院申请过临时困难补助。小 A 从小性格敏感,导致他人际交往能力较差,他目前还有严重的心理问题,一直在服药治疗,是学院和学校心理中心的重点观察对象。除此之外,他成绩很优异,但是自身体质较差,这使得他一直担心自己会被其他学生嘲笑,对他的心理造成了严重的困扰。

通过平时对小 B 的观察、班上其他同学的反映以及与小 B 平时谈话的了解,我发现小 B 与人交往也存在一些问题,主要体现在平时好怒,行为举止受心情影响较大等方面。

针对以上梳理以及两人的实际情况,对案例的分析如下。

(1) 个体差异是人际关系不和谐的潜在因素

大学生所感受到的人际关系不和谐,往往是由作息习惯差异、为人处世差异、私有利益受损所引起的,根源在于宿舍成员来自不同地域、不同家庭,有着不同的经历,是具有独特性的个体。他们在生活习惯、个性心理、人生观、价值观、道德观等方面存在着一些差异。这些差异成了许多宿舍矛盾冲突的根源。

(2) 心理和性格是不善于处理人际关系的内部因素

小 B 所面临的问题,不是更换宿舍就能解决的,小 B 要摆脱"困境",先要意识到自身存在的问题,有了这种意识才能采取行动解决问题。另外,小B易怒的性格造成了他平时的朋友较少,与舍友、同学之间的交流过少,错失了化解矛盾和冲突的机会,也就在与他人磨合的过程中缺少了理解和体谅,更多地把自身的利益摆在第一位。

(3)缺乏沟通是产生宿舍矛盾的直接因素

该事件的问题症结在于学生在宿舍生活中出现问题往往缺乏沟通,有问题不当面说出来并想办法解决,而更多的是采用沉默的方式,把情绪积攒在心里,这种问题更多地出现在男生宿舍当中,达到一定程度之后,则会引发较大的宿舍矛盾。

2. 多角度着手处理,科学引导解决问题

首先,与小B谈心,对于如何处理好人际关系向他提出一些建议。

(1)谦虚谨慎,摆正位置。做到这一点的关键是小B本人正确认识自己的过去,忘记过去的辉煌或阴影,不要因为曾经不理智的行为而懊悔,把明天作为一个新的起点,平静地看待周围的人和事,保持一种平和而理智的心态,谦虚待人。

(2)转变易怒好斗的性格,培养积极乐观的生活态度。自身要敞开心扉,与人交流,努力培养积极乐观的生活态度,凡事多往好的方面想。心理互换与相容,多站在别人的位置看问题,理解别人的所言所行,缩短心理上的距离。

(3)学会自我调节,排解压力和不良情绪。调节方式有很多,可以使自己忙碌转移注意力,可以通过阅读励志书籍勉励自己,可以选择听音乐放松心情,可以通过与知心的朋友、家人或辅导员聊天开导自己。

其次,与宿舍内其他同学开展座谈会,对解决宿舍矛盾提出建议。

(1)大家要充分理解小A的行为举止,同情他的家庭生活经历。大学就像个小社会,社会上会有各种不同性格的人,每个人都要学会与不同性格的人相处,并且我结合自身的大学经历,说明大学生活有很多重要的东西值得自己去追求,这是在充分尊重的基础上"晓之以理"。

(2)学会换位思考,让学生充分了解到,宿舍的每位同学都来自不同的地方,生活习惯不一样是很正常的事。同在一个屋檐下,生活在一起是缘分,我们需要做到的更多的是包容而非计较,更多的是体谅而非抱怨,更多的是沟通而非逃避,这是在充分理解的基础上"动之以情"。

最后,在事件平息之后,我召开了一次大班会,对宿舍成员之间的交往分享了一些观点。

(1)希望宿舍成员之间可以彼此珍惜余下的时间,平时多沟通交流,遇到矛盾多反省自己的言行,遇事多沟通,给舍友相互敞开心扉的机会,以委婉的方式说出各种内心的看法,共同商讨出和谐共处的方法。

(2)宿舍长做好宿舍成员沟通的桥梁,平时多关心宿舍同学,出现矛盾及时化解;制订宿舍公约,按时督促整理内务;引导宿舍成员树立集体观念,团结一致,共同进步。

三、案例总结

辅导员是大学生健康成长的指导者和引路人,不同生活背景、知识背景的学生,在日常生活习惯、学习习惯以及思想成熟度方面存在差异,进入大学后,在日常相处中难免会发生纠纷和矛盾,这时需要辅导员与学生进行沟通来协调人际关系。辅导员在沟通时,首先要正确认识自己,只有摆正自己的位置才能正确处理自己和他人的关系;其次要尊重他人,在平等的基础上与他人进行交往;最后要善于学习相关的沟通技巧,掌握倾听、共情、尊重等沟通技能,注意语言表达方式等。

　　辅导员是思想政治教育工作的主要承担者,其需要了解大学生心理特点,熟悉大学生常见的发展性心理问题,有针对性地帮助大学生处理好学习成长、择业交友、健康生活等方面的具体问题,结合大学生的实际广泛而深入地开展谈心活动,引导学生养成良好的心理品质和自尊、自爱、自律、自强的优良品格,这些也是思想政治教育内容的重要组成部分。辅导员要用责任心、奉献心、上进心、务实心和真诚心认真履行职责。

被"乌云"笼罩的女孩

网络空间安全学院　王　丹

一、基本情况介绍

一个冬天的晚上,刚刚结束晚点名的我正准备睡觉,这时 QQ 提示,学生小乔给我发了一个消息:"导员,你有时间么?我想明天去找你聊聊。"我立即回复同意,心中却隐隐不安。小乔是一个开朗的女孩,半夜发消息一定是遇到什么困难了。

小乔在进入大学生活前从没有过过集体生活,在她的世界里,都是过往与高中同学友好相处、快快乐乐的回忆。但是随着大一的过去,步入大二的她开始感觉到一种来自舍友的排挤。她睡觉早,所以她早早就关了灯,在她看来大家都没有异议,而在舍友眼中她是个"小公主",舍友只是在勉强忍耐。小乔午休,舍友 A 反复翻身,小乔怎么想都觉得舍友 A 在针对自己,下床理论后舍友 A 说是自己身体不舒服。关于宿舍卫生,大家都在白天做好卫生,晚上小乔才回来,她认为不使用地板也就不用清洗,舍友认为小乔故意不参加值日。直到有一天,小乔洗衣服路过舍友 A 碰撞了一下,舍友 A 和小乔争执起来,原本小乔认为"关系挺好"的舍长也没能为她说话,让她觉得崩溃,与宿舍成员不能相处。小乔在跟父母沟通后,不仅没能解决问题,她觉得自己委屈,又哭了。小乔脸上一直开朗的笑容也消失了。自此,小乔跟外院同学交朋友,并对自己的宿舍关系时不时吐槽,让原本紧张的舍友关系更加危险。多次思考后,小乔找我寻求帮助。

二、问题分析

"阳光抑郁"的情况如今越来越常见,看似优秀的女孩可能却被"乌云"笼罩着,小乔的情况不是个例,是多种原因造成的。

(一) 宏观分析

(1) 社会环境:2018 级本科生是首批 00 后,他们成长的社会环境物质生活丰富、信息发达,独生子女居多。

(2) 家庭原因:学生成长环境较为开放,且他们的成长过程较为顺利。在小乔的案例中有个插曲,就是在学生找我之前,家长就表现出格外的焦虑,哪怕是凌晨 2 点还是要发消息给辅导员,诉说自己的过度焦虑。

(3) 教育环境:学生面临的教育环境是"减负""减压",但是面临的社会环境是竞争和现实。

(二) 从宿舍家庭具体情况分析

(1) 制度层面:宿舍里并没有形成一套大家共同认可的秩序,宿舍长并不愿意出来承担责任。原有的家庭教育也无法解决目前学生遇到的困难。

(2) 心理层面:矛盾最集中的两个人都缺乏大学集体宿舍生活经验,彼此的摩擦不知道如何处理,让原本骄傲的两个女生的关系更紧张。

(3) 文化层面:宿舍成员之间的良好关系在军训的时候比较牢固,但过了"蜜月期",基础话题谈论完,就少了一种形成稳定关系的积极宿舍文化,大家同屋但是交流内心真实想法的机会不多。

三、处理策略与过程

(一) 第一阶段:摸底准备

1. 目标

了解该宿舍里面每一位同学的成长背景和基础材料,尤其是了解其人际交往风格,总结概括相应的谈话方式和咨询技巧。

2. 过程

首先,我查阅了几位学生的档案及登记表,根据学生的综合信息掌握学生的基本特点。其次,我分别跟该宿舍里的多名同学聊天,记录下他们对学生宿舍集体生活的感受和看法,借助评分方式与填写问卷对照量表的方式,了解这些同学对宿舍生活的满意度。根据彼此及整体宿舍的打分,我看到了这个宿舍显然有两个同学的分数比较低,宿舍矛盾已经产生了。最后,制订方案。对于人际问题的,较为有效和常用的方式有多种,结合之前的培训,我认为萨提亚家庭治疗理论能很好地适用于本案例。通过团体辅导形式,去探究每个学生"海面下的冰山",找到他们最深处的需要。

(二) 第二阶段:关系建立

1. 目标

营造友好、信任的宿舍人际氛围,实现平静对话,让每个人都意识到自己对宿舍的重要性。

2. 过程

我由单人谈话转为集体谈话,沟通两次。

第一次集体谈话主要是缓和学生彼此之间的关系,引导学生多发现彼此的优点。先以轻松的话题打开局面,比如,大家交流了刚刚过去的周末的安排,普遍对某个科目的作业压力大具有共同话题。看到这个情况我抛出问题,让大家共同回忆最近宿舍里面同学做的令自己感动的事情,启发大家理性思考,全面衡量宿舍中的每个人物。有了彼此诉说优点、长处作为基础,大家在心理上就更加愿意听彼此说话。

在第二次集体谈话中,我开始着手对矛盾问题进行处理,引导大家思考大学生活中宿舍生活的重要作用,把彼此期待的宿舍生活记录起来,也将大家的遗憾记录起来。

(三) 第三阶段:心理帮助

1. 目标

帮助该宿舍健全基本制度,营造良好的互动模式,初步形成积极向上的文化。

2. 过程

体谅式沟通,引导学生做设身处地"我是你/你是我"的角色扮演,让他们尽可能地展现自己对他人的理解,体会对方的诉求。建立共同协定——规则制定,这一环节需要由宿舍长主持,让同学们集体对一个规范的计划达成一致。这是关键的一步,这一步是让大家在心理上做到同步。

(四) 第四阶段:总结巩固

1. 目标

在全年级范围内避免类似情况出现,引导学生正确解决矛盾,塑造良好风气。

2. 过程

召开主题年级会,就生活话题跟同学们做专题叮嘱,此外鼓励宿舍内的好人好事曝光,让大家把对同学的感激洋溢在现场。

四、结果与思考

小乔所在宿舍的人际关系淡漠问题没有涉及严重的心理问题,宿舍成员还可以共处一室,因此从人际交往的交互性原则考虑,我安排了团体辅导,在最大限度上营造了安全、真诚、有效的沟通氛围。

最后,为了巩固效果,一方面,要以预防教育为主。由宿舍人际冲突引发的校园恶性事件为我们敲响了警钟。作为辅导员,要从心理疏导和思想引领等多方面做好相关准备,要深入了解学生矛盾,发现问题,有所预判。另一方面,当人际关系出现问题的时候,要提前建立"个人—宿舍—班级—学院—学校"五级心理健康问题解决机制。鼓励学生勇于正视问题、解决问题。积极寻求帮助是强者的表现。此外,宿舍长的作用不可替代,宿舍长具有发现、调停、上报情况的作用,应能配合并调动其他宿舍成员共同解决问题。辅导员的工作就是要做好工作预案和预防,心中对于有几步工作、有几种工作方法可以做出适当的选择,应能够处事不乱、有效沟通。充分与心理中心沟通好,做好重点人群的记录和观察,做好问题筛查,方能为日后的工作打下良好的基础。

拒绝"躺平"!
新发展形势下学生发展规划案例分析

现代邮政学院(自动化学院)　程　志

一、工作简介

1. 案例情况

D同学是办公室助管,在办公室看书时经常出现一个人盯着显示器发呆、闷闷不乐或者烦躁的情况。据我观察了解,该同学性格腼腆但比较可靠,在学习、互动参与和志愿服务等方面均有较好的成绩,日常表现不错,也经常有一些自己的想法。我询问后,该生吐露了自己的困惑:一般情况下,当前社会大学生毕业后就一两万的月薪,大城市房价都比较高,自己还是单亲家庭,努力是不是都没有什么用?

2. 问题分析

该案例中学生想要"躺平",其外在表现是个人情绪低落,原因是短暂逃离行为引发的内心焦虑,问题的深层核心在于学生个人信心不足、个人主观行动能力不足和家庭背景带来的心理落差感。面对学生的突然发问,我们应该如何应对?

二、处理思路和方式

1. 首要任务:建立信心

情绪低落、陷入自我怀疑是该生表现出来的首要症结,面对该生当前身处"自我怀疑努力提升"和"拒绝提升带来的焦虑"的强迫性思维困局的情形,首先应当帮助该生摆脱负面状态。由于该生已经形成了一定的强制性思维,因此需要先打破该生的现有认知,进行说服性教育。

在心理学上,由于"接种效应"的存在,如果学生事先持有或者接触过相反的论点,其思维认知就会对后灌输进来的观点产生抵抗。故在尝试说服该生时,我先开了个"鹤岗几万块就可以买一套房,你去根本不用怕买不起房"的玩笑话,让该生的情绪稍稍缓和,同时转换一下整体的谈话节奏。接着,我承认该生所阐述的现实状态,表示他所面临的问题是个社会共性问题,同时我向该生列举校内成功案例,通过北邮学子的身份认同感激发该生的信心。随后,我告诉该生现实情况与理想情况之间存在差距,个人成长发展的阶段不是一种可以一步跨越和提升的离散状态,而是长期且连续的过程。最后,让该生明确长期目标和阶段性目标的联系和区别,帮助该生初步找回状态。

2. 思想引领,价值领航

在帮助该生缓解表征情绪后,我们需要深究问题症结并进行处理,要针对该生的状态由内补强其精神力量,为该生强调人的主观能动性,做好思想教育和价值引领工作。

首先,我为该生指出当前的困境是社会整体的问题缩影,但是社会不是一成不变的,党和国家一直在持续推进深化改革的进程;同时指出,当代青年是祖国未来的主导者和有力建设者,遇到问题与其抱怨不如去改变,并通过列举国家脱贫攻坚成效、社会主要矛盾发生改变加强说明力度。最后,我告知该生也可以通过西部就业、基层就业等方式投身社会主义建设事业,亲历这一历史进程。此时,该生开始深思,表现出一定的认可。

3. 共同探索,引导学生自己解决问题

在达成上述共识的基础上,我们可以趁热打铁,引导学生"走一步再走一步",参与解决自身实际诉求的过程。在完成价值观念的引导之后,我们辅导员也需要从实际出发,帮助学生面对和解决问题。由于D同学本身具有一定的自我意识,所以不能一味地单方面提供问题的解决方案,而是应该引导他自己探索问题的解决途径,淡化他思维认知中对外来观念的抵触感。

首先,帮助该生抓住他思维困局中的核心矛盾,即个人需求与预期的工作待遇不匹配的问题。接着,询问该生自己感兴趣的、想要从事的职业以及自己的人生追求,引导该生自己探索期望的行业内高薪职位的任职需求,让该生自己建立长期的成长目标。随后,让该生通过目标拆分和需求解耦,分清楚长期目标下的阶段性需求。最后,引导该生规划自己剩余的大学时间,明确现阶段的成长方向。

4. 长期跟踪

想让学生的思想认知产生变化,不是单纯的当头棒喝就能够做到的。想要学生在自我管理上有所提升,帮助学生成长成才,需要我们通过跟踪回访来对学生的发展进行长期的干预。对于一些行为上的纠正,我们可以用"登门槛效应"来强化干预效果,即"得寸进尺"式地提出要求,让学生进行改正。在本案例中,即经常与学生保持联系,询问学生的规划和行动进度,必要时要求学生给予产出。最终,学生在各途径的观察和反馈中,都保持着较为积极向上的态度,焦虑情况明显改善。

三、思考与建议

1. 现实意义

随着疫情防控的持续进行,在国内外政治经济局势云谲波诡,社会整体经济发展态势不及预期以及学生家庭预期干预的整体外部因素影响下,学生自身发展规划容易遇到困难。同时,学生在大学之前的成长环境中,由于个人发展方式单一,教育评价简单,父母和老师的干预性强,学生只需按照升学惯性往前走,不需要自己思考过多关于未来发展方向的问题。因此在步入大学后,学生的可支配时间增多,独立思考和自我规划管理的需求增多,同时大学和社会的评价方式逐渐多元且复杂,学生很容易在这些纷杂中丧失主观能动性,产生逃避心理和一味靠等、靠需要被推着前进的心态,进而出现焦虑、逃避等一系列反应。这就是我们所熟知的"躺平"现象,随之出现的还有大部分学生等待考研、就业率下降等现象。

这是社会问题,但也是辅导员在工作中需要面对的问题。对此,我们应当把握习近平新时代中国特色社会主义思想,强化学生思想政治教育和引领工作,将中国梦融入学生的职业规划。

2. 需要关注的问题

在实际应对中,我们需要注意以下问题:一是说服教育的实操困难,重点在于预防"接种效应",同时在沟通和引导前建立亲切友善的关系;二是重视学生的情绪状态、尊重学生的观点,从而充分调动学生自己解决问题的积极性,提升学生解决问题的效果。

原生家庭对学生性格的影响

信息与通信工程学院　李　妹

一、案例简介

心理学研究早已证明：一个人的童年经历，特别是其原生家庭，对个人性格、行为、心理起着决定性的作用，并且会产生长期、深远的影响，甚至会决定其一生的幸福。辅导员在处理学生的问题时，经常会与家长打交道，而在与家长沟通时，又会发现家长的言行对学生产生着深远的影响。

万某某，信息与通信工程学院本科生在读。该生之前在某高校就读，后因为挂科过多退学，复读后考上北京邮电大学信息与通信工程学院，后因为挂科学分达到20学分留级。该生学业问题较为严重，极爱打游戏，且与周围同学的关系比较一般。

二、具体经过

该生的父母均为老师，其母身患重病，无力看管孩子，该生与其父亲的关系很僵硬。该生的辅导员向其之前的辅导员以及学院相关领导了解后得知，该生的父亲之前在殴打该生后曾拍下照片发送给该生的辅导员。在新辅导员接手该生后，其父拨通辅导员电话，向辅导员了解该生近况。随后其父多次找辅导员了解孩子近况，但是言语中充满了对孩子的贬低，充斥着"这人没救了""他就是个废物"诸如此类的言语。在2021—2022学年第一学期，其父联系辅导员，告知辅导员不会再给该生生活费，该生的一切事宜由该生的叔叔负责，甚至在拒绝给该生生活费以及学费之后，其父说出"他死在外面都不要通知我"之类的话。在2021—2022学年第二学期，其父提出让该生回家学习、回校考试的要求，但是这与校规校纪相悖，此方法不通。

在其父断掉该生的经济来源之后，该生开始更频繁地打游戏，通过给别人打游戏来赚取生活费，且由于该生作息与同寝室考研的同学不一致，曾出现过该生在半夜两三点还在打游戏敲键盘的情况，同寝室同学告知其小点声后，该生答应下来，但是并未有效果。该生在寝室的日常行为主要为打游戏以及睡觉，除了吃饭很少出寝室。除此之外，该生的个人卫生状况也不容乐观。根据该生室友的反馈，该生的个人卫生问题比较严重，会出现长时间不洗澡、不洗脸、不刷牙的情况，就此问题同寝室的室友曾多次与该生理论，但未果。

该生截止到大四上学期，必修课总共挂科7门，共13.5学分。针对该生的学业问题，辅导员多次约谈该生，提醒他重视自己的学分，并通过该生的班长、学委得知该生的上课次数。但是该生的内动力不足,自主学习的时间持续三到四天,后续又开始翘课在寝室打游戏。在约谈时,该生对辅导员极有礼貌,面对辅导员的问题,该生会积极回答,但是并不会主动谈及其他方面的问题。面对辅导员给出的建议,该生答应下来,但后续并没有改进。

学院领导约谈该生,并建议该生在一周后交三张表:每日打游戏的时间记录表、学习重修课程的时间记录表以及每日总结招聘企业的工作要求表。一周后,经过多次催促,辅导员发现该生上交的三张表敷衍了事,表中并无自己的思考,甚至有刚刚补做完的痕迹。

三、案例总结

本案例共有两点需要关注。第一点是该生父亲对该生的态度,该生父亲的控制欲比较强,希望孩子在自己能看见的地方,这样能够随时约束孩子,但是教育方法不当,最终导致该生对父亲产生恐惧心理。该生的父亲频繁给该生的辅导员及学院领导打电话询问该生近况,但是在打电话时会一直抱怨孩子的行为,甚至会说狠话,说明该生父亲对孩子关心的同时又对其极其失望。第二点是该生自己的问题。该生有学习能力,但是自制力及自觉性较差,在明确知道学业任务很重的情况下,仍沉溺于游戏世界,没有核心驱动力,对于辅导员及学院领导给出的解决办法坚持的时间很短,对于应该做的事情无法长期督促自己去做,需要外界的干涉与监督,且该生的个人卫生情况较差,与身边的同学缺少足够的沟通。

本案例涉及的问题是典型的原生家庭对孩子性格及能力的影响。在案例中,学生本人及家庭都负有一定的责任,家长对学生采取消极对待的方式,甚至会使用暴力手段。学生本人在学业方面没有动力,甚至面临无法顺利毕业的危机。

学院领导及辅导员积极跟进该生的状况,并提出相应的解决办法。对于该生的经济问题,辅导员帮该生申请了注册困难生、临时困难补助,并帮该生询问了校园地贷款的相关政策,督促该生申请校园地贷款及国家助学金,帮助该生解决现阶段"吃饭难"的问题。

对于该生的学业问题,辅导员帮该生询问教务处未选上的重修课的相关事宜。通过多次约谈,不断让该生意识到自身行为的不妥,并督促该生在出门自习以及上课之前告知辅导员自己的轨迹。

对于该生的父亲,辅导员多次劝说其不要对孩子恶语相向,首先要解决的问题是该生的生活费,其次是辅助该生顺利毕业。经过长达半年的沟通,该生的父亲已妥协,不再逼迫该生回家,并与辅导员共同商议令该生顺利毕业的办法。

在涉及与原生家庭影响有关的学生时,辅导员要全面掌握学生的家庭情况,及时与其父母进行沟通交流,并及时跟进相关进展。辅导员要充当家长与孩子之间的润滑剂,尽可能减缓矛盾,并针对学生的个人情况,提出一系列的应对措施。

导育结合，化解新生团支书的消极情绪

信息与通信工程学院　王　珂

一、案例简介

小 A 同学是一名大一新生，担任支部团支书刚满一个月，通过微信向辅导员询问班委换届的时间，表示不想再担任团支书一职。因为他觉得自己为支部全心全意服务，付出比较多，但是同学们却觉得他不好，所以很失落，失去了工作的动力。

二、案例分析

大一新生团支书小 A 通过微信向辅导员表达了不想担任支部团支书一职的想法，辅导员第一时间约小 A 到办公室进行沟通，详细了解情况。

小 A 向辅导员倾诉，自己刚担任团支书一职时对工作充满热情，对支部建设也有一系列的想法，想把支部建设成一个凝聚力强、温暖友爱的大家庭。现在担任团支书已一月有余，小 A 感受到了理想与现实的差距，在工作中经常遇到同学配合不积极、响应不及时等问题，比如：每次收集材料，总有一些同学不看群通知，不按时提交，需要小 A 去宿舍一一提醒、督促；布置的支部工作总有同学不按要求认真完成，导致小 A 需要多次返工，费时费力；组织的支部活动总有三分之一左右的同学不积极参加，让小 A 很有挫败感。小 A 觉得自己在全心全意地服务同学，但是同学们不理解他的工作，有时被催得急了还会嫌他烦，所以小 A 很委屈，不知道如何解决这些问题，以更好地开展工作。

针对小 A 的情况，辅导员采取了如下措施。

及时约谈，安抚情绪。辅导员认真倾听小 A 的倾诉，站在小 A 的角度，在共情的基础上，安抚小 A 的情绪，对小 A 的烦恼表示理解，开导小 A 在遇到困难时，不要冲动，冲动会影响对事情的客观评价，导致做出错误的决定。

肯定工作，树立信心。待小 A 平复情绪后，辅导员对小 A 近期的工作成果、工作计划、工作思路予以肯定，对其认真尽责的工作态度提出表扬，帮助小 A 放下对自己工作的否定，找回工作信心。

共同分析，共商方法。针对小 A 反映的问题，辅导员和小 A 一同逐一分析，挖掘问题的根源，商讨解决办法。例如：针对同学不看通知的问题，团支书可以抓宿舍小单元，发挥宿舍长的作用，让宿舍长通知到位；针对学生支部活动参与率不高的问题，团支书可以创新活动形式，丰富活动内容,在支部内进行调研,结合支部同学呼吁度高的活动方式与活动类型,开展活动;针对支部同学工作完成不及时的问题,辅导员为小 A 推荐了一些实用的小程序,可以借助小程序等工具侧面提高学生参与活动的积极性,如通过完成打卡的方式敦促同学们按时提交材料。最后辅导员对小 A 的工作表示支持,叮嘱小 A 在日后的工作中如遇到困难可以及时向辅导员反馈,辅导员会与他一同商议解决问题的方法,并基于经验给予指导,会一直站在他的身后予以支持,让小 A 吃了"定心丸"。

全面摸排,重点关注。在和小 A 的约谈结束后,辅导员向支部其他学生干部详细了解了支部具体情况,鼓励学生干部树立团队合作意识,在各司其职的基础上相互配合、相互支撑,共同建设支部。同时,辅导员通过约谈,摸排了支部同学的情况,并结合小 A 的反馈,找到参加活动积极性不高、通知查看不及时的"问题"学生,通过深度辅导,了解"问题"学生问题产生的根源,具体问题具体分析,针对性地解决。例如:有些同学因为比较宅,不愿参加集体活动,辅导员在对其进行深度辅导时强调集体活动对个人成长、能力提升的重要性,鼓励其积极参加活动,全面发展;有些学生因为"依赖度"较高,没有主动查看信息的习惯,需要班委单独提醒,针对该部分同学,辅导员一方面通过深度辅导对其进行思想教育,提升其主动性,引导其树立自主意识,另一方面为其介绍一些资源与信息的获得途径,要求其每日看一次信息门户,并和辅导员交流自己觉得重要的信息,从而培养其自主收集信息、整理信息、提取关键信息的能力。辅导员还通过走访宿舍,观察学生在宿舍的情况,并结合小 A 的反馈,对"问题"宿舍重点关注。

加强培养,提升技能。从小 A 的经历辅导员联想到其他班委在工作过程中可能存在相同的问题,因此辅导员通过深度辅导了解其他班委的情况,开展"传帮带"活动,邀请优秀高年级团支部的团支书进行工作经验分享,提升新生学生干部的工作技能,并鼓励学生干部之间多进行经验交流,定期整理并分享一些优秀的工作方法与经验,互助互学,共同进步。

三、案例总结

对于大一新生来说,初入大学校园,面对的是新生活、新环境、新同学、新老师,对于新生学生干部,还需要面对完全陌生的学生工作,因此辅导员需要"领他们上路""扶他们上马",加强对新生学生干部的引导与教育。

对于大一新生学生干部,学生工作陌生、难上手,虽然新生学生干部在上任初期往往充满干劲,但是他们的抗压能力与抗挫折能力较差,对学生工作的信念感较弱,容易动摇,心理落差感强。同时,在新生入学初期,事情比较繁杂,辅导员有时会忽视对学生干部的培养与激励,易导致学生干部工作能力不强,战斗力弱,在困难面前容易动摇。因此辅导员需要抓住新生学生干部上任初期这一关键时间节点,通过系统的培养与指导,加强对新生学生干部的思想引领和工作能力培训,帮助新生学生干部尽快适应学生工作,提升工作能力,增强新生学生干部的工作底气;同时,辅导员需及时关注新生学生干部的思想动态,加强理想信念教育,注重人文关怀与心理疏导,帮助新生学生干部直面困难与挫折,树立不畏艰难的勇气;青年一代充满无限可能,辅导员还可借助于互联网等多样化渠道,通过开展线上线下相结合的"学生干部工作能力"主题培训会等方式形成学生干部培养体系,加强对优秀新生学生干部工作的宣传与交流,在组织新生学生干部学习优秀支部工作经验的同时,鼓励新生学生干部积极创新,并在创新中予以指导,培养新生学生干部敢于创新的锐气。

处理导学纠纷需多听少"站队"

信息与通信工程学院　符美江

一、案例简介

研三下学期的某一天下午,我和往常一样,在办公室整理当天的最后一点工作,正准备下班离开办公室时,手机微信提示引起了我的注意。微信消息是我带的专硕班的小张同学发的,他平时和我除了正常的班级管理之间的沟通外,很少主动给我发消息,所以我很诧异。当我点开微信时,映入眼帘的是一句很直白的话:"导员,我不想延毕,但导师故意卡我,我觉得再这样就没法活了。"我当时心里一紧,这句话虽短,但在那一瞬间我想到了三个严重的问题:延毕、导师卡学生和没法活。任何一个问题出现在任何学生身上都能够造成严重的心理危机,所以我赶紧拨通了他的电话,并让他到我的办公室找我。

当小张同学到了我的办公室时,我发现他整个人都很憔悴,头发也乱糟糟的,他看着我,眼神有点局促和紧张。我询问他最近是否遇到了什么事,和导师之间的沟通是否遇到了困难,如果有困难可以随时和我们辅导员倾诉,但估计在学生的眼里,老师都会站在老师的立场上,所以最开始小张说:"最近学习与生活都挺好的,和导师之间的沟通只是小问题,心情有点不好才给您发的消息,现在没啥事了。"但我从他的眼里看得出他的勉强,他想快点结束和我的对话。我告诉他:"你要相信我,你和你导师之间如果出现了问题,我们辅导员肯定会帮助你的,我不会直接透露给你导师你曾找过我们,会以另外的事和你导师沟通。"他听到这话突然看了我一眼,说:"导员,你真的不会跟我导师说我来找你反映问题吗?"我笑着对他点了点头。

通过小张十几分钟的口述,我了解了他的境遇。小张本科毕业后先去中国移动做了一年业务销售工作,随后通过考研调剂到信息与通信工程学院 A 老师名下,在研一、研二的两年时间里一直跟组做项目,发了一篇论文,按照小张的理解他已经达到了学校对研究生的毕业要求,所在到了研三就在准备毕业论文了,但这个时候却被导师告知他没有达到其设定的毕业要求,不允许现在毕业,小张也曾和导师沟通,但没能改变导师的态度,所以小张就需要延毕,而且也要放弃已经找到的一份他满意的工作。我听完后第一反应是导师对学生毕业有要求没问题,这也是为了学生着想,但小张后面对导师不满的叙述改变了我的想法。据他介绍,他的导师要求他除了发表一篇学校要求的论文,还需要发表一篇顶会论文,导师要求高小张表示能接受,而让他接受不了的是在这三年里导师对他的零指导,每一学期都很难见到导师。所以他觉得即使延毕也不可能达到导师的毕业要求,心里已经对导师充满了抗拒,没办法再和导师沟通,对未来充满了迷茫。我听完之后对他充满了同情,在我以前的想象里,学生一般都处于弱势地位,导师对于学生毕业有很大的决定权,所以我相信了该学生的遭遇,对这个导师的做法感觉不妥,我立刻向领导汇报了这个问题,借着后面走访科研团队的机会去拜访了小张的导师。

在拜访的会上,我对小张的导师 A 老师指出其学生反映的他的两个问题:一是毕业要求高得过分了,二是对学生缺乏指导。我以为 A 老师肯定会立即指责我的失礼,并反驳我指出的两个问题。但 A 老师只是笑了笑说:"对于实验室的问题我很清楚,我觉得作为研究生不应该轻轻松松地就拿到毕业证,导师要求严格是为了自己的学生在社会上有点真的本事。你作为辅导员觉得是导师在难为学生,所以就站在学生的诉求上,但你不知道的是,从他们研一入学我就说明了我的毕业要求,学生们都同意了,现在不能因为部分同学不努力,到了毕不了业的时候就指责要求高。而且我每周都会给他们开组会解决问题,怎么可能零指导,那是他自己没做项目不好意思找我。"我这时终于明白,A 老师说的内容恰恰是小张没说出来的问题。

二、案例分析

在导学纠纷中,辅导员作为第三方,以什么样的方式介入特别关键,处理方式不正确不仅会导致学生心理危机更加严重,还会让导师丧失对我们的信心。所以在这个案例中,我们要做到以下三点。

1. 倾听学生诉求,给予他们心理支持

学生在面对学习、工作、生活等各方面问题时,难免会遇到困难和有压力,如果沟通不及时,容易导致心理紧张、学习困难、生活不适等问题。尤其是研三同学,写毕业论文以及找工作就已经令他们精疲力竭,这个时候再出现导学纠纷很容易摧垮他们的心理承受能力,造成严重的后果。所以当学生主动寻求辅导员帮助的时候,我们应该以同情的态度去主动倾听,以积极的语言去给予心理支持,表明我们一定会帮助他们寻找解决方法,让他们相信在校园里除了把心事埋藏外,还可以找辅导员倾诉。但对于学生倾诉的事情一定不能不加判断就去相信,没有了解全部经过所做出的判断是解决导学纠纷的一大障碍。

2. 与导师沟通不是指责,而是寻求解决方法

导师既是学生的学术导师,也是人生导师。研究生不单是学生的身份,也是导师的合作伙伴。对于处理导学纠纷,我们不能一味地站在学生的立场去指责导师,让导师满足学生的诉求,这样辅导员反而成为学生逼迫导师的一个工具,不利于正确地处理导学纠纷。我们应该先咨询导师,了解最全面的事件经过,积极地与导师和学生沟通,以寻找解决方案。毕竟,导师、学生、辅导员三方协商给出的解决方案才能最有效地改变学生的境遇。

3. 辅导员应该是解决导学纠纷的桥梁

相比于导师,辅导员与学生之间的"沟壑"更小,辅导员与学生接触广、联系多,对学生的学习和生活了解得更加全面,因而辅导员与学生之间是亦师亦友的关系,也更容易被学生接受和理解。另外,辅导员起着上传下达的作用,不仅传达学校政策,也将学生的诉求反馈给学校,因而,辅导员是导师与学生沟通的桥梁。在导学纠纷中,如果导师与学生之间出现沟通障碍,可能存在客观上的不对等,那么辅导员的作用就是消除这种不对等,架起导师和学生平等沟通的桥梁。而在这个过程中,辅导员需要做到的是不能偏听任何一方,早早地在心里形成自以为是的答案,我们需以理性的判断辅助解决导学纠纷。

三、案例总结

导师对于学生的影响不言而喻，导学矛盾不仅影响学校的正常教学秩序，同时也不利于学生的良好学习和健康生活，更影响了导师的教学与学术研究。如何正确解决导师与学生在培养过程中产生的矛盾，一直是各高校普遍关注的问题。

对于导学纠纷，我们到底站在学生立场还是导师立场？我觉得都不能站！我们作为辅导员，是来帮助导师和学生解决纠纷的，而不是站在一个人的立场，去批判另外一个人。在处理导学纠纷时，我们不能因为学生处于弱势，就完全相信一方之言，而对导师产生不好的第一印象，也不能因为导师和学生说的不一致就觉得受到了学生的欺骗，我们要充分理解导师和学生所面临的问题。导师要求严是为了学生能学到真本领，而学生不主动交流是学生对导师存在敬畏之心。因此，辅导员在处理导学纠纷的时候，不要一味地寻找谁对谁错，而应好好地与导师和学生两方沟通，通过协商的方式解决问题，这样才能正确地发挥辅导员的真正作用。

新时代高校"5431"发展型资助育人模式探索

人工智能学院 赵婉辰

一、工作简介

当前,高校资助理念已经从保障型资助转变为发展型资助,发展型资助与以往保障型资助相比有诸多不同。发展型资助是指围绕立德树人这一根本任务,在保障物质经济资助的前提下,把扶困、扶德、扶志、扶智、扶能结合起来,建立物质帮助、道德浸润、能力拓展、精神激励有效融合的资助育人机制,通过促进资助对象的心理健康与技术技能提升,帮助其在德智体美劳各方面全面综合发展,形成"解困—育人—成才—回馈"的良性循环。

二、做法与成效

2021年5月,结合教育部颁布的《高校思想政治工作质量提升工程实施纲要》,我主持成立了"成长有AI"资助育人辅导员工作室,围绕"自强自立、励志育人、关爱成长"的资助育人理念,建立了"5431"发展型资助育人模式,旨在促进受助学生全面成长发展,切实提升资助育人实效。

1. 围绕5项教育内容

发展型资助育人不仅要求对受助学生开展物质帮助,更要求道德浸润、能力拓展、精神激励的有效融合,全面培养受助学生自立自强、诚实守信、知恩感恩、勇于担当的良好品质。工作室围绕"感恩、诚信、励志、爱国、理想信念"五项教育内容,面向全校开展"有效沟通,从心出发"主题培训,邀请专业顾问讲述如何与导师、家长进行有效沟通,开展感恩教育,促进和谐的师生关系及亲子关系。通过"成长有AI,励志青春"主题经验分享会,来自各学院的优秀学子从科研、励志、报国、志愿服务等方面进行经验分享,围绕学习经验、军旅生涯、学生工作经历以及博士追梦过程,阐述了知恩感恩、真诚守信的优良品质,传递了勇于奉献、青春无悔的报国热情,激发了积极进取、自强自立的豪情壮志,坚定了不忘初心、不负韶华的理想信念。落实立德树人根本任务,培养德智体美劳全面发展的社会主义建设者和接班人。

2. 着力4层维度特点

"大学生发展是一个动态过程,有其阶段性特征"。资助工作随着受助学生的发展变化也要做出相应的调整。工作室针对受助学生的阶段性特征,分别从生活关怀、学业关怀、成长关怀、发展关怀 4 个维度,以北京邮电大学人工智能学院本科生为试点开展育人工作。大一新生由于要面对物质生活适应、专业学习适应以及人际交往适应等各类问题,低社会经济背景的受助学生在心理方面往往会出现适应力相对不足的问题,这一阶段的资助育人工作应以增强心理适应的资助服务内容为主。针对这一特点,工作室开展注册困难生交流会、"情系注困生,贴心送温暖"等活动,以缓解学生初入大学因各种问题交织而带来的压力。在大二逐渐认识并融入大学生活学习阶段,也是个体独立性和学业规划的关键转折期,工作室通过开展朋辈辅导、学业小讲师、科研经验分享会等活动激发受助学生树立高远志向。针对高年级学生面临毕业、就业或者深造的情况,工作室开展就业指导、心理帮扶等活动,推动建立注册困难生成长档案,关注受助群体在求学过程中学业、心理、获奖、学生工作及综合素质发展情况,为资助工作提供理论支撑,促进学生全面和可持续发展。

3. 开展 3 项温暖工程

为进一步服务学生成长,工作室秉持育人理念,开展 3 项温暖工程——暖冬、暖学、暖心,从不同角度提升资助育人的实效性。在"暖冬"工程中,工作室以人工智能学院为试点,为本科受助学生送上保暖冬衣,抚慰同学们身处异乡的思念之情;在"暖学"工程中,工作室邀请学长、学姐开展经验分享会,为受助学生的学业问题答疑解惑、排忧解难,同时面向勤工助学同学开展"我与勤工助学的故事"主题征文和心理素质拓展活动,让学生回顾并总结自己的成长收获,感受学校的人文关怀;在"暖心"工程中,工作室开展"暖冬邮你,AI 在心中"主题暖心活动,使学生在身边、宿舍、班团和实验室发现美好暖心瞬间,从经济资助到心理帮扶,不断助力学生成长,促进学生的身心健康发展。

4. 利用 1 个公众平台

工作室成立同名微信公众平台,精准推送"励志、爱国、诚信"信息,充分发挥微信公众平台在资助各个环节中的作用,聚焦网络思政,提升育人实效。公众号通过"小 AI 微讯""AI 邮榜样"及"资助政策"三大板块进行内容推送。与传统的资助体系相比,微信公众平台具有传播快速、推送精准、无纸化程度高、宣传形式多样的特点。在依托工作室举办活动推送的基础上,通过"AI 邮榜样"对身边优秀学子的先进事迹进行推广,提升榜样的力量;通过"小 AI 微话"栏目中的励志书籍、人物和电影等内容加强思想政治引领;通过"悄悄话"栏目聆听受助学生的心声,为其成长道路上遇到的困难答疑解惑。

三、思考与建议

根据教育发展规律和学生成长规律,新时代高校资助育人应充分满足在校家庭经济困难学生的发展型需求,助推受助学生的全面发展,实现立德树人的目标。总体来看,"5431"发展型资助育人模式突出纵横结合思考,全方位关注受助群体成长成才。纵向根据不同年级学生的特点有针对性地开展 4 个维度的人文关怀,即生活关怀、学业关怀、成长关怀、发展关怀;横向通过加强爱国主义教育、诚信教育、感恩教育、励志教育、理想信念教育全面提升学生思想政治素养,同时通过 3 项"温暖工程"助力学生提升心理抗压能力。此外,充分利用微信公众平台的传播特点,多角度、多维度地培养学生自强自立的品质,关爱学生成长全过程,不断完善育人工作,这具有推广意义。

新时代高校开展发展型资助工作既是政治任务,也是历史使命,开展高校发展型资助育人机制研究在推进国家战略、社会发展和个体成长等方面都有积极的意义。"成长有 AI"资助育人工作室将坚持将学生的发展置于核心地位,在齐抓共管、全员育人,有的放矢、全程育人,多方合力、全方位育人的基础上,继续探索"5431"发展型资助育人模式,充分发挥其教育作用,着力培养德智体美劳全面发展的社会主义建设者和可靠接班人。

标本兼治，从"心"启航
——学业引发心理问题的工作案例分析

经济管理学院　李浩爽

一、工作简介

本案例属于心理辅导和危机事件处理案例。Z同学系本科生，两次休学后转入2020级，两次休学的原因均为学业压力导致心理问题，就医后确诊为双相情感障碍。Z同学为安徽生源，家庭经济条件一般，父母离异，父亲在Z同学五岁时因车祸导致身体不好，母亲现住北京，平时与母亲联系偏多。Z同学对数学学习非常抵触，高等数学和线性代数的数次考试不及格极大地打击了他的自信心。Z同学迫切希望转入英语专业，但转专业未能成功，这对Z同学打击很大，使其一度产生轻生想法。

二、做法与成效

Z同学的情况属于学业压力导致的心理问题，他已经休学两年，如果不能及时调整学习状态和心理状态可能无法顺利完成学业，这种压力会更加危害他的心理健康。辅导员既要坚守学生安全底线，又要助力学生重拾信心，完成学业，需要在密切关注学生心理动态的同时，帮助学生解决学业困难的问题，在重要时间节点预判可能出现的危机，及时与学生、家长、学院心理顾问和心理素质教育中心沟通，做好应急预案。

Z同学产生学业问题的原因有三点：一是Z同学的数学基础较为薄弱，一贯不喜欢学习数学；二是Z同学在多次考试不及格后缺乏能够学好数学的信心；三是Z同学与同学交往较少，不喜与人沟通，无法获得同学们的帮助。针对Z同学的实际问题，设计以下解决方案。第一，建立信任，密切关注。辅导员通过深度辅导、宿舍走访等方式系统地了解该学生，用真诚、耐心和爱心来关心、关爱该学生，与该学生建立信任关系，成为该学生的朋友。第二，心理疏导，重塑信心。从该学生擅长的领域谈起，鼓励该学生，肯定他的学习能力，帮助该学生建立自信和掌控感。鼓励该学生多与同学和老师沟通，融入集体。第三，学业帮扶，直面困难。帮助该学生与宿舍和班级同学建立联系，通过建立学习互助小组、分享学习方法、推荐优质学习资源等方式帮助该学生解决数学学习中的实际困难。第四，家校联动，保障安全。辅导员在接触该学生初期就与家长建立联系，及时与家长沟通该学生的情况。在突发事件发生时，及时叮嘱家长密切注意该学生动态，督促其按时服药，保障该学生生命安全。

在入学后，将 Z 同学的宿舍调整到新班级的宿舍，辅导员通过每周一次的宿舍走访、每两周一次的深度辅导、节日的祝福、气候变化提醒等方式逐步与该学生建立信任关系，帮助 Z 同学融入新班级和新宿舍，并建立了高等数学和线性代数学习帮扶小组。辅导员从 Z 同学擅长的摄影入手，请 Z 同学拍摄班级活动照片，肯定他的能力，鼓励他发挥自己的优势和特长，帮助他重拾自信。在同学和老师的帮助下，Z 同学顺利通过了高等数学和线性代数的考试。2022 年 3 月 10 日，学生可以自行在教务系统中查看转专业结果，辅导员担心结果不理想会对 Z 同学的心理造成冲击，提前与该学生母亲取得联系，叮嘱其陪伴该学生、监督服药。Z 同学看到转专业未成功的结果后情绪崩溃，辅导员联系他时他表示"真坚持不下去了，没啥活着的动力"，辅导员马上与 Z 同学电话交流，劝导该学生按时服药，面对现实，深入地帮他分析他在学业上面临的问题，鼓励他能够通过努力完成本专业的学习。Z 同学表示刚才脑子一热，不知道怎么就说出轻生的话，感谢老师一直以来的关心和帮助；辅导员与 Z 同学母亲保持密切联系，共同关注、劝慰。随后辅导员定期与 Z 同学母亲联系，了解他的近况，叮嘱他在返校前复诊。复诊结果良好，母亲定时提醒 Z 同学按时服药。返校前，辅导员联系 Z 同学，得知他目前情绪平稳，可以正常上课、按时返校。辅导员持续关注 Z 同学，鼓励他将精力投入现在专业的学习，克服学业问题，顺利毕业。

三、思考与建议

通过本案例，我们获得四点启示。

一是要与学生建立信任关系，成为学生的良师益友。亲其师则信其道，亲其师方吐真言。要从日常生活中的小事做起，润物无声地关心、关爱学生，与学生建立信任关系，才能给予学生必要的人际支撑和帮助。

二是要充分发挥朋辈辅导的作用，鼓励学生互帮互助。宿舍作为学生群体的最小单位发挥着重要的作用，它是学生第二课堂的延续，要重视并引导学生互相取长补短，共同成长。

三是要与家长建立密切联系。通过辅导员日常沟通、电话家访等形式，构建良好的家校沟通渠道，完善全覆盖心理工作网格体系。

四是要多措并举，标本兼顾。畅通危机预防教育渠道和危机干预快速反应通道，坚持集体教育和个别辅导相结合；坚持心理教育与学校、家庭、班级相结合；构建心理教育进班级、进班委、进宿舍、进家庭、进网络的"五进"模式，发挥榜样引领作用，优化生活空间，构建融洽的家庭关系，建设线上阵地。

学业困难学生案例分析与对策研究

数字媒体与设计艺术学院　钟　鸣

一、工作简介

小 Z 是设计专业大三学生，该生曾在大三因学习状态不佳主动休学一年，复学后又因不及格学分过多留级至目前年级。本人通过成绩分析发现他的大一上学期整体成绩还不错，到了大一下学期出现滑坡，没有通过的课程从一开始的及格边缘变为后来的没有成绩（0 分或没有参加考试），这些课程主要集中在专业课和英语、体育上。小 Z 来自河南省农村，为独生子女，父母都是农民，靠种地和打工维持生活，家境一般。母亲是其教育主要的参与者，父亲比较少介入，母亲管理孩子的衣食住行，提醒他大事小情。本人于小 Z 两次留级后成为其辅导员，向前辅导员了解到小 Z 独来独往，不爱说话，难以沟通，第一次学业出现问题后辅导员与他谈话时问过他是否有什么压力，他只说没有，然后沉默不语，问他是否需要疏导，小 Z 表示拒绝。辅导员联系过小 Z 的父母，母亲表示孩子没有问题，现在的情况都是学校和学院对孩子不关心导致的，拒绝接受任何疏导。

二、做法与成效

1. 深入了解，加强关怀，建立信任感

小 Z 降级两次来到现年级，对班级、辅导员充满陌生感，加之该生寡言少语，不善言辞，面对陌生环境心理焦虑加剧。对此，辅导员采取"两加强，一建立"的工作模式。（1）加强与该生的沟通，密切关注该生动态。每天询问其学习与生活情况，叮嘱其按时上课、准时提交课程作业，此外还将学校、学院近期组织的活动推送给他，鼓励小 Z 积极参加活动，让他深切感受到辅导员对自己的关心。（2）加强家校联系，获得家长的支持和理解。与小 Z 的家长建立紧密联系，以月为单位将小 Z 的在校情况同步给其母亲。居家学习期间，将学校相关消息发送给小 Z 的同时也转发给小 Z 的母亲，并叮嘱如何实施，有什么要求，工作得到了小 Z 家长的理解和支持。（3）建立良好班级氛围，增强集体凝聚力。在班会上将小 Z 介绍给大家，带领小 Z 参加班级活动，同时请班委引导小 Z 学习。

2. 引导正视学业困难，端正学习态度

辅导员对照培养方案，和小 Z 一起分析了课程没有通过的原因，发现出勤率低、没有按时

提交平时作业是他没有通过专业课程的主要原因,体育课程方面则是因为其以身体差为由不参加体育锻炼。对于出勤率低的问题,首先,从外力上,结合学校持续开展的学风建设工作,开展年级出勤打卡活动,引导其认识到上好每一堂课的重要性,然后逐步将外力引向内力,引导其做到严格自律。对于体育课程面临的困难,辅导员以自己为例,将自己的锻炼计划分享给小Z,鼓励小Z多参加体育锻炼,充分利用学校的资源,每日打卡跑步,从每周3 km开始,形成良好的运动习惯。

3. 加强学业辅导,提升学习自信心

在与小Z的交流中辅导员发现,高中时候小Z非常优秀,是老师、家长、同学眼中的"三好学生",到了大学后小Z觉得周围的同学都比自己优秀,压力很大,在学习中遇到不懂、不会的问题也羞于请教,导致问题越积越多,成绩一落千丈。对此,辅导员主动联系相关课程的任课老师,请老师对该生的课堂表现多加以关注,对其缺课行为加强督导。安排学习委员、同宿舍成绩较优异的同学与其"结对帮扶",为其学习赋能。教育小Z不懂、不会的地方要及时请教,一点一滴的积累才能打破现在的僵局,要求其制订学习计划并督促其执行。

4. 确定奋斗目标,激发学习原生动力

小Z性格较为内敛,同时还有一些自卑心理。通过长期深度辅导,辅导员发现其身上有很多闪光点,如待人真诚、性格沉稳、乐于助人。辅导员对其优点给予肯定和赞赏,帮助其克服自卑心理,重塑自信。在交谈过程中,辅导员发现该生以往都是在得过且过当中度日,毫无方向感,因而,引导其树立目标尤为重要。于是辅导员以学长、学姐经验交流会为契机,与该生探讨了其长远目标和短期目标。该生表示将来想从事设计工作,为了达到这个目标现在需要解决的是自己的学业困难问题,可以以此问题为导向,制订详细的重修计划。

三、思考与建议

大学生的学业困难问题是一种"慢性病",是长期不适应大学学习生活而形成的,也是学生思政教育工作中比较常见且难解决的问题。遇到类似问题应把握4个关键点。

1. 对症下药,找出迷茫点

出现这类情况的学生一般都表现出了一定程度上的迷茫,比如没有学习目标、失去学习动力等,此时学生处于无奈、无助的状态,辅导员应该充分调动其积极性,重点关注该类学生,通过科学、有效、真诚的指导,帮助该类学生走出迷茫。

2. 细心关怀,耐心指导

在此类问题中,辅导员是多角色的,是老师,是兄长,是朋友,是倾听者,应该让学生感受到辅导员的关心与温暖进而打开学生心扉,再通过清晰的思路、全面的分析给予学生帮助,全面、合理、有效地指导学生。

3. 多管齐下,形成育人合力

将深度辅导、朋辈辅导等方式相结合,营造良好的学习氛围。加强家校联系,取得家长的信任和理解。将日常积累的工作方法有机结合,有针对性地开展指导和引领工作。

4. 建立目标,帮助学生找回自己

个人因素是成功的根本,学业困难学生大多数没有学习目标或者目标不切实际。此时,应指导学生根据自身特点,在充分征询家长、朋友的建议后,帮助学生提炼出最适合他们的可达成的短期目标,帮助他们走出困境。

深度辅导,解决学生专业选择问题

经济管理学院　安思颖

一、案例简介

大学的专业选择,有时不能尽如学生所愿。由于一些学生高考发挥失常和专业调剂等情况的存在,他很可能进入自己并不了解或者不喜欢的专业就读。加之我校目前学科知识设置和分校区办学的具体情况,学生缺乏与知名教授交流学习的机会,一些学生对专业的认同度较低,更对未来发展的方向感到十分困惑。小明(化名)来自山东省的一个小城市,成绩一直不错,却没想到自己高考没发挥好,没能去自己理想的大学,而来到了我校经济管理学院电子商务专业。入学之后,小明也不清楚自己该不该换专业,一时间十分茫然。如何帮助他尽快适应专业学习生活,成了当务之急。

二、案例分析

大一新生进入大学的第一个学期是适应大学生活和认知专业的主要阶段,这个时期适应得好坏会对其大学四年的学习和生活带来直接的影响。帮助他们顺利平稳地度过这段时期,以更好的姿态适应大学生活,对学生未来的发展至关重要,也是辅导员的重要工作。有些大一新生存在适应不良、专业认同度低的问题,具体包括:(1)在学习上,未能完全适应大学的学习方法,自我约束力差;(2)在专业认知上,缺乏对学科和专业的整理认识,加之由于各种因素影响,可能未进入自己喜欢的专业学习,专业认同度低;(3)在生活交流上,当与高中同学联系时,易形成比较心态,觉得自己应该表现更好,年轻气盛爱面子,自尊心很强。

结合小明同学的具体情况,我对他目前对专业认可的困惑之处进行了进一步分析:(1)由于长期学习成绩比较理想,小明认为自己高考没有发挥好,自己的学习能力远在同专业其他同学之上,高中时的目标是清华大学,觉得自己读北邮太可惜;(2)自尊心强,由于跟高中同学的交流,觉得自己的学校、专业比高中班里其他尖子同学差;(3)对所读专业缺乏基本的认识,也不清楚未来专业的就业和深造方向,由于不知道要不要在大学转专业而失去学习的方向和动力。

基于这些原因,我给他提了三点建议。(1)端正态度,完成学业:既然已经进入这个专业就读,那就首先应该以完成学业为主,用成绩证明自己的能力,且北邮也是非常优秀的学校,能进入这个学校就读也应该感到荣幸。(2)设定目标,增强自信:有自尊心是好事,但不要与别人比较,要把眼光放长远一些,设定自己的目标,只跟自己比较。(3)增加交流,明确方向:多与老师和同学交流,了解电子商务专业,了解学校的保研、考研和就业政策,逐渐明确未来的发展方向。

具体来说,我为他设定了"倾听—分析—建议"三部曲,帮助他分析问题的原因,引导他走出解决问题的第一步,逐渐了解自己的专业,明确未来的方向。

1. 认真倾听、全面了解

在与小明的几次谈心中,我慢慢地了解了他的成长环境和想法。他父亲是工程师,母亲是中学老师,他们从小对他期望很高,他也一直认为自己可以像其他高中同学一样,进入更好的大学和专业学习,可事与愿违,进入经济管理学院电子商务专业学习后,他觉得自己不仅没有考到目标的学校,学的还不是信息科技等理工科专业,未来该做些什么都不知道,更不清楚自己如今学习和考试又有什么意义。小明本来就比较内向,话不多,这样一来,就更加不愿意跟别人交流,平时情绪也不太好。

2. 理性分析、达成共识

在了解了这些情况之后,我意识到,小明对经管类专业的偏见很大,对自己的期望很高,有学习的愿望却不知如何去做。因此,我与他进行了开诚布公的对话,理性地分析了目前的各种情况。首先,他已经进入北邮经济管理学院学习了,无论是什么原因,既然来到这里,如果不想退学重考,那么完成学业,拿到毕业证,应该是现阶段的首要任务;其次,是金子在哪里都会发光,既然他的学习基础好,为何不好好利用,优秀的学生应该是学习任何专业都能取得好成绩的,无论什么专业,都有成绩好的和成绩不好的,学校对待同学是一视同仁的,如果他的成绩好,一样可以保研;最后,电子商务专业并不像他想象中的那样,而是一个要求同样非常高的专业,未来就业前景十分广阔,即使他不喜欢这个专业,想要读其他专业,也完全可以在课余自学一些知识,为未来做好准备,好过现在这样每天自怨自艾。在交谈中,我言辞虽然凌厉,但我发现他的目光渐渐坚定,对我的话也慢慢认可,他说我的话就像当头棒喝,我知道我们已经达成了共识,而这正是他走出来的第一步。

3. 结合实际、合理建议

在与小明达成共识,获得他的认同后,我与他对现有的实际情况进行了仔细的分析,并在此基础上,给了他一些合理的建议。首先,把目前的专业课程学好,小明高中时学习底子不错,因此只要端正态度,学好专业课,取得较高的GPA(平均学分绩点)对他来说应该不是难事。其次,建立自信,认同自己的专业,不要把自己围在自己设定的圈里,不要认为其他专业的同学就比自己高一等,把眼光放远一点,跟自己的高中同学自信地说出自己的学校与专业是建立信心的第一步;多与班级同学交流,积极参加班级和宿舍的活动。最后,多与老师交流,了解自己专业未来的就业方向,同时建议他对自己的大学四年进行规划,要有总的目标和每一阶段具体的要求,是保研、考研还是就业,要合理安排时间;小明本身对数学很感兴趣,我建议他可以利用课余时间自学理工科学院学的难度更高的高等数学,任何的知识储备对未来都是大有裨益的,尝试多认识一些各个专业的同学,有助于更好地选择未来的道路,但是要明确孰轻孰重,不能因小失大。

三、案例总结

1. 资源运用

在本案例中,我综合利用班主任、家长、学生等群体,通过朋辈帮扶、家校联合等方式,并取得学院教务老师、任课教师的通力配合,帮助学生尽快了解专业、认识专业,合力完成深度辅导。

2. 辅导实效

经过一系列的分析与交流,我从小明的言语和眼神中知道了他的信心正在慢慢凝聚,原本的颓废一扫而光,他表示,现在的自己茅塞顿开,明白了自己的问题所在,也找到了努力的方向,他将用实际行动向我证明。在这次谈话后不久,他就与宿舍其他同学一起出去参加了聚会,还发了照片到朋友圈;学委向我反映他上课的态度更加积极,情绪也高涨了许多;同宿舍的同学告诉我,他正在自学高等数学,情绪比之前好了很多。我相信,他正在平稳地度过这段大学的适应期,未来也一定会发展得更好,我为此感到欣慰和幸福。

3. 总结思考

针对小明的这次辅导取得了不错的效果,总结起来,一是他本身执行力很强,走出迷茫后能够迅速地行动起来;二是我与他一起进行理性的分析,找到问题的症结所在,而不是一味地安慰他,在开诚布公的情况下交流的效果十分明显。

通过这次的案例,我认为,帮助大一新生度过大学适应期,解决专业认同困惑,不仅需要学生理性地分析自己的情况,也需要其他部门更加理性地分析问题和解决问题。

(1)针对某些学生存在的专业认同度低和困惑等问题,学校和相关专业老师应该帮助学生建立专业地图,明确专业的发展方向,使学生认识到基础知识学习的重要性;同时,为学生搭建全方位展示自我的平台。

(2)辅导员要从不同角度了解学生,及时发现对大学存在适应不良和专业认同度低等问题的同学,这个适应过程的长短因人而异,辅导员首先要从整体上帮助学生适应,再对个别学生进行有针对性的深度辅导,帮助学生理性分析情况,获得学生的认同,给出适当可行的建议。

(3)应该密切关注学生的后续情况,收集学生的反馈意见,对其遇到的其他衍生问题及时帮助解决。

留级生学业困难导致心理失调

信息与通信工程学院　鲍万瑞

一、案例简介

小张性格内向且偏执,中学期间住校,和父母沟通较少。上大学后,因其性格无常导致女朋友与其分手,分手后该生无心学习,整日躺在床上,不洗衣服不洗澡。因卫生情况较差,导致身体频出异味,受到室友的议论,采取各种措施后身体依然异味不断,此后小张拒绝与他人接触,不出宿舍大门,不去教学楼上课,每日在宿舍玩游戏,旷课一整个学期,本应读大二的他留级到了大一。留级后因心理失调仍不上课。

二、案例分析

小张出现学业困难导致心理失调包含以下几个阶段:
(1) 因初中开始住校,与父母交流沟通较少,缺少家人关爱;
(2) 因性格偏执,偶尔殴打自己,与女朋友分手;
(3) 因分手后无心学习,沉迷于电子游戏,上网成瘾,忽视个人卫生;
(4) 因卫生很差有生理异味,室友背后议论,产生自卑心理;
(5) 因尝试改变但毫无效果,拒绝上课,导致学业困难。

综上,该生不论是和女友分手还是在生理上出现了异常改变,这些都是问题的主要外因,核心的内因则是该生的心理健康状态。所以,工作的关键点就是合理利用有关心理知识和辅导经验,正确、详细地掌握、判断小张的心理状况,寻找问题源头,并加以针对性的心理指导,以做好对小张的人文关怀与心灵引导,并逐渐让小张养成自律、自信、自强的良好品质,帮助小张承认自我、接受自我。

1. 全面了解,寻找症结

在得知小张的留级情况后,我立刻着手与小张的父母、原辅导员以及室友等谈话,还原小张个人情况的原貌,多角度、全方位地对小张进行初步了解。父母更加了解该生的原始性格和近年变化,原辅导员因对该生进行过深度辅导,所以对该生步入大学后发生的事情知晓得更为详细,室友对该生的常态化学习生活状态掌握得更加全面。通过谈话,我锁定了事情的症结在于小张得知身体散发异味后找不到有效的解决办法,从而不想出门去教室上课。

2. 深入沟通,有的放矢

深入地与小张谈心交流,逐步掌握其生理改变的细节,进一步了解其心理状况并加以指导,在聆听、共情、专注等谈话技能的指导下,初步判断小张的心理健康状态。通过辅导员与心理中心教师之间的共同判断,小张是发展性的心理问题,要指导该生认识自我,正确对待问题,并传授小张人际交往方法技巧,如换位思维、相容原则。因小张是留级生,经过与小张本人和3名大一学生沟通,协调为其更换宿舍,以使其更好地适应新的学习生活。安排新室友作为信息联系人并对其状况保持关心,若有反常情况,及时向辅导员反馈。

3. 高度关注,因时制宜

在对小张的关怀过程中,如后续发生小张存在以抑郁症、焦虑等病症为代表的疑似障碍性心理健康状态,应立即联系学校心理中心,对小张进行预评估与专业性指导等帮助,通过心理中心的及时反馈,在必要时联系学生家长,并及时将其转介至精神卫生部门做出进一步的确诊及处理。在对小张的重点关注监控过程中,把对学校的所有掌握的情况及时报告给主管领导,并和监护人全程做好沟通协调。对工作流程做好台账记载,以保证工作有据可查。

4. 加强指导,防微杜渐

留级生从办完留级手续开始,自身便陷入了生存状况转变的关键时期,问题点多,心理负荷大。所以,要从一开始就对其加以重视和指导,可以从学习问题、情感困扰、未来计划问题等各个方面和层次对其身心状态加以系统的总结,并与学院心理中心、学校团委身心健康组、各班级健康顾问、寝室长等形成合力,有针对性地开展心理引导,以防患于未然。

三、案例总结

在本案例中,表面问题是失恋,但实际症结是小张努力却解决不了的生理异常,导致其心理状态有所失调。如果只发现表面问题,心理辅导工作就会像蛮牛一样横冲直撞,抓不到痛点。因此,在排查和沟通过程中要全面深入,有的放矢,追其源头,对症下药。留级生的心理健康教育工作过程是一个不断提高、螺旋向上的过程,重点就是凝聚合力,合力的构成者不仅包含学生的家长、辅导员、室友,也要包含学校的心理工作者和心理服务者,能否心往一块想、劲往一处使是关键。坚持育心育德相统一,强化人文关怀与心灵引导,以培养学生尊重互信、理性平等的心理,帮助学生积极、健康、协调地发展。

防微杜渐做在前,化解危机见实效

网络空间安全学院　王延龙

一、工作简介

小Y是一名本科生,2021年高三复读后考到我校,该同学仍然认为考砸了,暑假以来心理压力很大,一直在犹豫是否要复读。小Y在报到后,我发现他性格内向,不爱与同学交流;在查寝过程中我注意到,班级内的各种非强制性活动小Y一律不参加,喜欢一个人躺在宿舍发呆。小Y在10月中旬跟辅导员的谈话中,表示自己与家里关系恶化,再次复读的压力很大,想要退学,并且在谈话期间一直佝偻着身子,面部十分痛苦,在长时间的安抚与询问下,他终于吐露想要退学,然后实施自杀的想法。基于以上情况,该案例属于典型的大学生自杀危机干预类型,需要解决的问题是:尽快就医解决该同学心理性以及病理性的身体不适,做好看护以免发生比较极端的自杀事件,做好与家长的沟通工作,协助该同学明晰未来规划。

二、案例分析解决

1. 细微之处入手,及时掌握情况

在家长主动联系辅导员后,辅导员及时掌握了该生的相关信息,例如家庭背景、是否为独生子、个人性格、学习习惯、作息规律等,为该生入学后的引导和帮助奠定了基础。在入学前了解了小Y的情况后,我便通过询问小Y舍友、多次查寝、观察其学生活动参与情况等方式最直接、最有效地掌握了该生的最新状态,以利于后续工作的开展。

我借学校举办一系列心理主题活动的机会,单独与小Y交流,告知他活动很丰富、奖品很丰厚,有兴趣可以积极参与一下,并顺便跟他聊了一下最近的状态。将工作的各个分支联系起来,从细微之处入手,才能及时感知学生的情绪变化。

2. 日常多加关心,逐步建立信任

存在心理问题的学生最棘手的地方在于辅导员是被学生排斥的,这使得工作开展异常困难。在这个案例中,我在日常的相处中逐渐得到了小Y的信任甚至依赖:开完班会单独跟他去操场散步,得知他卧床不起一整天借查寝的机会跟他谈谈心,每周固定2~3次与他深入谈心谈话,仔细了解他所有的压力源并给出建议。我有意在报到、查寝的时候跟小Y聊天,能够明显感觉到该生处于非常痛苦、纠结、压抑、自卑的情绪当中,并且他非常固执,不愿意从中走出来,更不愿意寻求帮助,有明显的自毁倾向。我马上联系学院心理中心老师,然后在心理中心老师的建议下持续关注,并且通知寝室长和同寝室其他同学,随时关注小 Y 的状态,尽量避免他独处,一定要时刻陪伴。

对于新生来说,在他充分信任、依赖我的前提下,我才能在危机爆发时,短时间内完成送医、陪住、见父母这一系列处理。如果在心理危机爆发前我与学生的联系不够紧密,突然的询问、关心和频繁的交流反而会让学生更加抗拒,甚至产生严重的敌对心理。

3. 获取专业帮助,提升自身技能

在该案例的处理过程中,我深刻地认识到一定要及时获取学校心理中心及医院专业医师的帮助和指导,秉持"专业的人做专业的事"的立场。在类似的案例中,辅导员切忌与学生过度共情,以免贻误最佳治疗时间;我认为辅导员要时刻注意自己的身份并不是专业的心理咨询师或者精神科医师,与突发心理危机的学生交流时要时刻注意站位,虽然要与学生相同,但是同时要注意度,不要过于代入,否则过分的共情心理会直接影响辅导员的决策,甚至会对学生本人的身心健康和辅导员本人产生不可预估的负面影响。

另外,我日常从相关培训中学习到的谈心谈话技巧也派上了用场,在日常工作中辅导员也应该专注于提升自己的各类能力素养,有备无患。

4. 及时联系家长,形成育人合力

在处理该案例的过程中,我意识到,面对心理危机,一定要及时、准确地向学生父母传达信息,并获得学生父母的授权。虽然学生已经成年,但是其心智、处理事情的方式都不够成熟,仍然需要其监护人的监督和保护,在紧急情况发生时,要以保证学生的生命安全为第一要务,及时的沟通可以避免很多不必要的麻烦。

在该案例中,小 Y 与父亲沟通不畅,导致压力剧增。因此在该案例中,取得该生充足信任的辅导员作为该生和家长的"中间人"显得至关重要。我以其母亲作为切入口,先让小 Y 单独与母亲联系,倾诉自己的压力,表达自己的诉求,并提醒其父亲在见面后克制一下自己对于小 Y 的不满情绪,必要的时候保持沉默。在学院领导的指导下,在学校心理中心的帮助下,该生逐渐与父亲和解,并表现出了强烈的求生欲望,愿意积极寻求帮助让自己好起来。随后,辅导员、父母一同带小 Y 前往某精神科医院住院治疗,为小 Y 办理休学手续。截止到 2021 年 12 月初,小 Y 同学病情已有好转,休学期间积极参与社区服务工作。

三、思考与建议

大学生是一个承载着家庭和社会期望的群体,在获得良好的专业技能培养的同时,大学生的心理健康和良好的心理素质,对于大学生在学期间的身心安全、大学生个体整体素质的全面提高和大学生人格健全、个性发展等多个方面具有重大意义。如今,大学生心理危机问题日渐严重,许多大学生在其生理、情绪、认知、行为等方面出现了各式各样的危机,严重的甚至危及生命。对于高校辅导员,把大学生心理健康教育落到实处、面对突发心理危机状况具备紧急处理的能力显得尤为重要。

这次心理危机处理对辅导员、学院、学校都是巨大的挑战,以人为本、保证人身安全永远是心理危机处理工作的重中之重。以下几点是我对于该案例的思考:将工作的各个分支联系起来,将其做到细微之处,才能及时感知学生的情绪变化;长时间倾听学生的心声,与学生建立信任的关系之后,才能更有效地处理危机;积极寻求专业人员的帮助,会让危机处理更平稳;获得学生父母的支持,才能使工作开展得更顺畅、更安全。

师生协作,积极应对学业压力

信息与通信工程学院　李　婧

一、工作简介

C同学,男,出生在偏远山区,小学时父母离异,母亲远嫁后失去联系,初中时父亲因病离世,与爷爷奶奶生活在一起,近几年老人体弱多病,常年就医服药,几次病危。C同学觉得生活没有希望,开始自暴自弃,平常没有兴趣爱好,也没有朋友,大二时因为不及格学分超过20分留级,大三时不及格学分再次接近20分,即将面临退学。本案例的重点和难点在于:第一,对该生开展学业辅导,缓解该生的学业压力,帮助该生顺利完成学业;第二,帮助该生重拾对生活的热情、对未来的期望,激发该生的学习动力;第三,让该生感受来自同学和老师的关心,帮助他建立自信心,增强人际交往能力,为未来深造和求职奠定基础。

二、案例分析解决

C同学存在严重的情感缺失,从小缺少家庭温暖,陪伴他长大的亲人也体弱多病,导致他逐渐丧失对生活的热爱,以及对学习的热情,带来严重的学业危机。我在充分了解该生的基本情况之后,在学院领导的指导下,制订了以下解决策略。

1. 建立关系——真诚以待,成为学生的知心朋友

第一次和C同学谈话的时候,该生的眼神躲闪,说自己的生活没有希望,如果爷爷奶奶去世,自己也不会独自生活下去。听到这些话我知道,当时的他对待生活完全失去热情,此时与他谈论学习没有意义,应该首先让他重拾对生活的热爱。我和他聊爷爷奶奶的病情,了解他从小的生活环境,让他回忆起亲人对他的关心和爱护,也让他知道每个亲人都不能陪伴自己一辈子,但是要在有限的时间里和家人创造最美好的回忆。在一次次的交流中,C同学逐渐感受到我的关心,愿意和我谈自己的感受,慢慢建立起信任关系。

2. 树立信心——拨云见日,重拾对未来的期待

C同学日渐消沉的重要原因是自己来自贫困山村,亲人只有年迈的爷爷奶奶,觉得自己没有未来,他不主动交朋友,甚至不想出宿舍,每天消沉度日。一方面,我告诉C同学,能考上这么好的大学,说明他很优秀,他的亲人一定为他骄傲,大学对于他也是一个新的起点,应该利用好自己的优势,为自己为亲人创造更好的生活;另一方面,我组织班级同学对他进行帮扶,在日常生活中多关心照顾他,叫他一起运动、吃饭、学习,帮助他恢复人际交往能力,让他知道自己

一样可以有朋友，可以享受大学生活。

3. 学业辅导——过程管理，有效应对学业压力

C同学在第一次留级之后，对于学校的学籍处理规定有很清楚的认识。在第二个大二学年，他依然有14门课程不及格，其中绝大多数课程缺考，可以看出，他对待学习完全失去了兴趣和热情。在与C同学建立起信任关系之后，我们就学业问题进行了一次深入的谈话，我告诉C同学目前他所学的专业将赋予他的竞争力，如果可以顺利拿下学位，不管继续深造还是回乡就业，他都将为自己和家人带来全新的生活。经过一段时间的心理建设，C同学终于想给自己一次重新开始的机会，我与他共同探讨，制订了学习方案。

由于C同学不及格的科目有很多，假期需要复习的课程也有很多，所以我们很明确地知道目标是将不及格学分降到20分以下，注重过程管理，而不是结果导向。首先，我和C同学共同制订了学习计划，将假期时间做好规划，有侧重地对一些学科进行重点复习。其次，选拔优秀学生对C同学进行一对一学业辅导，尤其是对重点和难点进行分析讲解。最后，C同学每周向我反馈本周的复习效果，总结存在的困难和需要的帮助，必要的时候对学习进度进行调整。经过两个月的复习，C同学5门补考课程全部通过，不及格学分顺利降到20分以下。

4. 家校合作——亲情融入，激发学生学习动力

C同学对待生活和学习的态度与家庭情感缺失相关，要想彻底改变C同学消极的生活状态，必须将亲情融入，通过家校合作，共同激发C同学的学习动力。由于与C同学共同生活的是两位年迈的老人，所以我获得了C同学舅舅的联系方式，将C同学目前的情况与其舅舅进行沟通，希望通过其舅舅与其爷爷奶奶联系，将C同学的情况委婉地告诉老人。对于C同学，两位老人目前是最重要的亲人，老人得知C同学的情况后，也尽可能地与C同学沟通，帮助C同学重拾学习动力。与此同时，我也与C同学保持联系，及时追踪C同学的状态，并联系心理咨询中心，为C同学安排心理咨询。在家校的共同努力下，C同学逐渐变得开朗乐观，对待学习和生活充满动力。

三、思考与建议

习近平总书记在与广大师生座谈时说："广大青年要努力成为有理想、有学问、有才干的实干家，在新时代干出一番事业。"学习是学生的第一要务，只有掌握知识技能，才能够将青春之花绽放在祖国最需要的地方，才能创造出自己璀璨绚丽的人生。

学业压力是目前大部分大学生，尤其是理工科专业大学生普遍面临的问题。面对学业压力，学生应该注重过程管理，在日常循序渐进的努力中，不断调整自己的学习状态，重拾学习动力。在过程管理中，应该注意学生的学习计划，根据学生实际情况进行沟通；选拔优秀学生开展学业辅导，有针对性地帮助学生解决学业困难；给予学生积极的反馈，帮助学生树立自信心，端正学习态度；做好追踪工作，学习需要持之以恒，作为辅导员应该定期关注有学业压力学生的学习情况，尤其是在关键节点，做好督促工作，确保学生将学习变成生活的一部分。

家庭是孩子的第一所学校，与孩子性格和认知的养成息息相关。家庭是很多学生精神的寄托，在解决学生学业压力的规程中，一定要与学生家长取得联系，了解学生的成长背景，也让家长了解学生目前的学习状态。通过家校合作，在亲情的融入下，帮助学生填补情感缺失，激发学生对待生活和学习的热情。

相聚云端,勤学不辍
——主题学风教育三步工作法

经济管理学院 董灵心

一、工作简介

一个国家最好的风景,就是这个国家的年轻人,青年的第一要务是勤学擅学,从"五点希望"到"八字真经"再到"十六字诀",是习近平总书记关于青年工作的重要论述中有关当代青年成长成才论述的集中体现,既体现了我党对青年的一贯要求,又揭示了青年成长成才的内在规律。新冠疫情暴发以来,为贯彻落实习近平总书记关于加强防控工作的重要讲话精神和疫情防控期"停课不停学"的各项要求,经济管理学院本科2019级结合学生特点和疫情发展趋势,坚持问需于生,坚持问计于师,坚持聚焦主线,坚持以上率下,坚持学做结合,探索形成"五坚持、六注重、七个一"的主题学风教育三步工作法,形成比学风、促学风、传承优良学风的"一比一促一传承"学风热潮,多措并举、共同施策,不断推进学风教育讲实效、见成效,助力学风建设迈上新台阶。

二、做法与成效

1. 以思想育人保"温度",汲取成长"营养"

注重顶层设计,注重长效机制。紧抓班团干部的先锋模范引领作用,以学院团委为核心,引领思政教育;以团支部为载体、团干部为发起对象,组织领导开展丰富多样、形式新颖的支部活动,寓教于乐,寓学于乐。学思想,奉行"一份承诺"——躬身力行勇担当:组织学生集中学习习总书记给北京大学援鄂医疗队全体"90后"党员回信的精神,激发学生的责任意识与担当意识。学典型,致敬"一名英雄"——榜样示范坚信念:了解疫情防控期间"逆行者"的感人事迹,同时树立学生典型,通过参与抗疫志愿工作的同学的分享,鼓励全体学生做出自己力所能及的贡献,创先争先。学态度,情寄"一次点亮"——传邮万里寄思情:通过点亮校园四季的照片,回忆在校学习生活的点滴,凝聚来自同学们五湖四海的思念,培养学生爱校荣校的意识,于学思践悟中获新知。

2. 以组织育人做"水分",畅通成长"通道"

注重主题主线,注重内容内涵。疫情期间挑战与机遇并存,压力和动力同在。针对同学们

"原计划"被打乱,"宅家学"不适应,"长假期"陪家人等问题,年级辅导员主动出击,搭建网络育人平台。学自律,展开"一场学习"——主题教育抓实效:建立学习小组,实现精准帮扶;搭建"柚子经灵"线上自习室,同学自觉自习打卡,共享学习成果;建立学习档案,提升学生自主学习、自我管理和自我约束能力。学规划,拓展"一堂班会"——家校共建助成长:依托"主题班、团活动",集中学习重要讲话精神,邀请优秀学生分享学习考试经验,此外首次开展"线上家长会",发挥家长、老师双主体的作用,鼓励家长积极地把家庭作为学生学习的第二课堂,把感恩教育、责任教育融入家庭教育,培养学生健全的人格。

3. 以实践育人造"氧气",积蓄成长"动能"

注重改革创新,注重育人实效。用新思想武装头脑,指导新实践,积极推广线上教学工作中的新教学理念、教学手段、教学管理,推动"互联网＋教育"深度融合,促进学生从被成长向要成长转变。学创新,创作"一件作品"——纸笔情长筹众志:开展线上战"疫"作品创作活动,激发学生的爱国热情和思想灵感,培养学生的创新能力。学本领,分享"一点收获"——提升自我共奋进:开创"带'获'女王"直播间系列活动、"小白进阶"活动,制定周期型进阶任务;制订"咸鱼翻身"计划,引导学生自主开展学习实践。搭建一二课堂协同育人平台,促进德学双馨,鼓励学生在"隔空教育"中学有所获、学有所得、学有所望、学有可期。

三、思考与建议

抗击疫情,共克时艰。防疫攻坚战仍在继续,特殊时期给高校的学风建设带来新的挑战,如何找到新的应对途径,推进线上教学学风建设可持续性稳步向好发展,成为高校必须思考的重要问题之一。"停课不停教、停课不停学"既是战"疫"应急之举,也是"互联网＋教育"的成果展示,疫情期间,经济管理学院本科2019级以立德树人作根脉、爱心氛围作阳光、耐心引导画年轮,探索创新、固化成果,将"面对面"和"键对键"有效结合,铸邮苑青年勤学之魂,固疫情防控思想之基,化"疫情危机"为"教育契机",充分展现了砥砺奋斗中的青春力量和青春担当,为疫情防控常态化下的学风建设与取得抗击疫情的胜利贡献教育力量。

关于高校参军退伍学生返校后适应性辅导的探索

信息与通信工程学院　黄一霖

一、工作简介

随着我国高校大学生应征入伍的队伍日趋庞大，对参军退伍返校学生的教育和管理也需趋于成熟。这类学生群体携笔从戎，为我国军事和国防事业做出了重要贡献，与此同时，几年的部队生涯远离了校园生活，使得不少学生对入伍前所学的专业知识和实验技能有所遗忘，甚至出现退伍后学业、生活衔接不适应的现象，造成学业警示、人际关系紧张等危机。H同学为北京邮电大学本科生，于2018年应征入伍，在部队服役期间吃苦耐劳、训练刻苦、表现突出，多次荣获所在连队嘉奖。2020年H同学退伍后回到原学院继续完成学业，归校后他出现了明显的学业不适应现象，入伍前在大一阶段所学的知识也遗忘得所剩无几，基础课知识架构的缺失造成了专业课学习上的吃力，加之回校后直接进班融入紧张的学习和实验中，学业压力陡增，同时在生活上，H同学与比自己小两岁的新舍友们交流不畅，出现人际关系紧张的情况，经过一学期的自我调整和适应，还是未能找到合适的学习方法，学期末挂科频发，心理压力陡增，课外活动骤减，原本开朗活泼的小伙子变得郁郁寡欢，亟须扭转这种势头。

二、做法与成效

经过深入调研和查阅文献，我发现我国不少高校均存在退伍学生返校后适应性差的情况，这一问题已成为普遍现象，因此要开展好高校退伍返校学生的各项工作，就亟须探索出一套合理、实用、普遍的管理方式，本文以北京邮电大学退伍学生H为例，在该案例中，辅导员依据其现实特点，进行系统分析，运用深度辅导等一系列方式，产生了卓有成效的效果，并总结归纳出具有较强普适性的管理经验，以提升三全育人的实效。

1. 走进学生内心，巧用深度辅导建立信心

辅导员针对H同学心理压力大、情绪低落、人际关系紧张等情况，多次对其进行深度辅导，与其谈心谈话，同时注重谈话的方式与方法和谈话场所。因其人际关系紧张，有一定的戒备情绪和抵制情绪，所以尽可能选择生活化的谈话场所，例如宿舍走廊、操场、花园、食堂等区域，将谈话的气氛营造得轻松舒适，拉进与其共情的距离，使其逐渐放下戒备心和自卑感，从不

愿张口地被动回答,到愿意主动联系辅导员并分享学习和生活点滴的积极乐观,通过一个月信任关系的建立,辅导员走进了 H 同学的内心,充分掌握了其目前所面临的困境以及其内心的真实想法,用亦师亦友的沟通方式助其打开了心扉,建立起信心。

2. 注重情感培养,活用多维群体健全人格

在掌握了 H 同学内心的困惑后,辅导员采取"三关怀"方式,助其完善心智、健全人格。首先,联系家长,告知 H 同学的在校情况,希望他们能给予其血浓于水的亲情关怀。亲情是朴实真挚、能直击内心的情感,H 同学的父母给予了其莫大的鼓励和支持,使其度过了返校后最艰难的一段时间。其次,与 H 同学的舍友、班委和好友沟通,希望他们能给予其真挚有力的友情关怀。舍友等是 H 同学朝夕相处最为紧密的伙伴,处理好他们的关系,就能潜移默化、润物无声地助其熟悉和适应现在的学习生活环境,与其一同面对和克服困难,使其重拾信心。最后,与 H 同学的女朋友沟通,希望她能给予其纯洁积极的爱情关怀。辅导员了解到 H 同学与其女朋友感情稳定,并且在参军过程中保持着交流,在健康积极的前提下,适当地给予 H 同学爱情关怀,有利于其改变消沉的情绪和萎靡的精神,在树立起担当和责任的过程中健全人格。

3. 研判学业困难,善用校内资源精准帮扶

在改善人际关系紧张问题后,辅导员与 H 同学就其主要面临的学业问题进行了面对面的分析研判,详细地分析了现阶段产生学业危机的科目,总结出 H 同学具有基础知识掌握不牢靠、重点难点领会不透彻等短板,针对以上问题,辅导员与 H 同学决定采取两步走计划。首先通过朋辈辅导加自学巩固的方式,将基础知识夯实补齐,发挥党员、班干部、学科尖子的作用,让他们利用课余时间为其讲解公式、法则和典型例题,同时 H 同学自身也根据掌握的情况,针对薄弱章节予以巩固加练,力求吃透、弄懂、不留死角;接下来,在基础知识基本全面掌握的情况下,辅导员联系具有专业水准的班主任、任课教师等,为其着重强调重点难点。通过两步走计划,H 同学在补考中顺利通过了挂科科目,完成了自我突破。

4. 搭建展示平台,妙用自身特长助力成长

在解决学业问题和人际关系问题后,H 同学与同学相处从容了很多,告别了之前的陌生感和自卑感,学习成绩也稳定在年级中上位置。辅导员根据其入伍时的优异表现,策划了退伍交流分享会,H 同学通过分享其在部队的所见所闻和日常生活操练,让一直身处学校的同年级同学感受到了不一样的军营风采和新时代军人的英姿,在鼓励和引导更多学生携笔从戎、参军入伍的同时,也大大地激发了 H 同学在集体中的存在感和自豪感,使同学们认识了其不一样的一面,起到了正向的积极作用,同时,凭借在部队期间培养的强健体魄,H 同学在校运动会上斩获长跑冠军,充分发挥了良好的身体优势,成为年级中的"小明星"。

三、总结与建议

对于 H 同学的案例,可以总结出一套较为成熟的高校参军退伍学生返校后适应性辅导的经验,主要归纳为以下三点。

(1)打破师生戒备,建立亲密关系。只有舒适和亲密的人际关系,才能有利于了解和共情学生内心最真实的感受,也才能有助于化解和疏导其面临的问题和困惑,同时也需要注重谈话的方式与方法和谈话的场合,做到有准备地谈话、有重点地谈话、有技巧地谈话。

(2)针对突出问题,力求精准施策。对于退伍学生可能出现的学业问题、生活问题、感情

问题和人际交往问题等,需要精心谋划个性化的解决方案,做到"一人一策、一事一策",同时尽可能地利用校内外资源,制订周密的实施计划和方案,在具体工作的开展中提升理论与实际操作相结合的能力。

(3) 发挥个体优势,促进个性发展。应充分认识到退伍学生具有的特长和优势,发挥和运用好其特长和优势,这样不仅可以建立其自信心,健全其人格塑造,提升其获得感和幸福度,还能以点带面,促进党团班建设,在基层群众中起到正向引领作用,增加集体的战斗力和凝聚力。

精准资助坚守育人初心，守护残疾学生成长成才

计算机学院（国家示范性软件学院） 肖 夏

一、工作简介

学生 J，曾为北京邮电大学计算机学院（国家示范性软件学院）本科生，现为硕士研究生，有听力障碍，二级残疾，性格内向，不愿与人交流，但学习刻苦，学习成绩优异。该生小时候因不明原因听力下降，双耳侧患重度感音神经性耳聋长达 20 余年，听力均为九十到一百多分贝，从小一直佩戴助听器，佩戴助听器后基本可以保证正常生活和学习，但听课和与人交流时需注意对方口型，帮助辨别发音。2018 年 J 同学因感冒诱发听力突然下降，助听器补偿效果变差，已不能满足日常学习和生活的需要，为了提高听力，更好地学习、生活以及未来融入社会，于 2019 年 1 月在北京同仁医院对右耳进行了人工耳蜗植入手术。电子耳蜗购机费、手术费、住院费、康复费等一系列费用总计大约 30 万元，给其家庭在经济上造成不小的压力。身体问题给该生带来了心理、学业、社交、经济等一系列的困难，矛盾较突出，是我重点关注的对象。

二、案例分析解决

该生作为特殊学生群体，自身的残疾导致他拥有一些特殊的心理特点和异于其他普通同学的生活、行为模式，我在做好日常资助、心理工作的同时，对其进行重点关注，通过针对性的深度辅导、学业帮扶和资助申请帮助该生解决实际困难，鼓励该生积极融入集体，增强自信，和该生及其家长逐渐建立起信任关系，做到全程育人、全方位育人。

1. 抓住重要时间节点，摸清学生基本情况

作为陪伴学生大一至大四的辅导员，我需要持续四年对学生给予学习、生活上的关爱和帮助。大一开学前的暑假，我通过摸排学生信息，了解到该生的情况，提前和该生及其家长取得联系，消除该生入学前的恐慌；报到当天，帮助该生办理报到手续，面对面向该生家长了解情况，并向他们详细介绍学校的资助体系和政策，消除该生及其家长的担忧，鼓励该生在校努力学习，多交朋友。

2. 扎实做好深度辅导，有效开展针对性指导

深度辅导是我们深入了解学生情况、掌握学生实际需求和发现学生现实问题的有效途径，

是辅导员全部工作中有力的切入点和支撑点,尤其对于残疾学生等特殊学生群体,对学生进行长期、系统的深入辅导,可以逐渐赢得学生的信任,全方位掌握学生动态,以便帮助学生解决实际困难,可有效地推进育人工作。根据学生的问题,在进行深度辅导、学业指导等工作时,要注意方式与方法,对症下药。在本案例中,由于该生有听说障碍,我在与其面对面交谈时要注意放慢语速、扩大嘴型,微信上不发语音,仅通过文字交流,方便该生理解,及时掌握该生在校生活与学习的状态;在学业辅导上,我提前联系任课教师和该生的考研意向导师,介绍他的情况,帮助其与老师进行沟通,并安排学委课后帮扶,帮其解答课堂疑问;在大学英语四六级考试中,主动帮助该生联系相关负责老师,申请听力免考等;嘱咐班委和宿舍同学在学业和生活上对该生给予照顾和帮助,拉近同学之间的距离,消除该生的孤独感和自卑感。

3. 加强家校联动机制,取得家校育人合力

我在了解该生的情况后,第一时间将此情况上报院领导,此情况得到院领导的高度重视。在残疾学生的育人工作中,家庭的因素不容忽视。在该生入学前,我便与其家长保持联系,定期进行日常沟通,疫情期间多进行线上家访,及时了解该生身体及心理动态,传递学院暖心关怀,实现家校信息互通,让家长见证该生的成长和进步。

4. 主动加大资助力度,解决学生实际困难

残疾学生的家庭由于要承担治疗、康复等费用,一般都会有不同程度的经济压力,而面对学校完善而复杂的资助体系,学生和家长可能并不完全了解。我主动伸出援助之手,在规定范围内帮助该生申请各项补助,2021年年初帮助该生申请"校教育基金会学生纾困关爱基金"2万元,解决了该生的实际困难。

5. 发挥自身特长优势,促进学生全面发展

虽然J同学有听力障碍,但是其学习刻苦,在老师和同学们的帮助下,成绩优异,因此,我挖掘该生的自身特长和优势,鼓励其担任班委、参与集体活动,发挥该生成绩优异的优势,让其参与到学霸笔记分享的活动中去,让其既是受助者,也是施助者,充分感受自我价值和能力,增强该生内心的获得感、幸福感和成就感。

该生在大学四年间无挂科现象,现已成功考研至本院,作为2021级研究生新生辅导员,我继续担任他的辅导员。在未来的三年中,我也将牢记立德树人根本任务,坚守育人初心,继续对其精准资助,守护学生身心健康,助力学生成长成才。

三、思考与建议

相较于普通学生,身体残疾的学生不可避免地在日常生活中有特殊的生活需求和行为方式,他们在心理上比其他人更需要被尊重、被接纳和自我实现。在大学期间,学生的自我意识和心理人格会逐渐发展、完善和成熟,因此辅导员对残疾学生尤其是家庭经济困难的贫困学生,更应该给予关心、关注和关爱,重视他们的身心健康,有针对性地开展各类育人工作,帮助他们解决成长道路上遇到的烦恼和困难,引导他们在校期间能顺利学习、锤炼品格、融入集体,将来顺利走向社会,成为一名德才兼备的社会主义合格建设者和可靠接班人。

抓住契机,"选"好听众
——如何合理有效开展征兵工作

信息与通信工程学院 李 彤

一、工作简介

为深入学习贯彻习近平新时代中国特色社会主义思想,我校把做好大学生征兵工作、鼓励和引导学生参军入伍,作为新形势下高校思想政治教育工作的重要内容和有力抓手。根据国务院、中央军委批准的《一年两次征兵两次退役改革实施方案》和海淀区人民武装部下发的文件精神,2021年在做好疫情防控工作的前提下,将全面开展一年两次征兵工作。在该背景下,开展征兵工作对我们有更高的要求,需要熟悉政策、切实宣传、有效帮扶和长期跟踪,本文将结合实际案例,说明在辅导员工作中如何合理有效地开展征兵工作。

二、做法与成效

1. 学院上下高度重视

为贯彻落实大学生征兵工作,学院学生工作团队高度重视。

及时通知,整体把握。学院副书记在学生工作例会中强调学校征兵通知的关键事项和重要时间节点,征兵工作负责老师和学校武装部老师密切联系,详细解答新政策下的新问题,让辅导员第一时间了解本年度征兵工作;实时跟进,有效落实。每次学工例会都根据时间节点落实工作,联系人做好传达政策与反馈实际问题的沟通工作,保证问题及时得到解决;广泛宣传,重点动员。鼓励学生参加学校武装部的活动,让学生在日常生活中感受国防文化,在学院中做好线上线下相结合的咨询与宣传活动,对于重点学生定期讨论,清楚了解学生入伍意向,考虑学生的综合情况。

2. 切实做好宣传工作

用好深度辅导,有效及时宣传。学生C在和我讨论当初选本专业的原因时,透露其初始意向是国防科技大学,但是体检没有通过。学生C家里还有个同岁的弟弟,两人从小就有参军梦,家长也很鼓励他们入伍。综合考虑该生情况后,我向该生讲解了学校征兵入伍政策,鼓励其可以先去医院询问一下体检结果,有意向可以在大学里入伍。学生C和家长商量后采纳了我的建议,进行了上站体检。

抓住深度辅导契机,让学生面对面了解学校征兵政策,这样不仅能第一时间了解学生的综合情况,还能提高宣传效率。

组织退伍同学,加强身边宣传。学生R和X经历了两年的军队生活后加入了我负责的大班,向两位同学了解了他们的入伍经历后,我鼓励他们向年级同学进行宣讲,两位同学还展示了一些照片,同学们纷纷表示很震撼,听得热血沸腾。同时,我了解到X同学运动天赋很高,很喜欢踢足球,就鼓励他参加年级足球赛,X同学技术高超,带领团队一路杀进决赛,向全年级展示了退伍军人的风采。这两位同学都是"行走的征兵宣传册"。组织退伍学生进行宣讲,参加活动,不仅能帮助他们融入新班级,更能发挥身边人的作用,做好宣传工作。

3. 重点动员,一人一策

对于入伍宣传,广泛开展是前提,之后对于一些有意向的同学要做到重点宣传,一人一策。

学生Z是一名少数民族经济注册困难生,家里父母务农,有三个姐姐,她们的工资也很微薄。在提供困难生注册材料时学生Z流露出想入伍的想法,我向其做了详细的政策解读,包括一些优待政策,在其确定入伍后,我和学校武装部老师沟通,告知该生学费和住宿费等入伍两年不用提交,已经缴纳的会退回其账户,帮忙该生减轻家庭经济上的负担。

学生J是小班学习委员,学习成绩不错,他开始对于入伍有些犹豫,了解情况后我建议他可以参加学校武装部在沙河校区进行的役前训练,这样不仅可以提前感受一下训练生活,还可以和退伍的学长、学姐面对面交流心得。该生非常有毅力,每次都坚持训练,役前训练坚定了他入伍的决心,目前他已确定入伍。

4. 做好入伍后续工作

确定学生能否入伍后,征兵工作告一段落,但绝不是结束,对于通过和未通过的学生均需进行帮扶。对于已经走兵的同学,协助其进行学校相关手续的办理,并在其需要帮助的时候及时尽己所能;对于没有通过的同学,对其进行鼓励与关心,鼓励其报名参加国旗护卫队、国防科技协会等相关学校组织,帮其获得认同感和归属感。

三、思考与建议

征兵入伍工作是辅导员工作的重要组成部分,在学院的高度重视下,要做好此项工作需要在日常工作中有效宣传,有效帮扶,做好总结。利用契机、创新方式,让日常宣传更加深入人心;重点动员,一人一策,对于重点关注的学生,在做征兵工作时先详细了解其综合情况,及时关心和解答他的问题,帮助他缓解担忧,以便有效地开展后续工作。对于犹豫不决的学生,言传要与身教相结合,利用好学校对于武装工作的支持与指导,让学生自己去感受军队生活会有更好的效果。保持关注,长期跟踪,让征兵工作更加有温度。征兵工作不是从无到有,更像是顺水推舟,我们不能让一个没有任何想法的人去报名入伍,但可以尽己所能为有想法的人排忧解难,能做到精准施策、因势利导,征兵工作就能更加有效。

抓住契机,"选"好听众。征兵工作要求我们高度重视、从心出发,为加强国防建设,实现伟大复兴的中国梦、强军梦贡献自己的一份力量。要扎实推进我校大学生征兵工作,为部队输送更多优秀大学生!

爱润无声，希望永在

网络空间安全学院　孟凡飞雪

一、工作简介

本案例主要探讨"注册困难生突发事件的有效疏导与精准帮扶"问题。

小 A 同学来自山西临汾农村，家庭经济条件一般，是我校本科生，也是注册经济困难生。2020 年上半年受新冠疫情影响，全校学生未返校，居家上网课。8 月 29 日，新学期返校第一天，小 A 同学返校。返校当天，9 时 40 分左右，山西省临汾市襄汾县陶寺乡陈庄村一两层饭店坍塌，数十名群众被困。武警临汾支队官兵闻令而动，快速反应，第一时间赶往现场展开救援。截至 8 月 30 日 3 时 45 分，救援工作全部结束，救出 57 人，其中 29 人遇难，7 人重伤，21 人轻伤，直接经济损失达 1 164.35 万元。2021 年 1 月 4 日，中华人民共和国应急管理部公布了 2020 年全国生产安全事故十大典型案例，其中包括山西临汾聚仙饭店"8·29"重大坍塌事故。本次事故发生在小 A 同学家所在村，且伤亡者多为小 A 同学的亲属、邻居。其中，小 A 同学的父亲、奶奶、一岁的弟弟、姑姑都在事故中遇难，姑父等人受重伤住院。受新冠疫情影响大半年未返校的小 A 同学刚到学校就急忙返回家中，属于刚从新冠疫情带来的压抑环境中走出来又陷入一个更悲痛的环境。

小 A 同学为女生，性格内向，学习成绩中等偏下，喜欢独处，不爱参加集体活动。飞来横祸导致其家中的主要劳动力缺失，造成其经济负担加重。众多亲属的伤亡也使其出现了焦虑、情绪低落、厌学等情况。辅导员紧紧围绕该生，开展精准帮扶，实施家庭经济困难学生能力素养培育计划。经过一年的时间，现已经升入大三年级的小 A 同学成功脱离了学业危机，获得了浩瀚企业奖学金，性格也逐渐变得开朗。

二、案例分析与解决

资助育人是高校思政教育工作"十大"育人体系的重要内容，因人施策，呼应学生发展需求是关键问题，要坚持"一把钥匙开一把锁"。对于小 A 同学，我们根据马斯洛需求层次理论，做到先满足其生存性需要，再关切其发展性需要，并兼顾其短期发展与长期发展。

首先从解决实际问题的角度出发，深入了解学生，切实解决学生的现实难题，为学生提供暖心的陪伴。只有保证足够的相处时间和沟通时间，才能走进学生的内心，才能和学生共情，实现真正意义上的换位思考。为此，辅导员为小 A 同学建立了专门的心理记录手册，坚持每周至少有两次深度辅导并保留记录,逐渐拉近师生距离。小 A 同学坦言,现在家中只有母亲一个劳动力,家中众多亲友都丧失了劳动能力且受伤或者身患重病,政府补助还没有下来,单靠母亲已很难支撑自己继续完成学业,所以就算是自己在上课的时候也总在想这些,显得心不在焉。随后,学院领导和辅导员第一时间帮助小 A 同学申请了临时困难补助,并与其家人取得联系,尽可能地为该生提供需要的帮助。此外,针对这种突发情况,为了避免心理危机的发生,学院还为她联系了心理中心的老师以及学院心理顾问,随时关注她的心态变化。同时,为了进一步观察和跟进小 A 同学的状态和变化,学院还在辅导员办公室为其增设了勤工助学的临时岗,一方面可以增加小 A 同学与辅导员的见面次数,为其提供更多的沟通交流机会;另一方面还可以让小 A 同学通过自己的努力来缓解家里的经济压力。

生存性需要基本满足后,小 A 同学的学习成绩有了起色,通过自己的努力取得了进步,还帮助家庭缓解了经济压力,这让她对自己也更加自信。在辅导员办公室做勤工助学助管的工作,也让她的性格变得更外向、主动和坚强,生活的充实也在一步步地缓解她丧失亲友的痛苦。

随着小 A 同学的情况逐渐稳定,为全面挖掘潜能、补强短板,落实小 A 同学的全方位发展与长期发展,学院和辅导员介绍并推荐小 A 同学参与了浩瀚奖学金的评审与考核,在备考和参评的过程中,小 A 同学切实提高了个人素养;另外,鼓励并动员小 A 同学积极参与学院的文体活动,丰富课余生活,拓宽朋友圈。小 A 同学还积极参与志愿服务与社会实践,去年一年小 A 同学的志愿服务时长超过六十小时,做到了感恩和反哺社会。

三、思考与建议

坚持问题导向,促进精准帮扶。精准帮扶是将帮扶内容精细化、方案个性化、力度精确化,兼顾学生的个性特征及实际情况,这是高校资助育人的核心。从"一个不能少"到"一个不能掉队",这需要辅导员去"感同身受",只有保证足够的相处时间和沟通时间,才能走进学生的内心,才能和学生共情,实现真正意义上的换位思考,才能制订精准帮扶的可行性方案。通过按时填写心理"一人一册"等方式,增强个性化帮扶供给,满足学生差异化、阶段性的需求,追求所有学生的成长平等,助其志,扶其能。

每一颗星星的光亮,都值得我们用心呵护与珍藏。我们相信,爱润无声,希望永在!

心理育人视域下大学生生命教育实践路径探索

学生工作部(处)　王　培　潘　敏

一、工作简介

2021年我们面向全校学生开展了大学生生命意义感的问卷调查,并对8名学生进行了深度访谈,以了解大学生当前的生命意义感及生命教育情况。结果显示,高生命意义感的个体仅占总人数的46.5%,一半以上的大学生缺乏在生活中发现生命意义的能力及追求更高生命目标的动机。95.4%的学生对生命进行过思考,但仅有7.7%的学生对生命教育非常了解,90.5%的学生认为高校开展生命教育很有必要。在深度访谈中,一部分受访者认为没有接触过生命教育,另一部分受访者认为主要通过思修课老师的讲授及课堂外观看生命教育纪录片或自己阅读书籍来了解生命教育。因此可以看出,当前大学生生命意义感的缺失比较普遍,对生命的思考比较频繁,对生命教育的渴望比较强烈,学校提供的生命教育内容及其丰富性较为贫乏。

二、做法与成效

作为心理素质教育中心的专职老师,我们依托心理学的专业特色,充分发挥心理育人的功效,进行了一系列生命教育的实践探索,以使学生能够关注生命、认识生命、体验生命、理解生命,感受生命的意义,实现生命的价值。

1. 发挥课堂的渗透作用,提高学生对生命的关注

课堂是生命教育传播的主战场,我们利用"大学生心理健康"必修课及"心理学与生活"选修课,渗透生命教育的相关内容。在课程设计中加大生命教育的力度,通过"20个我"环节使学生对生命有更清晰的认识;通过"盲人与拐杖"的角色扮演让学生充分认识到自己的价值观、信念和行为;通过"进化论"环节使学生认识到生命成长有其内在的艰难性,但可以心怀希望;通过"高光时刻""优点轰炸"环节使学生认识自我的优势,能够欣赏自己和他人的生命;通过"守护天使"环节使学生学习温暖他人,守护生命;通过观看《泰坦尼克号》沉船片段,使学生思索死亡来临之前,如何发挥自己生命的最大价值,活出生命的意义。

2. 打造生命教育新媒体平台,拓展学生对生命的认知

当代大学生在网络化的时代背景下成长起来,深受网络媒体的影响。我们结合大学生的这一特点,充分利用新媒体平台及时性、交互性、超时空性的特点,打造了生命教育系列精品课

程。依托心理素质教育中心官方微信公众号,开设生命教育专栏,发布生命教育主题文章,录制生命教育系列微课,通过认识生命篇、理解生命篇、珍爱生命篇、尊重生命篇、寻求意义篇、绽放生命篇的课程提高大学生对生命的深刻认知。

3. 开展生命教育团体辅导,深化学生对生命的体验

团体辅导作为一种特殊的教育方式,注重实践性与体验性,学生通过参与团体的互动,能够不断认识自我、探索自我,体验心理情感过程,增强沟通交流,从而达到学习的目的。我们组织开展了一系列以生命教育为主题的团体辅导活动,例如"阳光生活,爱我所爱——大学生生命情感团体""遇见未知的自己——生命探索团体""绽放生命的色彩——自我认知心理绘画团体""活出生命的意义——影像中的生死学",使学生在体验式的团体活动中丰富内心体验,感悟生命的美好。团体辅导帮助学生对生命有了更加深刻的认识和体验。例如,刘同学认为:"我应该学会接受自己,得也泰然,失也泰然,这样才能不被生活的小事折磨,自然也不会被大事纠缠。"周同学表示:"我更加深刻地理解了'经历挫折并不全是坏处'这一道理,不管你跌入多深的谷底,你都有往上爬的机会。"田同学认为:"我对于自己过去的伤痛、现在的压力和未来的担忧都有了更深层次的认识和体会,现在的我可以更加勇敢地去面对生命、人生、伤痛这类话题,也更敢于和乐于表达自己。"

4. 丰富生命教育载体,增进学生对生命的理解

采用不同载体进行生命教育传播,可以拓展生命教育的工作空间。在实践探索过程中,我们综合采用读书会、电影赏析、专题讲座等方式,开展生命教育活动,拓展了传统讲授式的教育方法,以大学生喜闻乐见的方式增进了学生对生命的理解。例如:"感悟生命,感悟成长"主题电影赏析帮助学生们了解生命与死亡的话题,开启他们对自我生命的思考;"体会生命,把握价值"生命教育专题讲座,帮助学生从生命的有限性入手,把握好每分每秒的价值,找到自己的独特性,发掘自身内在的力量,提升对生活的投入和动力;"活出生命的意义"读书会促使学生从负面经历中挖掘生命的意义,超越痛苦,绽放生命的精彩。

三、思考与建议

生命教育的目标在于通过直面生命的发育、成长、发展及生死等问题,让学生能够珍惜宝贵的生命,理解生命的意义,学会感恩分享,获得心灵和谐,实现自我生命的最大价值,以达到学生成长成才的目的。总结目前的实践探索,其突出表现了以下三个特点。一是渗透性和体验性相结合,通过让大学生在情感上感受生命、体验生命来渗透生命教育的内涵,以潜移默化的方式影响大学生的生命价值观。二是实用性和丰富性相结合,生命教育所有的实践活动均在问卷调查和深度访谈的基础上进行,贴近大学生的实际需求,同时综合采用团体辅导、心理体验式课程、读书沙龙、电影赏析、心理微课等丰富多样的传播形式满足大学生对生命教育的需求。三是知识性和实效性相结合,生命教育实践既注重传授有关生命的基本常识,又注重为大学生树立正确的生命价值观,防止自杀自伤、伤害他人的极端事件发生。

在生命教育实践探索的过程中,我们深刻地意识到:生命教育是走心的教育,是用心点亮生命的教育。未来我们将继续用"留心、细心、耐心、关心"来服务学生的生命教育实践工作,继续深化和优化这一模式,更好地实现心理育人的功效。

做好日常工作,为学生心理系上"安全带"

网络空间安全学院 汤文骁

一、工作简介

1. 案例背景

学生小 A 是我院网络空间安全专业的一名本科生。在 2021 年辅导员工作的交接中,我了解到该生在大二一年里的不及格学分达到了 12 学分,属于学业警示范畴。此外,该生平日与其他同学沟通比较少,也很少参加集体活动,从期中考试后,开始长时间呆在自习室里,甚至有时一整晚都不回宿舍。

2. 案例经过

大三上学期期末考试周的前一个星期三,该生未能及时完成每日健康打卡,我通过 QQ、微信提醒后,迟迟得不到该生的回复,且该生的电话关机。舍友表示该生在前一天晚上说要去自习室自习,并没有看到他回宿舍。

3. 案例难点

该生存在明显的学业问题,但由于性格使然,其无法及时向其他同学或老师寻求帮助,且由于需要重修一部分课程,导致其学业压力不断积累,自信心受到打击。

二、案例分析解决

1. 案例定性

本案例属于学业问题导致的学生心理问题预警。该生在课业压力逐渐积累的过程中勉强支撑,且其本身不善言辞、不喜欢表达自己的性格特点,导致其在学业上遇到问题不能及时寻求同学及老师的帮助,学业压力像滚雪球一样逐渐积累,接近该生所能承受的极限。

2. 处理思路及具体过程

(1) 第一时间,找到学生

发现该生失去联系后,我第一时间联系了该生的舍友和班长,大家在宿舍周边、自习室、图书馆等位置进行寻找,同时,我在线上查找了现有的所有资料,并利用学校在信息化管理方面的优势,最终,将该生的位置定位在教学楼的二层。前往教学楼后发现,该生趴在一个空教室的最后一排。

（2）避免刺激，安抚学生

我此前在与学生家长的沟通中得知，该生之前在家中主要由家长监督着学习，成绩本来不错。但是到了大学之后，没有了监督的人，该生在大学的前两年在学业上没有投入足够的精力，对于基础课程的内容掌握得不扎实，导致在后续的进阶课程中很多知识无法深入理解。该生本身性格又比较钻牛角尖，每次遇到想不清楚的问题都要花费很多的时间在上面。所以，我认为该生目前主要的困扰仍然是学业问题，但也不排除学业压力造成心理问题的可能。

因此，在确认该生的位置和安全性后，为了避免兴师动众影响该生的情绪，我首先安顿好该生的舍友，让他们回宿舍休息，委托该生的班长等候在门口，自己进入教室，与该生开展谈心谈话。

在谈话过程中，我首先表达了对该生的关心，询问该生昨晚是否通宵学习，该生一下子哭了出来。在谈话中，该生表示由于期末周前实验课程纷纷结课，自己一下子应付不过来这么多比较复杂的实验，又想到接下来的期末考试周，就感觉压力很大，觉得自己没办法适应大学的学习节奏，从一开始就没跟上进度，不适合上大学。

随后，我以自己的学习经历为例，向该生讲述了我自己在大学期间所遇到的一些学业难题和我的解决方案。在确定该生只是学业压力比较大时，我松了一口气。待该生的情绪稍微稳定后，我把该生的班长叫进来，就该生当下面临的这个实验进行了分析，从专业的角度解答了该生在本次实验中遇到的问题。

在厘清目前棘手的实验思路之后，该生的情绪逐渐平稳下来。

（3）家校合力，帮助学生

在该生情绪平稳后，我们共同讨论了接下来一段时间的学习规划，确定了到期末考试结束前，由该生的班长对其进行学业帮扶，帮助该生理解实验思路，同时予以一定的监督。此外我们也约法三章，约定该生必须自己完成实验，每天按时打卡，按时休息。

同时，我也安慰该生，在学业上遇到困难是很正常的事情，鼓励该生向周围的同学寻求帮助，并建议该生及时与授课老师沟通，说明自己在实验中遇到的困难。

随后，我与该生家长取得了联系，说明了该生近期面临的学业压力，解释了该生目前在学业压力的影响下可能会产生的心理问题。家长也表示最重要的还是快乐成长，会从家庭的角度鼓励该生，与学校一起帮助该生走出困境。

（4）初步进展和效果

在为期一个月的持续关注和有计划的学业帮扶下，该生逐渐恢复了积极的心态，开始进入了正向的学习状态。最终，该生在考试周内通过了所有的实验课，并将不及格学分控制在了5分以内。

三、思考与建议

在日常的工作中，学生的事务性工作往往占据了辅导员大量的时间，但处理学生事务性工作的过程，也是从不同角度了解学生想法、掌握学生心理的过程。处理好日常的每一次工作，加深对于每一位同学性格的了解，当发生意料之外的情况时，我们便能够根据学生的性格特点和以往的表现，有针对性地进行处理，真正做到"一人一策"。

对于某一位同学来说，心理问题和学业问题往往会不断积累，某一项工作完成后并非这位同学就再也不会出现问题。在一段紧张的处理工作取得初步成效后，仍然需要长时间地跟踪和关注，持续与学生、学生家长进行沟通。

最后，同学们往往在心里认为辅导员的身份是一名老师，进而产生距离感和戒备心理。通过将优秀的学生干部作为媒介，可以有效地拉近辅导员与学生之间的距离，这就需要辅导员在日常工作中注重学生干部队伍的培养，充分调动学生干部的工作积极性，走好学生工作的每一步。

作为新时代的辅导员，我们需要不断提高自己的业务能力，以认真严肃的态度对待每一项看似微不足道的日常工作，为学生心理系上"安全带"。

探索家校互联新方式，
开拓心理育人工作新格局

现代邮政学院（自动化学院）　石宇轩

一、案例简介

　　学期初的一个上午，辅导员突然接到校区通知，称当天上午九时许，我校一位女性辅导员发现我院男生小 A 在教学楼楼梯间全裸。被发现时，该生正在从四楼走上五楼，发现该辅导员后又迅速折返，两人并未交谈。后该辅导员考虑该生行为怪异，存在轻生可能，又迅速在一位男性辅导员的陪同下折回查看，发现小 A 仍然全裸在楼梯间走动。两位老师对小 A 进行了询问，该生表示自己衣服湿了，正在等室友送衣服过来，随后穿上衣服离开。当天上午十时许该生独自返回宿舍，并于下午一时许离开宿舍，骑自行车出校，随后失去联系。其后，辅导员、同学、家长都通过各种方式试图与该生联系，均无结果。

二、做法与成效

　　1. 迅速反应——贯通信息反馈渠道

　　在接到通知后，辅导员在学院副书记的指导下迅速核实并确认学生身份，第一时间赶往学生宿舍，同时线上联络学生本人。在确认学生失踪后，30 分钟内，辅导员迅速完成对学院领导、学校保卫处、心理中心、学生家长、沙河派出所的上报工作，在与家长简短的交流过程中，敏锐捕捉与危机事件相关的重要信息，如近期亲子关系紧张、家庭出现一定程度上的债务纠纷、学生个人经济状况变动等，敦促家长尽快赶往学校，家校联动齐力解决危机事件。

　　随后辅导员前往派出所做笔录，希望借助警方的力量确保该生安全。在进行上述工作时，辅导员一直尝试联络该生，终于在当天下午四时联系到该生本人，迅速确认该生当前位置并建议该生原地等待，立即打车前往该生所在地，接其返校，于当天下午六时许，返回沙河校区，顺利将该生送至刚刚抵京的家长身边。

　　2. 协同合作——疏通沟通交流网格

　　在本次危机事件处理过程中，学院副书记与辅导员作为枢纽，串联学生、家长、学校及派出所，在交流过程中把握"缓、稳、准、全"的基本原则，在事情处理期间，与学生保持不间断的线上线下交流。

（1）缓——敞开心扉，疏解心结

通过直接与间接相结合的方式帮该生打开心扉，了解到该生裸体并出现自杀倾向的原因是遭受家庭冷暴力，加之最近出现的成绩问题，导致其陷入压抑情绪不能自拔。该生出现自杀想法的契机是当天上午该生在学习自己的优势科目——英语时，有一些单词一直记不住，觉得自己失去了活着的价值，从而产生了深层次的自我放弃心理。

（2）稳——深挖内因，贯通桥梁

在学院领导的帮助和支持下，辅导员与家长开展了5～6次深度交谈，准确捕捉到了本次危机事件的诱导因素。小A的母亲性格较为强势，对小A有着极高的要求，无法接受小A上一学期高等数学挂科的情况，在假期对他进行了一定程度上的批评、斥责，甚至是冷暴力。同时小A母亲在小A成长过程中，对他存在体罚行为，曾在生气的情况下命令小A脱光衣服离开家，也时常会对小A说"妈妈很辛苦，这都是为了你好"等内容。因此小A在受到挫折时，认为自己对不起父母的教育，选择裸体跳楼自杀，认为这样可以做到"生不带来，死不带去"。

（3）准——依托校方，共育温情

在本次危机事件处理过程中，十分感谢学院、学校相关部门的指导、支持和帮助。在此期间，学院主管学生工作的副书记全程给予专业指导，帮助刚入职的辅导员妥善地解决了本次危机事件。学校学生处、保卫处、心理中心等部门均高度重视本次危机事件，并提供了全方位的支持。后续辅导员陪同小A到心理中心，在专业人员的引导下，小A讲述了自己在高中期间承受较大的学习压力，无法正确排解，甚至这段经历一度成为心理阴影，这段经历也是诱发本次事件的重要原因。

（4）全——信任警方，确保安全

在本次危机事件处理过程中，学院第一时间向警方求助以确保学生的生命安全。在当天夜间警方与学生的交流中，了解到该生当时仍存在自杀倾向，警察同志从专业的角度细致地给予家长准确的建议和指导，确保了小A的安全。

3. 以情慰心——搭建长期关怀环境

心理危机事件处理绝不是短短几十个小时就能完成的。作为辅导员，我们需要画好长期关怀帮扶同心圆。在保护该生隐私的情况下，安排其好朋友、舍友、大小班委从思想、学习及生活等多方面关心帮助他，画好"学生－学生关怀"同心圆；在该生情绪趋于稳定后，不定期与该生进行线上线下交流，时刻掌握该生动向，画好"辅导员－学生信任"同心圆；打通家校交流通道，定期与家长交流该生近况，了解近期亲子关系变化情况，安抚家长情绪，画好"家长－辅导员交流"同心圆；结合该生近期情况，定期与心理中心的老师交流，寻求专业指导和帮助，借助专业力量进行深度访谈，精准地把握学生心态，使其稳步向好，画好"辅导员－心理咨询老师专精"同心圆。以危机学生为圆心，以学生成长需求为半径，用一句句暖心话语、一次次爱心探望、一点点耐心引导帮助学生走出自我怀疑的困境。

三、反思与总结

辅导员的思想政治教育工作从根本上讲是做"人"的工作，必须围绕学生、关照学生、服务学生。心理育人工作是重中之重。依托本次心理危机事件处理，总结出"望、闻、问、切"四步法，以进一步做好、做细、做实心理危机处理工作。

1. 望——建立信任,密切关注

辅导员应与学生建立良好的关系。辅导员应不定期走进宿舍、走进课堂,提升其在学生社交圈的密度;与学生进行深层次的沟通交流,用真诚、耐心和爱心来关爱学生,建立信任关系,成为学生的朋友。辅导员应坚持点对点单独辅导与点对面团体关注紧密结合;坚持家校联动开展心理工作;坚持搭建心理育人进个人、进宿舍、进家庭、进班级、进网络的"五进"模式。

2. 闻——主动出击,倾听心声

辅导员应主动倾听,成为学生心声的倾听者。建立全面的信息反馈渠道,贯通"学生本人—宿舍长—小班心理委员—大班心理委员"四点一线全面关怀渠道,完善全覆盖心理工作网格体系。

3. 问——询问内因,正向引导

当学生处于迷茫和困顿状态时,辅导员应该在倾听的基础上适时地提出问题,给予学生更多的选择空间,开拓学生的思路,帮助学生走出认知误区。要注意,在这个过程中辅导员不能做学生思想的"决定者",而应该通过谈心谈话成为学生成长的"引导者"。

4. 切——切中命脉,共创未来

在充分了解学生的困惑和需求时,切中命脉给予学生最需要的帮助和指导。贯彻"三全育人",在价值导向、理想信念及未来发展等方面,协同多方力量给予学生专业意见,营造积极向上、专业精准、包容兼并的学生成长氛围。

5千米的温暖,每时每刻的守护,让每一个明天都值得期待

理学院 杨觐睿

一、工作简介

A同学,男,理学院本科生,性格较为内向,不善于交际,情绪易受到外界的影响而改变,父母均为农民,日常生活中对该生有求必应,且在该生学习方面寄予了很大的期望。该生的大伯常年在北京工作,是家里的顶梁柱,家中的各项事务基本都由大伯来决定。2021年10月初,在与该生的谈心谈话中我发现该生情绪悲观,精神状态不稳定,与其多次深度交流后得知该生已确诊为中度焦虑与强迫以及重度抑郁,同时伴随自杀倾向。了解该生的情况后,我第一时间向学院的心理顾问请教并上报心理中心。在此阶段,我以随机谈心谈话为由,与该生建立紧密的沟通关系,并将结果实时同步至学院领导和相关负责老师。在了解了该生的基本状态后,我马上与学生家长取得联系,了解该生的家庭背景与成长环境,询问该生是否有过相关病史。

A同学随后出现了自残自伤等行为,在与其家长充分沟通后,A同学返回家中进行修养。返校后,A同学的状况有明显的好转,其心理状态较为稳定,没有出现异常行为,在我与该生多次的谈话中和心理咨询师与其的沟通中,我们都感觉该生心理状态较为稳定,精神面貌较之前有了很大程度的好转。2022年度春季学期,在新冠疫情的大背景下,该生未返校,一直在北京大伯家中居家学习,此阶段在与该生的谈心谈话中,我发现该生情绪异常不稳定,因此将其列为重点关注对象,持续和与其同住的大伯保持联系。2022年4月中旬该生在网上发表极端言论,实施自杀行为。

二、案例分析解决

这是一个伴随危机事件的学生心理健康案例,基于该生的情况,我认为处理此案件的重点如下。

1. 及时干预危机,确保人身安全

在了解到该生在网上发布自杀言论后,辅导员第一时间前往该生的居住地,同时向学院领导汇报。因为该生已经实施自杀行为,所以首先要保证该生的人身安全,学校第一时间成立危

机事件工作小组,协助学生家长与派出所民警,以基站定位为线索,家为圆心,五千米为半径,展开地毯式寻找。最终根据学校提供的定位信息,找到该生。

在确认A同学状态安全后,第一时间对其进行安抚,同时根据心理中心提供的指导意见,该生的表哥与伯父对其进行24小时密切监护,以切实保证A同学的人身安全。隔天辅导员陪同A同学前往医院就诊,寻求专业的心理治疗。

2. 建立沟通桥梁,获取学生信任

出现危机事件后,应时刻保持冷静,理智地判断学生可能会遇到的危险;第一时间与学院领导和心理中心取得联系,及时汇报最新进展;在寻找学生的过程中,及时向学校求助,获取学生手机定位信息;与家长紧密联系,一起做好学生的思想引领工作。

心理重点关注同学普遍较为敏感,在与A同学交流的过程中应注意做法,牢记他的兴趣爱好,熟悉他的日常生活,了解他的性格特点,同时保护他的隐私,获取他的信任,努力与其交朋友、谈心。

3. 团结学生骨干,建立联动机制

在该生发表自杀言论后,学生骨干、班委同学、学长学姐等均在其言论下留言进行鼓励和安慰。建立联动机制,发挥学生骨干作用,学生骨干与宿舍长密切关注该生的社交平台,控制舆论方向,避免以讹传讹,减少对该生的二次伤害;建立学业帮扶小组,在该生住院治疗期间,为该生提供学业上的帮助,同时对学生骨干与宿舍心理负责人进行相关培训。

4. 寻求专业指引,切实解决问题

处理危机事件要依托往日的学习积累。作为辅导员要积极参加学校的各项心理类培训,充分了解常见危机事件以及解决办法,日常多储备心理方面的基础知识,了解心理危机案例,在处理危机时与有经验的老师多沟通,向学院领导勤汇报,根据正确的指引,做好每一步。

该生就医后,辅导员主动搭建起学院与医生之间的沟通机制,全面客观地向医生描述该生此前的生活、学习和心理状态,随时掌握该生的治疗方案及就医状况。

5. 结合实际情况,持续心理疏导

该生就医后,辅导员持续与他沟通交流,经过多次谈心谈话后逐步了解了该生的心结。该生步入大学后,本以为高考失利的自己可以在大学学习中得心应手,但慢慢地他发现自己学习成绩不理想、学习效率低下,同时在人际关系方面难以取得突破,由此开始有抑郁倾向,直至出现自残自伤等行为。辅导员以该生喜爱科研、崇拜钱学森等科学家为切入点,激发该生的学习生活热情,建立他对自己的信心,结合当前的治疗方案,配合医生持续对该生进行心理疏导,积极帮助该生树立正确的价值观和人生观。

三、思考与建议

1. 依托网络平台,贴近学生群体

由于疫情期间居家学习,学生对于网络空间的依赖性很强,同时学生现在的交流方式较为含蓄,主动找老师当面沟通令他们感到为难,经常将个人状态分享至网络社交平台。辅导员要充分利用网络环境,通过微信等社交平台,融入学生之中。

2. 开展教育宣传,积极预防危机

首先,辅导员要做好学生骨干的心理培训工作,发挥团学骨干带头作用,对全体学生开展心理安全教育,让学生能够了解自己的心理状况,让学生有心理健康意识,并初步具备调整自己心理的能力;其次,开展各种活动,在实践操作中培养学生。在全面普及心理健康知识后,要根据具体情况对学生进行个别辅导。

3. 建立心理档案,完善预警机制

作为辅导员,我们要积极地参加学校的各类心理培训,学习各类心理危机案例,总结个人的工作经验,结合实际情况,构建具有可操作性、系统性、科学性和实效性的心理危机预警机制,为存在心理危机的大学生提供专业且及时的心理援助,有效预防并化解学生的心理危机,减少突发事件造成的危害和损失。

同心合力,化险为夷
——研究生心理危机的协同处理

信息与通信工程学院　胡　彤　柴春泽

一、工作简介

小Y,女,本校保研至我院,有多年的重度抑郁、重度焦虑史。入学前的暑假,因恋爱三年的男友线上提出分手,同时父母闹离婚,深受打击的小Y自行停药,并在家中割腕。新生入学后,随着体内的药物逐渐失效,小Y开始出现多次自伤行为,存在自杀风险,成为我们的重点关注对象。在多次危机处理及深度辅导的过程中,我们了解到该案例的重点和难点在于:第一,由于重度抑郁已持续多年,过往的治疗并没有使小Y痊愈且药物的副作用强,导致小Y极度抗拒药物治疗,称自己不能一辈子只能靠吃药维持正常生活;第二,小Y的家庭成员关系极差,家长的情感淡漠和教育方法的缺失导致小Y存在自我认可度极低、亲密关系建立困难、人际关系困扰等多种衍生问题;第三,原生家庭导致小Y将自身的意义感投射到了学习上,认为自己只能通过学习成绩证明存在的意义,只能用学习来让自己获得他人的认可,而研究生的学习模式不同于应试教育,因此,一旦科研进展受阻,小Y就觉得看不到希望,进而出现严重的心理危机。

二、案例分析解决

由于本案例的突发状况多、持续周期长,在小Y的多次心理危机事件中,校内外的多个部门通力合作,参与了相关事务的处理,才使得案例顺利推进。多方协作的具体方案如下。

1. 环环相扣,化危为安

学工队伍作为应对心理危机的核心人员,负责第一时间处理紧急情况。辅导员密切关注小Y的日常动向,对异常情况进行及时响应,并稳定其情绪,避免意外的发生;排除风险后,年级组共同研讨,合力完成对小Y的深度辅导;学院副书记根据各阶段的整体情况,调整并确定当前的应对方案,建立起导师和辅导员之间的联系;辅导员定期和导师沟通情况,将每一次风险处理的过程和结果告知导师,由导师对小Y进行学业帮扶,疏解科研带来的压力,从而降低小Y发生心理危机的可能性。从危机的及时应对到降低危机发生的概率,整个工作流程形成闭环,环环相扣。

2. 家校沟通，明确责任

家长作为学生的法定监护人，理应承担起相应的工作和责任。但由于在本案例中，家长持续逃避责任，放弃孩子，不愿意到校，且小 Y 的状态反映出其抑郁、自我否认的根源为原生家庭的情感淡漠和教育方法不当，因此，辅导员选择了用电话沟通的方式与家长建立起家校沟通的渠道，及时告知家长小 Y 的每一次危机情况，使家长对危险情况的认知和校方保持一致，并在每次沟通中提醒家长的监护人身份，明确家长的监护责任，敦促家长与小 Y 保持日常联系，以让孩子感受到父母的关心。此外，由于父母的言行经常无意间让小 Y 产生自我否定，进入恶性循环，因此，在对小 Y 进行的每一次深度辅导中，我们都额外加入了与亲密关系疏导相关的内容，引导小 Y 通过室友、社团等途径获得意义感，以消解原生家庭带来的自我攻击行为，减少其消极情绪。

3. 导师协力，深度参与

由于小 Y 的问题根源与学业密不可分，导师的深度参与在解决小 Y 的心理危机中起到了非常重要的作用。导师是研究生的第一责任人，本案例中，在学生首次出现异常时，我们就通过学院副书记与小 Y 的导师建立了联系，在后续的事件处理中将危险情况、处理过程或者好转情况同步告知导师，一是在学习和科研之外建立起导师对学生状态的了解，二是有助于导师得知自己采取的措施是否有效，三是有助于提醒导师的第一责任人身份，与学工队伍合力育人。在此过程中，我们密切关注学生对相关措施的反馈，并将其传达给导师，完成了双线推进。最初，辅导员向导师反映小 Y 的痛苦来源于无法明确研究的意义、没有人一起讨论，导师便安排了小 Y 的师兄和小 Y 研讨，此后，小 Y 的状态有所好转。导师得知该措施有效后，又调整了小 Y 的研究内容，由师姐带领小 Y 完成了第一篇论文，使得小 Y 的科研逐渐步入正轨，小 Y 的焦虑感也就此减少，形成了良性循环。

4. 多方相助，云开月明

重度抑郁和重度焦虑往往和生理因素相关，药物干预对于治疗有着决定性的作用。在辅导员通过多次深度辅导帮助小 Y 克服抗药情绪的过程中，校内外的多个相关部门也参与其中，共同帮助小 Y 逐渐脱离困境，减小了危机发生的概率。学校的心理咨询中心在小 Y 处于危险期时，将每周一次的常规咨询增加到了两次，及时将潜在的风险告知辅导员，将危机扼制在萌芽状态。由于观察到小 Y 格外在意看病的开销，考虑她的经济情况，我们通过资助中心为小 Y 申请了临时困难补助，同时建议导师通过科研工作，以科研补贴等形式策略性地对其进行侧面帮扶，减少了小 Y 接受正规治疗的经济阻碍。此外，小 Y 的舍友也参与其中，协助观察小 Y 的异常动向，并定期举行宿舍集体活动，在小 Y 情绪崩溃时共同帮她调节情绪，让小 Y 在宿舍收获了家的温暖，填补了小 Y 一部分原生家庭的情感缺失。同时，我们带着小 Y 多次转院并更换主治医生，通过直接和医生沟通来进一步了解其病情、掌握疗效，最终找到了有效的治疗方案。

在多方的努力和配合下，新学期开始后，小 Y 的精神状态有了明显的好转，甚至能感知其他同学的负面情绪并主动帮忙，同时，其学业进展也非常顺利，已有论文成功发表。取得这样的成果，与各个环节之间的协作密不可分。

三、思考与建议

在 2021 年 11 月召开的全国高校学生心理健康教育工作推进会上,教育部要求"把全面加强和改进学生心理健康教育工作作为培育担当民族复兴大任的时代新人的重要内容"。教育是培养人的事业,作为高校辅导员,面对有严重心理危机的学生,我们应在保持高度关注和适当紧张的同时,用积极的心态走近学生、了解学生、建立信任、发现问题,并协调多方形成事半功倍的综合保障体系,最终引导和帮助学生对症下药地解决问题,走出阴霾。

习近平总书记指出:"要健全社会心理服务体系和疏导机制、危机干预机制,塑造自尊自信、理性平和、亲善友爱的社会心态。"心理健康教育是落实立德树人根本任务中的一项重要工作,对于新时代的高校学生,我们应当主动、提前对其潜在的心理危机采取针对性措施,并积极调动多方资源,合力育人,在情况复杂、问题棘手的心理危机中通力协作,形成有效的工作闭环,以完备的工作体系和高效的解决方式应对不同等级的危机事件,保证每一次危机都能被我们同心合力地化险为夷,保证每一位学生都能平安着陆在心理健康的土壤之上,健康成长。

X 服毒自杀未遂事件的处理与分析

信息与通信工程学院　杨忱逊

一、案例简介

1. 学生原始问题表现

2021年1月2日，X曾在校本部某教学楼实施割腕行为。此次心理危机事件发生后，该生休学半年，于8月31日复学至下一年级。X会出现无原因抑郁情况，情绪低迷，状态持续几天至几周不等。家长带领该生去医院门诊开药，但是药物反应强烈，该生会自行断药。辅导员担心该生情绪特别不好时比较危险，从8月开始，与该生父亲保持一周至少一次的联系，同时安排其同班同学关注X平时到课和在宿舍的情况。

2. 事件简述

X于2022年5月22日中午前往学校附近某酒店，在房间内服用曼陀罗毒液实施自杀，自杀未遂后离开酒店，于下午6点左右打车到家，父母当即将该生送往解放军三〇七医院抢救，后脱离生命危险。

二、处理过程

2022年5月21日晚上10点，X的父亲通过微信告知辅导员，自己已送该生返回学校（辅导员与X的父亲每周都会进行微信或电话沟通，内容包括该生的学习状态、是否跟同学交往、离校返校去向等）。辅导员收到其父亲的微信消息后，第一时间向其舍友确认其到校情况，了解到X已到宿舍后，向家长进行了反馈。

5月22日（辅导员与该生父亲事后沟通得知），X于当天下午1点左右前往学校附近某酒店，并办理入住了一间房间。进入房间一段时间后，X在房间内服用曼陀罗毒液实施自杀。由于X此前服用过成分类似的药物，自身具有耐药性而自杀未遂。但X仍对此药物感到非常难受，于是自行离开酒店房间，于下午6点左右打车回到家。X的父母当即将其送往离家较近的解放军三〇七医院进行抢救，抢救后X脱离了生命危险。该事件发生之后的一个星期，X一直在三〇七医院输液调理，进行排毒。事后辅导员向X同宿舍负责汇报其平时情况的舍友了解到，从5月22日当天早上起床开始，宿舍几人都没有见过X，又由于当天是星期六，大家放松了警惕，以为X只是跟往常的周末一样外出去教室自习，然后直接回家了。

5月23日下午4点，X向辅导员发微信消息，称自己药物中毒在医院打点滴，全程并没有提到自己前一天服毒自杀未遂的情况，只是表示自己现在在医院，随后一周的体育课需要请假。辅导员按体育老师的要求为其办理了请假。辅导员之后向 X 的父亲发微信消息了解情况，询问该生在医院打点滴大概持续到哪天。X 父亲当时的回复是"估计还要两到三天"，同样没有向辅导员提及 X 药物中毒、住院打点滴的具体原因，但表示自己对其住院知情。经过与学生本人和家长双方确认，辅导员了解到 X 处于相对安全的状态，但当时仍对 X 在 5 月 22 日自杀未遂的情况不知情。

5 月 29 日，距离事件发生过去了一周的时间，X 的父亲向曾经处理过 X 1 月割腕自杀未遂事件的学院领导求助。X 的父亲与学院领导见面交流后，告知了 5 月 22 日 X 在学校附近某酒店服毒自杀未遂的事件，学院领导当即将情况转告给了辅导员。

5 月 30 日上午，辅导员与 X 的父亲通电话，X 的父亲在电话中说明了此次事件的全部过程，也就是 5 月 22 日、23 日两天的具体情况。根据 X 的父亲分析，该生此次实施服毒自杀可能由两方面原因导致。第一是前段时间家长带 X 看门诊，医生进行了调药。调药后产生的副作用导致 X 在课程学习方面有些吃力，跟不上老师的进度，从而产生自卑心理。且 X 本人非常排斥向老师、同学请教，在校从来都是独来独往，5 月 17 日 X 的父亲与辅导员曾电话沟通过这一点，辅导员当时便安排了 X 同班的学习委员为其提供学业帮助，但收效甚微。第二是 5 月 12 日的体测，X 参加了一千米跑，X 的父亲称，X 体测结束后可能出现了心律不齐的症状，该症状可能进一步导致了其心理状态不稳定。以上两种因素诱发了该生在 5 月 21 日从家返校后产生自杀的念头，遂于第二天实施自杀。X 的父亲称该生目前还比较虚弱，在家中进行中药调理，并表示经历过这次事件后 X 称自己再没有自杀的想法了。X 的父亲还询问了辅导员关于体测免测和本学期期末考试时间安排的问题，想知道等 X 身体好起来之后能否赶上 6 月底的考试，应该是希望该生恢复后能返校继续学业。辅导员分析可能也是出于这个想法，X 的父亲在事件发生后没有第一时间将其告知辅导员，他担心 X 由于二次自杀事件再次休学，导致无法顺利完成学业。

6 月 1 日下午，辅导员与学院领导在学院会议室约见了 X 的父亲，了解 X 本次心理危机事件的诱因，并建议 X 的父亲劝该生本学期最后三周在家休养，考查科目尽量在家完成平时作业和大作业，考试科目办理缓考，待下学期初 9 月返校时再考。而 X 的父亲则表示该生目前唯一的指望就是学习，感觉自己除了学习以外，对其他事务都不感兴趣，X 的父亲坚持称该生在学校时的状态比在家更好，该生在家根本学不进去，甚至可能会导致心理状态变差，想马上复学。辅导员会后电话联系 X 做了思想工作，该生表示当周不会回学校复学。

6 月 4 日晚，X 的父亲联系辅导员，称该生准备于第二天早上到学校上实验课。辅导员向 X 的父亲要了该生在北医六院的病历，并告知其第二天一早陪同 X 到学校，签署家长知情同意书。

6 月 5 日上午 8 点，X 的父亲到校签署了知情同意书，同意该生以走读方式复学，上课期间每日接送学生往返学校。中午 12 点，X 联系辅导员说自己已下课，辅导员通过微信联系 X 的父亲，让他将该生接回家。

三、事件后续

6 月 13 日晚，X 返校在宿舍住，因第二天一早有通信仿真实验。辅导员让舍友侧面询问 X 实验考试准备情况，并让其舍友在操作中给予其一定的帮助。X 参加了 6 月 14 日的实验考试,考试之后跟辅导员反映应该通过了。

6月15日下午,辅导员约X到办公室进行深度辅导。辅导员询问其期末考试复习得怎么样,该生说还有很多不会的。辅导员询问其为什么不愿意求助同学或老师,该生表示自己有社交恐惧症。辅导员说可以向其提供帮助,例如将同学往期的作业借来参考,该生表示不需要,平时作业也不准备再补了。辅导员最终向任课老师要了课程的重点和往年期末考试真题发给X。

6月30日,X参加了本学期最后一门考试,离校回家。已出成绩的三门功课都达到80分以上,X的父亲反映其在家状态良好,准备复习跨专业考研。

本学期开学后至今,X状态稳定,正常上课,上学期的所有考试均顺利通过且基本在80分以上。X每周到校两至三天,均是有课的时间段到校住宿,其余时间在家学习,返校都由X的父亲全程接送。X到校或离校时会按照辅导员的要求,主动发微信消息告知辅导员自己的去向。10月22日,辅导员最新一次对X进行深度辅导。辅导员询问X有没有规划毕业去向,该生表示希望读研究生,但基于今年的学习状态不想考研,还是以毕业为重,想明年准备好之后跨考遗传学。X本学期在学业方面没有较大的问题,辅导员告知,如有心理波动或焦虑感,请第一时间告诉辅导员,X答应了。

四、案例分析与总结

通过对本次X服毒自杀未遂事件的处理,总结了以下四点在学生工作中需要注意的事项。

第一,此类心理重点关注学生在校期间可能会因情绪波动出现心理危机,针对此种情况,辅导员需通过其班委、舍友甚至该生的往届同学等多方面了解其在校情况,掌握其社交媒体动态,如有任何反常表现,应第一时间关注,防患于未然。

第二,辅导员要与学生家长建立起健全的家校预防危机体系,保持长期沟通,争取家长的支持与配合,最好能够在学生在校期间每日交流其动向,一定要做到信息透明化,家长切勿对辅导员方有所隐瞒。

第三,辅导员应要求学生家长切实承担监护责任,及时、定期地带领学生前往精神专科医院就诊并使其按照医嘱接受治疗,避免危机事件的再度发生。

第四,危机事件发生后,辅导员需要对学生家长做思想工作,要求学生家长根据学生状况适当地考虑休学或陪读,最大限度地保护学生的人身安全。

衷心地希望每一名学生都能在校园里健康快乐地成长。

不同寻常的十天
——人工智能学院学生紧急事件处理

人工智能学院　常　征

一、案例名称

不同寻常的十天——人工智能学院学生紧急事件处理。

二、案例类型

学生高坠事件。

三、案例简介

时　间	事　件
第一天	晚20:50接到辅导员电话,被告知一名本科学生在沙河校区坠楼,送往昌平医院抢救。我立即向学院党委书记汇报,随即赶往昌平医院,到达医院后,得知该生已经身亡,等待法医进一步处理,经法医查证后该生被送至昌平殡仪馆,后赶回沙河校区,与学校领导、职能处室领导商议初步处理事项,凌晨两点留宿沙河校区
第二天	该生家长驱车于凌晨5点左右到学校门口,拒绝前往宾馆,提出直接前往殡仪馆,我、辅导员以及沙河校区保安队长陪同在殡仪馆门口等候。早8点与法医取得联系,进行遗体认领。中午安排家长一行5人入住宾馆。下午两点左右,该生的父亲等4人要求看出事现场和宿舍,联系保卫处并陪同。下午4点左右,陪同学院书记以及院长、副院长前往宾馆对该生家长进行探视和安抚。 晚20点左右,该生的大伯到京,带人围住值班辅导员,情绪激动,要求见学校领导。20分钟后,我和辅导员以及学生处领导、保卫处领导4人前往宾馆见该生的家属,对方提出了诸多质疑,例如该生当晚的上课时间、北邮学生自杀率、学校监管等问题,我们回复了相关问题,经过沟通,对方情绪逐步稳定,达成一致意见:等候公安机关的调查结果
第三天	早9点左右,该生的家属和朋友10人左右再次提出前往事故现场进行查看,我接待并陪同。下午14点左右,家属提出该生的姐姐和大姑回来,害怕其情绪难以控制,我再次联系校医院医生对该生的母亲进行身体状况检查。下午15点左右,在沙河校区向学校党委副书记汇报情况,并陪同前往宾馆和该生的父母及其他亲属进行沟通。后家属查看事发当晚的事故监控。晚21点,再次协调安排校医检查该生母亲的身体情况,直到该生的大姑和姐姐抵达宾馆后离开

续表

时间	事件
第四天	当天上午陪同家属前往治安支队办理学生死亡证明,家属对死因提出诸多质疑,提出暂不办理,要求观看详细监控,要求面见相关学生和辅导员亲自了解情况,我现场向家长说明了需师生自愿的原则。经跟学生处领导商议后,做了工作预案,后家长不再提出与相关师生见面的要求。当天民警到宾馆再次跟家属沟通,并让其查看事故监控。后家长提出要见校领导,我和保卫处领导跟对方进行了初步谈判,回答了对方提出的相关质疑,谈判中,告知对方在京丧葬费和慰问金额度等相关政策
第五天	早9点,家属再次提出要见学校领导,学校党委副书记、学生处和保卫处等相关领导和我参与谈判,再次回应了对方的各种质疑,以及抚慰金、丧葬事宜,该生的大伯、家长、朋友三人参与,说回去再次商量
第六天	早9:25左右,我接到家属电话,言辞强硬、情绪激动,表示打了市长热线、要联系媒体、拉横幅,要求五十万抚恤金。我对其回复之前的谈判结果已经是最大的诚意和最大的限度。由于此日是该生出事的"头七",按照该生家乡的习俗,当天该生亲属前往殡仪馆对其进行悼念
第七天	上午9点家长提出要整理该生宿舍,学院相关负责老师以及宿舍管理人员陪同家长进行宿舍整理,家属整理并带走了该生的部分物品。下午和保卫处领导面见该生的大伯和家长,最终签订协议,就后事处理相关事宜达成一致,家长表达了感谢
第八天	学生处老师陪同家长办理殡仪馆相关事宜
第九天	该生家属自行安排。该日值班辅导员妥善安排家属三餐饮食
第十天	前往入住宾馆送别,一名辅导员、保卫处干事、学校学生处老师陪同该生家属去殡仪馆进行遗体告别及火化,家长再次表示感谢

四、案例分析及总结

1. 关键词一:速度

1) 了解情况的速度——快

(1) 弄清楚当时发生了什么(1小时之内)。

(2) 弄清楚之前发生了什么(72小时之内)。

(3) 弄清楚长期以来发生了什么(追溯学生的学习、身体、心理、人际关系、家庭关系、外部联系)。

了解情况需要快且准确,找到各个信息之间的联系,从一隅而知全貌,了解学生以及跟学生有关的最多信息,为学生精准画像,为后期工作做好充足的准备。在这个过程中,已经离岗、曾经带过该生的辅导员提供了大量翔实而准确的记录,为快而准确赢得了时间,提供了条件。

2) 布置工作的速度——快

(1) 纵向:明确汇报链条,准确上传下达,执行到位。

(2) 横向:明确协同关系,即相关部门、学院怎么配合。

(3) 内部:明确分工,做好内部培训,即谁什么时间干什么、怎么干、怎么说。

3) 学习经验的速度——快

(1) 用最短的时间学习以往的经验。

(2) 挖掘不同事件处理中的核心要义和精髓。

4) 应对家长的速度——把握快与缓的度

（1）对于家长的合理性要求：尽快回应、安抚情绪。

（2）对于家长的抱怨以及不合理要求：较快回应、平和驳回。

（3）在与家长沟通时注意倾听：了解他们当时的心态、语言、情绪背后的含义，要留有思考和回应的时间，沉稳回复。

（4）对于突发或超出预料的无理要求：不做第一时间表态，稳定对方情绪，请示后回复，控制事态发展，驳回不合理诉求。

2. 关键词二：心态

遇到此类突发事件，对于当事人、当事人的亲属、学校的师生都是非常沉痛和遗憾的事情，很多相关人都会在短期内发生应激反应。处理事件的过程中需要情绪平稳，既要感同身受，又要理性从容，推进事情妥善解决，心态方面需要注意以下几点。

（1）接受当前所有发生的事情。

（2）以解决问题为导向。

（3）沉下心研究细节。

（4）稳住神应对状况。

（5）将沉稳有序的心态传导给整个团队。

3. 关键词三：执行

（1）执行的前提是熟知学校学生管理的各项制度以及处理此类事件的相关政策，以保证处理过程中有理有据。

（2）执行的保障是学校相关部门和学院的通力配合，合理分工，相互信任，高效沟通。

（3）执行的基本原则是既不激化矛盾，又不无原则退让。

（4）执行的工作尺度是该安抚的安抚、该配合的配合、该服务的服务、该驳回的驳回。这其中该与不该的度，需要在工作实践中去体会，去把握，去探索，去积累，去领悟。

特别感谢

体现了人间大爱的
——第一时间提供救治的计算机学院的一名同学
——第一时间报告校区的人文学院的一名老师
——第一时间报告校医院的国际学院的一名辅导员
——第一时间将学生送医院抢救的学生处的一名老师
诠释了责任担当的
——学校领导，学生处、保卫处、校区办领导，学院领导
——始终战斗在一起的辅导员团队
尊重每一个生命——当下的或流逝的
相信爱　相信未来

高校少数民族学生病故突发事件规范处理探究
——以XX学院学生艾某某病故突发事件为例

人文学院　艾克热木·艾尔肯

大学是学生离开家庭独立学习和生活的开始。大多数大学生进入大学时已经年满18岁,具备完全民事行为能力,具有法人资格。但是,大学阶段仍是学生在学校的统一组织与管理下接受教育的阶段,高校对大学生在校期间的人身安全负有监护责任。因此,正确应对、妥善处理大学生在校期间涉及生命安全的突发事故,是学校应急管理的重要内容。直接教育、管理和服务学生的辅导员,肩负着配合卫生部门指导、管理学生人身和生命安全的职责,在面对突发事件时,要具备依法依规、按照有关程序和学校规章制度正确处理此类事件的素质和能力。学校要完善这方面的规章制度,并对辅导员进行相关培训。少数民族学生发生生命安全事件,因其身份和习俗习惯等原因,具有一定的特殊性,在处理上既要遵循处理此类事故的一般性原则,同时在处理过程中也要充分考虑一些特殊因素,以善后事宜,安抚好相关人员。本文以××学院艾某某病故突发事件为例,通过回顾事件处理的过程,总结处理过程的成功经验,发现存在的不妥之处,吸取教训,研究和健全避免此类事故发生的防范机制以及完善规范处置的方法程序,以资借鉴。

一、事件介绍

艾某某,男,××学院2019级法学专业本科生,患有先天性心脏病,曾因病情严重休学一年。该生于2020年9月到医院复查,病情有所好转,能够达到学校复学要求,但安全起见,医生建议他做安装心脏起搏器的手术,当时辅导员也建议该生听从医生的安排。但该生与家人商量后还是选择了保守治疗,并在医院签署了责任书。复学以后,辅导员时常提醒该生不要进行剧烈运动,注意生命安全。该生也根据医生的嘱咐按时吃药,避免发生意外。

2020年9月21日18时45分,该生在操场与同学踢球时在无人接触的情况下突然晕倒。在场学生于18时49分发现,并打电话联系校医务室前来急救,同时拨打了120急救电话。在等待救护车期间,校医务室医生第一时间赶到并持续进行急救,与此同时辅导员也将该情况第一时间通知该生的家长。在现场医生的急救过程中,该生的瞳孔已经放大,基本没有生命体征。19时20分救护车到达现场,19时38分到达医院持续进行抢救,到达医院时该生已经没有生命体征,医院建议停止抢救,但在学校领导"不顾一切挽救生命"的强烈要求下,继续进行抢救,最终医院于23时21分宣布该生临床死亡。

二、事件发生的经过、处理结果及反思

1. 事件发生的经过

艾某某来自新疆,父母为企业退休人员,哥哥在当地做生意,姐姐在一家私立医院当护士。该生为家里最小的孩子,从小就受到家人的呵护与疼爱。该生学习努力,品德优良,以优异的成绩考入内地新疆高中班,于2019年被北京邮电大学法学专业录取。该生入学以来各方面表现良好,乐于助人,尊重师长,团结各民族同学,得到了同学及老师们的认可。

2019年10月,该生利用国庆假期到自己的高中母校去看望老师和同学,期间与同学们一起踢球时突然晕倒,被送到医院后确诊为患有先天性心脏病。之后,该生回到学校并且在家人的陪同下到北京专科医院进行治疗,大夫提出做手术是最好的治疗方法,但该生及家人选择了保守治疗,并向学校申请休学一年。校医院专科大夫也对该生的病情给予了关注,并提醒他不要进行剧烈运动,按时吃药。休学在家期间,因新冠疫情该生几乎没有去医院进行治疗,只是吃点药,很少出门,也没有进行过剧烈运动。

2020年9月中旬,根据学校开学安排,该生在父母的陪同下来到北京,再次去医院复查,大夫还是建议做手术(安装心脏起搏器),但该生和家人依然选择了保守治疗,并在医院知情同意书上签字,表示对不做手术带来的后果完全自负。医生再三嘱咐该生不得进行剧烈运动,按时吃药,注意休息。9月21日晚间,该生与同学在学校餐厅一起吃晚饭,饭后一起到操场散步,然后回到宿舍。但该生觉得吃得太饱,想再到操场散散步消化一下。在操场散步时,该生看到足球场有同学在踢球,于是就加入当守门员,不到5分钟病情就发作,不幸去世。

2. 事件的处理过程及结果

事件发生后,该生的家长从新疆赶来,想把遗体运回新疆土葬,但根据国家及北京市相关规定,死亡人员必须在当地进行安葬,不得运输遗体。对此,家长不愿接受并扬言去上访,对学校的解释不予接受,依然强烈要求运走遗体。但在学校和家长所在地政府工作人员认真做思想工作的情况下,他们最终接受了将该生在北京安葬的事实,学校出于人道主义向该生的家庭送去了一定的慰问金。

事件的处理过程如下。

(1)事件发生后,班级辅导员及少数民族专职辅导员首先到达医院并根据实际情况上报学院,学院第一时间上报校领导并成立了应急处理小组。党委书记、院长、副书记、副院长一同赶往昌平区医院进行处理。

(2)少数民族专职辅导员及时与该生家长联系,介绍急救过程中的每一个重要环节和具体细节,并告知学校领导对此事件的重视以及对医院提出的"不顾一切挽救生命"的要求,同时通知家长尽快来京处理善后事宜。

(3)请学校咨询法律顾问,了解相关法律规定,听取律师关于妥善处理该事故的法定程序及专业建议。

(4)请学校及时与新疆维吾尔自治区驻北京市新疆籍人员服务管理工作组沟通,并报备。

(5)通过各种渠道(谈心谈话、查看网上舆论)做好学校相关少数民族学生特别是新疆籍少数民族学生的思想工作,高度关注舆情。

(6)妥善处理该生家长的交通、住宿、饮食等一切问题,安排少数民族专职辅导员与家长

沟通并疏导陪伴,积极协调校领导看望家长等事宜。

3. 事件反思

(1)该生被确诊后,应根据医院的建议及时进行手术,积极配合治疗,降低对生命安全造成的风险,这是防范该事件发生的最有效的手段。

(2)作为病人,该生一直反对做手术(因需要做心脏开胸手术),比较胆怯,但其毕竟刚满19岁,对一些事情带来的后果不是很清楚,在这一过程中,其家长虽然也劝其做手术,但看到孩子的态度就没有坚持,最终放弃了最佳治疗方案。作为监护人,家长应在关键时刻果断作出决定,做好孩子的思想工作,劝其接受医生的建议进行手术治疗。

(3)对身患疾病的学生应予以重点关注。在该事件中,校医院专科大夫及该生的辅导员给予了他很多帮助和关怀。在该生治疗及休学期间,校医和辅导员与该生家长主动联系,帮助他们解决了遇到的一些问题,该生本人及家长对学校的作为很认可,在不幸事件发生后,这些因素对善后事宜顺利妥善的处理起到了关键作用。

(4)学校与此类身患疾病的学生应签署安全承诺书。在该事件中,虽然该生已符合学校复学要求,但根据医院的诊断结果,校方没有单独与该生签署承诺书。笔者认为,学校应当与该生及其家长签署复学安全承诺书,并重点说明"学校根据医院的诊断结果建议做手术,如果坚持复学必须保证按时服药,不做剧烈运动,不参加体育活动"等内容。一方面,这是为了督促该生时刻高度重视自己的身体健康状况,让家长也随时关注孩子的情况,共同担负起孩子的生命安全的责任。另一方面,也避免在发生突发事故时,学校毫无凭据。

三、对策和建议

1. 建立教育防范机制

一是学校要建立健全学生健康档案。根据入学体检等情况,及早发现身患疾病的学生,对患病特别是患有可能危及生命的疾病的学生予以重点关注,为其建立健全健康档案,组织定期体检,并安排学校专门的医疗卫生人员持续跟踪关注、指导。二是加强教育。通过面对面、网络平台等手段,对相关学生根据其疾病情况,分类传授相关防护知识。三是安排辅导员特别关注。要安排辅导员特别关注患病学生的健康状况,协助医疗卫生人员平时督促、指导学生做好自我健康管理。四是动员班级同学、舍友协助关注并提醒身患疾病的学生注意身体。通过多种措施,建立防护网,防范患病学生由于自身防护意识不强、防护知识缺乏等原因或因一时疏忽造成无可挽回的局面。

2. 完善善后处理制度

学生因病意外猝死事件虽发生的概率较小,但一旦发生后果较为严重,如处理不当,极有可能造成舆论事件。学校要根据国家对此类事件的应急处理规定和程序,完善学校层面的处理规定,并对学校有关工作人员进行相关的培训。

3. 辅导员应具备相应的处置能力

(1)沉着面对,勇于担当。遇到类似事件,辅导员首先不要惊慌,要冷静面对,要坚决执行上报制度,及时上报,不能擅自处理。辅导员应第一时间主动向领导及其他有经验的辅导员请教,调整好自己的心态,根据领导的指示第一时间通知学生家长,不要有压力,不要延误。家长第一时间得不到消息,会给后续问题的处理带来不利影响,要避免事件更加复杂化。另外,由于少数民族学生案件比较特殊,发生类似事件时除了公安外,也可能引起其他有关部门的重视和调查,要积极配合有关部门的工作,但不要完全因对方的工作模式打乱学校该有的工作方式及秩序,不能影响校方处理此类事件的进展。

(2) 摆正态度,做好服务。发生此类事件,学生家长的心情可想而知,辅导员要与家长耐心沟通,特别是事故发生初期,家长会情绪化或者态度非常恶劣。遇到这种情况,辅导员应安抚和关心家长,甚至在遭受对方辱骂的时候也要忍耐,要给对方接受事实的时间。在本案例中,负责与该生家长进行沟通的少数民族专职辅导员在第一时间通知家长该生去世的消息时,对方的个别亲戚(共有6位亲戚前来)对学校表示不满并对辅导员恶语相向,对一些政策不予接受,但辅导员并没有埋怨对方或者责怪对方,相反,在从一开始与家长接触到最后事件结束的全过程中,辅导员都以服务者的态度对待对方,包括在对方的饮食、住宿等各方面都做了认真的安排(安排少数民族女老师招待该生的母亲和姐姐)。在发现该生家长吃不惯外面的饭菜时,辅导员多次从自己家里做饭送到酒店,这种人文关怀对事件的顺利解决带来了有利影响。协商过程中,在对方的个别亲戚态度非常恶劣的情况下,校方人员克制自己,耐心解答,防止了事件恶化。

(3) 学习并掌握政策,按政策处理。辅导员要学习并掌握相关政策,了解少数民族的风俗习惯,避免出现误解。作为辅导员,要主动了解和关注本班少数民族学生的文化习俗。例如,我国有些少数民族因丧葬习惯不能进行火葬,只能土葬。在此事件中,有些老师因不了解情况,多次出现"什么时候火葬""为什么不火葬再运走"等说法。虽然在我们看来这是正常的疑问,但如果被对方家长听到,就会带来不必要的麻烦和误解。所以要在一些细节上引起重视,不清楚时可以单独向专业老师请教,不要与家长随便沟通。

(4) 关注事件节点,及时解决。要注意事件发生节点是否在敏感时期。由于少数民族学生事件处理往往会遇到一些敏感问题,因此在处理事件的同时要全面关注国家时政动态,结合实际及时解决问题,不能让事件发酵,成为舆论热点,避免被敌对势力利用,成为抹黑我国相关政策的把柄。例如,该事件发生时,正值第三次中央新疆工作座谈会前夕,如果不及时处理或者处理不当,若出现家长对学校不满去上访等情况,就当前国外敌对势力对我国治疆政策的歪曲抹黑的态势来看,可能或多或少会给首都安全稳定以及会议的顺利召开带来不利影响,因此,及时处理该事件就尤为关键。综合考虑以上情况后,充分利用新疆驻京工作组的资源,在学校领导及老师的情绪疏导、人文关怀以及政策讲解和当地政府部门的协同努力下,最终,该事件在中央新疆工作座谈会的前一天得以顺利解决。

(5) 充分发挥少数民族专职辅导员和学生干部的作用。在该事件中,校方安排少数民族专职辅导员和少数民族学生党员一同处理事件。此做法效果显著:一是能更好地为家长服务;二是让学生积极参与,从学生的角度来了解事件的整个过程,事件会更加透明,处理会更为有效,在对家长及其他学生的安抚工作中会更有说服力;三是学校高度重视,全力做好善后工作,妥善管控危机,安排少数民族专职辅导员妥善处理事故,过程中做到了尊重民族习惯,体现了学校的人文关怀,向学校的少数民族同学传达了积极的信号,赢得了他们的认可,实现了"转危为机",有利于加强民族团结,进一步铸牢中华民族共同体意识;四是锻炼了学生协调沟通的能力,有助于培养学生的综合素质。

(6) 如实记录,建立完善的事故处理档案材料。及时收集事件前后的一切材料,精确统计事件发生的每一个细节,记录好全过程,保存好相关证据,做好总结。

拨开迷雾,探寻真相
——浅谈复杂场景下家校沟通的技巧

信息与通信工程学院　胡　彤

一、案例简介

入学不到一周,硕士新生尹同学(化名)的导师联系辅导员,反映该生凌晨 4 点给自己发微信消息称出了点事,这两周无法回校,其电话一直被转接到语音助手无法接通。辅导员立即开始寻找该生的下落并尝试联系其本人及家长,最终,其母亲接通了电话,称家里有突发情况,孩子已到家,他的手机在路上丢了,现在不方便,随后挂断了电话(抗拒沟通)。

次日上午,尹母回电称家中有事,想给尹同学请两周的假。辅导员提出请假需有明确清晰的理由,尹母含糊其辞,称家里无信号、无网络,孩子的手机和身份证一并丢失,补办后才能由学生本人回复(第一次说谎)。由于理由牵强,辅导员询问能否让学生本人接听电话,并向其告知无故离校的处理规定,劝说尹母坦诚沟通。在辅导员的反复询问下,尹母称孩子做过祛痘手术,近期伤口流脓,担心男生做皮肤手术被歧视,故回家复诊,现在脸上缠着纱布不想见人(第二次说谎)。辅导员托尹母向尹同学转达应上传病历、办理病假手续,好好休养、按时返校。当晚,该生提交事假申请,理由为"父亲病重,需要在家照顾"。辅导员感到异常,通过 QQ 聊天向其核实,观察到该生回复消息时均使用逗号断句,与此前用空格断句的习惯不符(后经确认,该生在家期间的消息均由母亲代发,下文中用"该生"指代)。"该生"表示父亲做过肾移植,近期情况恶化,自己想给父亲换肾,并叮嘱辅导员不要将情况告诉母亲(第三次说谎)。辅导员询问其困难情况,对"该生"进行了细致的心理疏导,并建议其尽快联系导师,防止因误会造成导学矛盾,提醒其如有困难及时向学校求助。"该生"表示了理解及感谢(态度转变)。一周后,辅导员向其了解情况,"该生"称父亲病情好转,再次感谢了辅导员,并承诺陪父亲过完中秋节后一定按时返校(反馈实情)。

两周后,尹同学按期返校。辅导员对其进行了长达两小时的深度辅导,得知了详情。尹同学的父亲以前做过肾移植手术,两周前因误食毒蘑菇昏迷住院,由于父亲起初无法排出毒素,尹同学自己萌生了给父亲换肾并退学的想法,因此不愿再与学校联系。后来父亲病情好转,醒来后对他进行了严厉的批评,责令他继续读书,于是他最终答应了中秋节后返校。

了解情况后,辅导员对该生进行了心理、学业、生活等方面存在的问题的疏导,协助该生完成了剩余的入学及请假手续,引导其尽快与导师沟通,解决前期遗留的问题。

二、案例分析

在本案例中,学生的回避可以归结于本人为了给父亲换肾准备放弃学业,但其母亲起初为何也不愿真诚沟通,反复隐瞒真相?根据心理学的相关研究,谎言的产生动机可大致划分为四种:出于避险本能的自我保护、为实现个人目的而诱导他人、为了获得尊重而包装自己、其他不明动机。由于家长与高校间的联系和冲突往往因孩子而起,家长说谎大多是出于避险的本能,在孩子或家庭出现特殊情况导致可能造成不好的后果时,部分家长会通过隐瞒事实的方式来逃避压力、紧急避险,以达到保护孩子或自我保护的目的。在此基础上,极少数家长可能会为了给孩子或自己谋利而进一步制造谎言,而以包装自己为目的的谎言通常为前两种情况服务,因此,前两种动机应该被优先考虑。

在面临紧急情况尤其是危机事件的家校沟通中,判断信息的真实性尤其重要。如何辨别家长的话是否可信、行为有无异常?在本案例中,家长在与辅导员沟通的过程中共计说谎三次。第一次,在前一天发现家长抗拒沟通的前提下,辅导员驳回其模糊的请假诉求,通过提出要求的方式尝试获取更多信息,而家长准备不足,说辞明显不合逻辑;第二次,由于家长有了说谎的先例,辅导员对家长在反复推辞的过程中构思出的新理由保留了态度,提出了需要提供证明材料(即病历)的要求,家长的谎言便在没被辨别的情况下不攻自破;第三次,由于辅导员留意过尹同学线上沟通时的标点使用习惯,因此,在家长冒充孩子甚至用"别告诉我妈"之类的语言增强真实性时,辅导员仍通过打字习惯的差异察觉了异常。

识别谎言后,如何尽可能地获得有效信息?在本案例中,第一次,辅导员选择了明确告知校规校纪,直接询问实情,引导家长坦诚沟通。第二次,辅导员提出了需要家长和该生在限定的时间内完成具有门槛的实际行为(如提供病历),阻断了未被察觉的谎言。第三次,辅导员以情理动人,通过表示关心、表达学校会尽力帮助该生的态度,降低了该生及其家长的防备,为后续可能进行的坦诚沟通做好了铺垫。

通过以上方法获得较为充分的信息后,就可以推断动机,决定下一步的处理方案。在本案例中,由分析得知,尹母反复说谎是出于避险本能,因起初无法改变孩子退学为父亲换肾的决心,且不了解学校的规程导致担心孩子受处分或被开除,出于保护孩子的本能,尹母选择了反复撒谎来拖延时间,试图与孩子重新沟通。据此,辅导员选择多次从尹母担心的点切入,解释学校的规章制度以打消其疑虑,并耐心地表达关怀,逐渐获得了尹母的信任。虽然最终让该生本人转变态度的是其父亲病情的好转,但在交流的后期,尹母也卸下了对校方的防备,以孩子的口吻多次对辅导员表达了感谢,不再隐瞒真相。

至此,本案例暂时告一段落,但整个过程中有许多值得总结、反思和需要改善的处理方式,在案例总结中一并阐述。

三、案例总结

1. 辨别谎言,获取有效信息

在突发事件中进行家校沟通时,很有可能面临家长说谎的情况。由于家长说谎的动机是保护孩子,因此,在建立联系前,辅导员可以对情况做出大致的判断,如果事件可能对学生产生不利影响,就需要做好家长说谎的心理准备,并在沟通的过程中仔细辨别。

高校辅导员进行的家校沟通时大多通过语音电话或文字交流的方式进行,无法借助肢体动作、表情细节等进行判断,因此,可以通过以下方法辅助甄别:(1)根据经验及常识判断是否符合常理;(2)适当地针对细节进行询问,增加场景复杂度;(3)适当地提出要求,抬高对方的说谎门槛;(4)重复前面已经询问过但存在疑点的问题,观察对方的前后逻辑是否矛盾;(5)快速推进对话,不要给对方预留太长的犹豫和反应时间。

如果沟通前的准备时间相对宽裕,还可以对学生的性格习惯、成长背景等方面进行整理,做到对学生的情况熟稔于心,有助于更好地判断家长描述情况的真实性。

在本案例中,辅导员使用了上述方法中的(1)、(2)、(3)、(4),并通过学生和家长打字方式的差别观察到了异常,尽可能多地获取了有效信息。但由于前期沟通时缺乏经验,给家长预留了太长时间反复含糊其辞,使得家长在第二次说谎时已经构建了相对完美的谎言,险些就此错过真相。

2. 推断动机,建立信任之桥

辨别家长是否隐瞒真相不是目的,推进家校沟通、佐助突发事件合规且顺利地解决才是最终目的。因此,在获取了有效信息后,更关键的步骤,就是针对家长的说谎动机进行疏导,获取对方的信任,坦诚沟通。

在本案例中,辅导员与家长沟通时尝试了多种方式,以下方式有着较为显著的效果。

(1) 将心比心,表达个人关怀。从辅导员个人的角度出发,针对突发事件的情形和家长可能的说谎动机,表达对于学生及家长困境的理解,以情理动人,放低自己的姿态,消除家长的防备心理。

(2) 严爱并举,同施力度温度。如果与家长的沟通进行得不够顺利,在表达善意的同时,也需要明确、清晰地向其告知校规校纪,让家长感受到学校对学生的重视,同时也让家长理解双方需要共同对学生的行为负责。

(3) 清晰表达,做到信息对称。大多数家长对高校管理模式、规章制度的认知存在局限性,导致家长会在经历突发事件时用自己的社会经验判断形势,进而可能选择将隐瞒真相作为应对方式。因此,在与家长进行沟通时,辅导员需要尽量将与学生切身利益相关的事清晰地告知家长,通过消除信息不对称的方式来避免家长主观臆断,也能有效地避免误会的产生。

辅导员工作是一门艺术,沟通技巧在辅导员的工作中格外重要。在各类突发事件中,不论是进行师生交流还是家校沟通,当复杂场景下的真相变幻莫测,导致事件难以推进时,只有在真诚的基础上讲究技巧策略、灵活变通,与学生及家长建立信任、坦诚交流,才能不断地推动问题的解决,产生更加良好的教育效果。

疫情时代新媒体场域中辅导员工作的思考

信息与通信工程学院 柴春泽 胡 彤

有人说,人的成长不是因为时间,而是由于经历。2021年,作为在专职岗位上工作了9年的辅导员,我们人生中第一次遭受网络暴力,且此次影响范围很大的"网暴"来自我们所带的"亲"学生。事件处理过程中的反复和意外令我们极其痛苦和无助,不眠不休不吃不喝写情况说明的日子无人能替,短暂时光中激增的白发亦无法复黑,但是这段经历却让我们对工作、对生活、对人生都有了更多的感悟和思考。

一、工作简介

1. 案例背景

研究生一年级某男生宿舍,住有6名学生,为新生入学前学生按照意愿自由组建。其中5人为同校同院同专业,本科阶段即为室友,F同学为5人中的一员;R同学是与上述5人同校同院同专业的其他班同学,受宿舍长P同学的邀请与上述5人组建为同一宿舍,原宿舍另一名同学M与他人另组宿舍。本案例系由F同学在面对女友二战考研备考不力时的压力应激反应及其在人际关系和沟通中可能存在认知障碍而引发宿舍矛盾,在辅导员及副书记介入处理后,F同学将事件扩大,连续在校内网络上发帖,歪曲事实,引发了影响范围较大的网络舆情,同时,F同学的家长到京,在沟通时对校方进行威胁、恐吓等一系列需要辅导员处理和应对的复杂场景。

2. 案例发生的表层原因

F同学与R同学在2021年11月18日22时左右,由于之前作息不一致、R同学打游戏等原因引发口角,后升级为推搡,随后R同学朝F同学比划了其学习桌上一把未开刃的蝴蝶刀,在受到F同学进一步的言语挑衅诸如"有本事你捅我啊"之后R同学意识到持刀不对随即收起刀具,至此矛盾激化,F同学电话联系辅导员。由于涉刀,辅导员首先叮嘱学生在自己到场之前不可进一步激化矛盾,确保安全,然后第一时间联系学生干部就近赶往宿舍控制局面,同时电话联系保卫处请求协同处理,并从家赶往学生宿舍。

3. 案例发生的深层原因

辅导员通过现场沟通以及后续处理了解到,F同学由于近期女友二战考研备考情况不乐观,需要每天远程全程陪伴其女友且F同学需要"秒回"其女友发来的消息,如果F同学起晚了或回复消息不及时,其女友就会生气,而R同学打游戏至很晚会影响F同学的休息,这就成为引发 F 与 R 之间冲突的导火索。深层原因之一为当前 F 同学处于一种较大的内外部压力状态,外部压力为其女友去年考研失败,当下为二战考研,F 同学非常担心其女友再次考不上;内部压力为 F 同学面对其女友的高强度情感需求,他非常在意女友的感受,但又有些疲于应对,因此心理压力较大。深层原因之二为 F 同学心理耐受力较差,并且对于他人行为本意的认知存在偏差,不能正确解读舍友对自己的善意及示好行为,且心胸不够宽广。比如,R 同学在宿舍将哔哩哔哩上的一个搞笑视频分享给 F 同学,F 同学将 R 同学的行为解读为"故意打扰其学习"并怀恨在心,当天晚上故意找茬打扰 R 同学。宿舍矛盾发生的当晚 F 同学和 R 同学主动互相认错达成和解后,第二天上午 F 同学找到辅导员表示心里害怕想要换宿舍,辅导员当即同意并协助该生完成调换宿舍申请,且借机对其开展深度辅导,深入了解该生情况并对其进行心理疏导,但是 F 同学将辅导员对其进行的符合常规逻辑的学习和科研情况、舍友关系情况、恋爱情况、家庭情况等情况的了解,对其存在的问题开展的引导教育以及对其身心健康的关注视为盘查、审问;将辅导员为了减轻其害怕程度而告知其 R 同学的刀具没有开刃、危险系数相对较低,且 R 同学没有反社会倾向、没有莽撞伤人的恶意等事实,理解为辅导员在对其进行精神控制,并在网络上实名发帖对辅导员进行网络暴力;在副书记联系该生解释辅导员与学生的谈话是在履行正常的深度辅导工作要求之后,F 同学又认为副书记在包庇辅导员,进一步在网络上发帖,措辞讲究,故意引导和误导舆论,并进一步要挟老师和学校。

二、案例分析解决

本案例中涉及的主要问题的处理包含以下四个方面。

1. 处理宿舍矛盾:动之以理,晓之以情

由于宿舍由学生自主组建,考虑舍友间有一定的了解和情感基础且事发时间在夜间 10 点左右,辅导员当晚对于宿舍矛盾的处理方式主要是集体座谈,以谈心谈话的方式了解事情的来龙去脉,参与人员为矛盾双方、宿舍长、班长、年级长以及保卫处老师。一是辅导员通过询问以及学生自述的方式了解主要矛盾点,对于存在作息不规律问题的 R 同学进行批评教育,要求他对给宿舍其他同学的正常休息造成了影响这一事实要有清醒的认识和歉意,并在宿舍长的监督下制订循序渐进的作息调整方案;同时宿舍长单独与 F 同学一起吃饭、开展谈心谈话,对其调换宿舍的行为进行挽留。二是对于 F 同学近期的压力源,即其女友考研一事进行分析,帮助其梳理恰当应对的方案,不将焦虑感和压力向第三方乃至第四方外溢。三是通过保卫处老师对学生进行安全教育以及治安管理处罚条例等相关法律法规的科普教育。四是通过谈心谈话,让两位同学都能看到在之前的宿舍共同生活中双方为彼此的关系所做出的妥协、让步和努力,增进互相之间的理解和情感连接。五是建立专项危机工作小组微信群,群成员包括辅导员、年级联系人、班长、宿舍长,及时沟通后续的发展变化情况,以便及时介入处理。

2. 应对网络舆情:安全第一,教育紧随

舆情发生后(此时 F 同学已完成宿舍调换,新宿舍为在原宿舍同一楼层、相距不远且为非本年级学生的宿舍),一方面,辅导员及时向学校相关部门及主管领导反馈前期处理情况;联系楼管,获取 F 同学更换后的宿舍号;第一时间联系与 F 同学之前关系较好的原宿舍长 P 同学,尽可能地了解 F 同学的去向及情绪状态,保障其安全;在 F 同学拒绝和 P 同学见面的情况下,联系 F 同学的导师,请其导师联系该生,关注该生的心理及安全,做好该生的思想教育工作;

学生干部每天以朋辈的身份到F同学的宿舍串门,了解该生的动态。另一方面,辅导员及时关注舆情,收集F同学在网络上违反校规校纪发布帖子的证据;与F同学的导师充分沟通,回顾事件发生发展的进程,撰写情况说明材料,研判F同学在舆情事件中的表现,对其开展帮助的同时,通过其导师、学院党政领导等多方对该生进行违规违纪警示教育。

3. 面见学生家长:充分准备,不卑不亢

辅导员将事件发生的经过完整复盘,准备充实的情况说明,包括但不限于整个事件过程中相关的通话记录及录音、微信聊天记录、QQ聊天记录、现场谈话记录等,以翔实的事实材料尽力向家长还原事件真相;面对难以沟通、不求真相、只为问责的家长时,辅导员以不激化家校矛盾为准则,沟通过程中始终做到言辞态度温和有礼、不卑不亢,但也要明确底线,面对家长的无理要求时,必须发挥团队合作精神,策略性地予以回绝。

4. 开展教育帮扶:三全育人,多方联动

当学生因种种原因拒绝与辅导员沟通交流时,其导师、科研团队责任教授、学院党政领导干部、同年级辅导员、学生前任辅导员、学校相关职能部门工作人员、心理中心相关人员等,均可以作为协同育人的力量,介入事件的处理以及学生的教育、帮扶,从而实现多方联动、多维育人。

三、思考与建议

当前的新媒体场域中,网络环境日趋糟糕,网络暴力频发,网暴事件对被施暴者的身心健康影响极大,因遭受网暴而罹患心理疾病甚至自杀的新闻屡见报端,而施暴者进行网暴的成本却极低。尤其是当今,受新冠疫情影响,高校学生大多数时间处于封闭的状态,情绪和心态均受到较大影响,辅导员作为学生教育管理的最前沿工作者,在疫情之下的新媒体场域中开展学生管理及思想政治教育工作,学生动辄以网上发帖、自杀等言论要挟辅导员,辅导员动辄就要写情况说明以厘清事实、自证清白,工作处境可谓异常被动。

目前环境下,高校通常以安全稳定为核心,对于学生的教育普遍以宽容为主调,批评和惩罚较少;而学生的心理承受能力有时较差,对于批评和惩罚的接受度低。但是教育不可能总是笑脸相迎、让学生始终如沐春风的。面对问题学生,如果学校的教育仅注重维护其权利而淡化强调其责任,如果学生可以随意挑战秩序而不受惩戒,如果学生只要通过"闹事"向学校施压其需求就可以得到满足,而辅导员只能进行口头的说服和"思想教育",这样的教育手段,未免被动且低效。

在互联网环境下成长起来的新时代大学生群体普遍自我意识较强、思维活跃,在当前多媒体化的社会背景下,原本普通的校园日常生活摩擦却会通过媒体平台这个"放大器",引发较大范围的社会影响。与此同时,严肃媒体的失声,以及自媒体的泛滥,使得我们常常生活在一个"后真相"的时代,热点网络事件频频出现反转,真相扑朔迷离,对于大学生的价值认知和价值判断造成极大的困扰,也加大了高校辅导员开展网络思想政治教育的难度。

总结和反思本案例处理的整个过程,作者建议辅导员在日常工作中需注意以下事项。

(1)请示汇报要及时。学生出现问题尤其是可能存在危机情况时,一定要及时且经常性地向主管领导请示处理方案是否可行,并汇报阶段性处理结果。

(2)处理过程要留痕。对于特殊事件的处理,一定要养成习惯,不便于录像的,一定要现场录音并做好原始文件的保存和备份,日常沟通可留有简要的记录梗概,在出现纠纷的情况下,录音录像可以成为最直接、高效的证据。

(3) 网络言行有规范。营造清朗的网络空间,是国家提出的目标,其中大学生是一个不可忽视的群体,对于大学生的网络素养教育以及相关的法律法规和警示教育,不可缺失。

(4) 负面情绪要疏导。新冠疫情背景下,自由受限的大学生的负面情绪和消极心态的疏导和改观,是一个值得关注和解决的问题。另外,在危机事件的应对过程中,除了关注学生的状况外,建立完善的辅导员心理帮扶机制及辅导员社会支持系统,对于辅导员职业的获得感、幸福感也是至关重要的。

(5) 导师第一责任人。教育部颁布的《关于全面落实研究生导师立德树人职责的意见》中明确指出,研究生导师是研究生培养的第一责任人,立德树人是导师的首要职责。因此,在处理涉及研究生的相关问题时,切忌忽视发挥导师这一研究生教育培养第一责任人的重要作用。

(6) 导员地位有保障。近年来,高校辅导员双线晋升的政策落地情况已有改观,但是辅导员团队当前的专兼职结合、流动性较大且普遍无高级职称的现状,也使得辅导员在学生心目中的地位是比较低的,在校园生态中,学校范围内一切与学生相关的或者不相关的工作都可以安排给辅导员做,也可见辅导员在职业化、专业化、专家化发展道路上所面临的困难。

(7) 保持定力有自信。作为辅导员,当我们面对来自学生的网络暴力、学生自伤自杀等各类事件时,难免会产生自我怀疑,找不到自己存在的价值和意义,还会有随之而来的自我否定,这个时候自我心理调适就显得尤为重要。我们可以向身边的同事、领导、家人倾诉,可以哭泣,可以就医,也可以去做心理咨询,一切有利于推进事件解决、有利于自我状态调节的方式都可以尝试。我们要知道,危机事件是概率事件,所谓概率事件也就是在群体中一定会发生的事件。我们除了在日常工作中要不断学习相关业务知识、提升处理问题的能力,尽量避免相关事件的发生之外,也要学会不苛责自己。

最后,借用杨绛先生的一段话与大家共勉。岁月静好是片刻,一地鸡毛是日常。即使世界偶尔薄凉,内心也要繁花似锦。浅浅喜,静静爱,深深懂得,淡淡释怀。望远处的是风景,看近处的才是人生;唯愿此生,岁月无恙,只言温暖,不语悲伤。[1]

参 考 文 献

[1] 杨绛.我们仨[M].北京:生活·读书·新知 三联书店,2018.

脚踏实地　行稳致远

理学院　周　鑫

一、工作简介

在大三学年年初,我初次接触学生 Y,学生 Y 的成绩在保研的边缘,如果可以保研,该生准备去中国科学院大学、复旦大学、上海交通大学其中的一所,他表示如果不能保研的话自己考研也会考这三所大学中的一所。在深度辅导过程中谈到要回老家发展还是留在北京发展的问题时,学生 Y 表示准备留在北京。由于学生 Y 来自某小县城并且是经济注册困难生,所以我与该生深入探讨家庭条件以及北京房价问题,该生表示虽然北京房价很高,自己家庭条件也非常一般,但是自己读完研究生之后,年薪最起码也百万起步,所以感觉毫无压力。该生对于自己未来的规划过于单一,没有结合具体实际情况来考虑未来规划,并且价值观中的逐利性较为强烈。解决该生问题的重点在于引导该生树立正确的价值观,为未来的诸多不确定性准备更多的解决方案。

二、案例分析解决

学生 Y 的思想在当前选择考研的毕业生中具有一定的代表性。大家普遍想去更高档次的学校读研究生,但是有些人没有做深入的考研调研,比如报录比、招收名额等,只是一味地追求高校热门专业而不考虑考研成功"上岸"的难度。同时,不少毕业生过于向往经济发达地区,尤其是"北上广"等中心城市,现在大学生对生活的态度、对生活的理解和价值观发生了新变化,普遍更看重未来发展和生活品质,这造成了毕业生在一线城市就业的情况增多,未来还会继续增多。他们只注重这些城市经济文化发达、工作环境优越的一面,而忽视了其人才济济、人才相对过剩的一面,导致择业期望值居高不下,都想进入高薪行业,而没有好好考虑自己的能力与价值所在。像学生 Y 这样过分看重工作薪酬,对于薪酬的期望不合实际的超高期待在当前毕业生中普遍存在。这个问题恐怕不在于大学生们好高骛远,而在于他们对"应该赚多少钱"这件事缺乏一个基本的共识。针对该问题,首先我用实际的数据说话,向该生介绍了目前我国收入的平均情况以及大家普遍认为高薪职业的年薪状况,同时我向该生介绍了月薪较高职业的平均工资以及年平均工资最高的 3 个行业。该生在了解了这些数据后,对于薪酬有了初步的理解,同时我也将 2021 年应届毕业生人数达到 909 万人左右告诉该生,让该生知道高学历人才的数量在逐年增加,不能靠学历来"躺平",而是得不断地学习,努力提升自己的各方面能力,才能在毕业季具有竞争力。我告诉他,当你对于企业来说是个难得的人才,别人难以替代你的时候,企业才会有可能给你期待的薪酬。另外,我也引导该生树立正确的价值观与择业观,告诉该生所有的选择不应该向"钱"看,而应该选择一份适合自己的岗位、具有长远发展与能够实现个人提升的岗位,最终能够用自己的所学来报答祖国,成为对国家有用的栋梁之材。之后,我求助于我院研究生辅导员陆老师,陆老师向该生详细地介绍了研究生毕业后的去向以及薪酬的大致水平,让该生更加真实地了解研究生毕业后并不是轻轻松松就可以年薪百万的事实。最后,我建议该生先了解心仪学校和专业的报考比例、最近几年的分数线,以及多了解几个学校,不要孤注一掷。该生也表示应该这样,先复习基础课程,学习无论考哪个学校都得学的东西,然后慢慢收集数据,看看往年的录取比例,之后再选择学校。2022年该生成功保研到北京师范大学,准备毕业后从事教育行业。

三、思考与建议

随着时代的快速发展,首批"00后"即将面临毕业择业问题。"00后"大学生的成长背景是经济全球化,其思想更加开放、包容,乐于尝试新事物,但其进取心相对不足,忽视对传统优秀价值观的传承,缺乏独立思考能力,对时政关注不够,很少思考国家最新的路线、方针及政策将会给社会带来的影响。他们有时在日常学习中存在很强的功利性与目标性导向,推崇实用主义,只看重学习的结果,而相对忽视学习的过程,习惯性地寻找捷径与衡量收益成本,期待在有限的时间与精力内获得高额回报。而这些即将进入社会的"00后",似乎对于社会现实完全没有认知,据相关调查,超过20%的"00后"大学生认为自己毕业后可以找到月薪过万的工作,而且其中有11.5%的人认为自己毕业后的月薪能到达5万元,还有67.65%的受访大学生认为自己毕业后在10年内能够年入百万。"00后"大学生对薪酬的高预期令人震惊。对于他们来说,在进入社会、认清现实之前,往往认为自己的起点很高,想当然地觉得自己在毕业后能拿到一份高薪的工作。当然不排除很多"00后"家庭条件比较优越,但是对于大部分人来说,只要进入社会的公平求职市场中,其实还是挺"残酷"的,到时候"00后"就不得不面临各种压力,从而很可能导致因为自己的理想跟现实以及自己的家庭环境跟整个社会大环境的巨大落差,而造成心理负担,在择业过程中期望过高而最终难以择业、选择逃避。不管怎么说,有一个高的目标总归是好的,不过得因人而异,学生能够结合自己的能力与自己的实际状况去设定合理的目标,我想这才更容易接近幸福。

网络舆情案例分析

数字媒体与设计艺术学院　李文今

一、工作简介

某日晚7时许,我接到校宣传部、研究生工作部的通知,称我院学生小田发的帖子在北邮人论坛(https://bbs.byr.cn/,以下简称"论坛")引发舆情,需要关注。接到通知后,学院立即介入,开展调查。

根据多方了解,事情原委如下。起先,发帖人小田,因某课程教师的小组作业"在论坛发帖进行实验,实验目的为增加帖子的点击率,使其成为当日十大帖"的要求,在论坛的"谈天说地"版块发表了题为"一周写作业通宵三次正常吗?"的帖子。坛友们回帖评论、提供热心建议,因帖子热度高,成为当日论坛十大帖之一。当小田所在的小组在课堂进行展示答辩后,"悄悄话匿名"版块出现帖子,称小田"一周写作业通宵三次正常吗?"的帖子内容非真实发生,有杜撰嫌疑,质疑小田是在骗取热心坛友的关心。该帖的发表导致小田的帖子下出现许多质疑的留言。基于上述情况,小田的小组成员小山发悄悄话匿名版版主站内信,认为坛友对小田言语恶毒,造成人身攻击,情节严重,诉求严惩实施网暴的坛友。

二、案例分析解决

1. 关键问题,突出性质

该案例可以归类为网络舆情案例。目前高校网络舆情日趋复杂,高校论坛在高校学生群体中的影响力日益扩大,成为高校学生言论的主要表达场所之一,学生常在论坛中发生思维的碰撞以及言语的冲突。作为学生思想政治教育活动的组织者、实施者和指导者的辅导员如何看待、如何处理网络舆情事件,以及如何更好地借助网络平台进行思想政治教育和价值引领是值得探讨和总结的。

2. 理清思路,制定步骤

我第一时间查找案例中小田、小山两位同学的基本信息,选择与关键学生小田进行沟通,但由于小田情绪不稳定,在安抚小田后我向同宿舍的小山继续了解事件的发展情况,捋清事情的发生脉络,从侧面补充并掌握了学生的思想动态后,及时上报学院进行工作请示。我在了解事情的经过后,并未着急处理事情本身,而是着重关注小田的心理健康和人身安全问题,并叮嘱学生骨干时刻陪伴小田,安抚其情绪。

3. 多方助力,协同共商

学院领导对此次事件高度重视,在学院党政联席会进行专题研讨,并与涉事任课教师谈话,全面了解事情原委。

隔天后,我通过学生骨干、小田的舍友等人员了解到小田目前状态有好转,因此约小田进行线下谈心谈话。小田表示目前已正常参加校内体育活动,沟通过程中,小田语气轻快,面部表情柔和,肢体动作放松,整体精神状态良好,同时我了解到该生对于手绘有极大的热情,每日设定目标练习,我对此表示了肯定和鼓励。整个深度辅导过程氛围和谐、沟通顺畅,小田也表示近期感受到来自学院、同学的关心和爱护,深受感动和鼓励,不需要进行心理咨询,且其事后未再登录论坛,情绪慢慢平复,生活一切正常。

4. 找寻契机,久久为功

回溯该案例,事情发生在学生作业较多的学期末,小田一方面承受着作业的压力,另一方面承受着来自网络的言语攻击。在双重压力下,小田的内心受到了影响。我担心其可能因情绪低落产生自伤行为,因此第一时间围绕着缓解该生心理压力的角度来进行工作,在得知该生心理状态良好后,我与其探讨对待此事的看法以及后续的安排,使其能够勇于正视该事件本身,减轻该事件造成的影响。

数日后,我了解到学院将召开专业研讨会,其中有海报设计的工作需要完成。我主动联系小田,为该生争取了此次任务。小田在得知后,对学院的信任表示感谢并表示将全力以赴完成此项工作。根据后续了解,学院对小田设计的海报非常满意,该生也进一步地提升了专业自信心。

三、思考与建议

1. 铸牢网络思政阵地,强化价值引领

辅导员作为思想政治教育的组织者、实施者和指导者,要深入开展中国特色社会主义、中国梦宣传教育和社会主义核心价值观教育,要积极构建网络思想政治教育的重要阵地,积极传播先进文化,要主动占领网络思想政治教育的重要阵地,牢牢把握住思想政治教育的主动权和话语权。

辅导员应结合所在院校的基本特征和学生的专业特色及个人特质,掌握学生的思想行为特点,积极关注热点事件,以理想信念教育为核心,对学生进行思想认知、价值取向、学习生活、择业交友等方面的教育;加强学生的网络素养教育,与学生深入探讨世界观、人生观和价值观,培养校园好网民,弘扬主旋律,传播正能量。

2. 牢记育人为本机制,加强人文关怀

辅导员工作是做"人"的工作,面对思想易受影响、价值观尚不成熟的学生,要积极帮助其树立价值观,在教育他们面对困难不消沉、面对压力要坚韧的同时,还要更多地关注其缺失的部分,并且探寻其为何会发生目前的状况,把学生当作一个独立的个体,多倾听、理解、共情、尊重,平等地与学生进行对话与沟通。

3. 提升培育政治素养,磨炼自身本领

辅导员应努力成为能说话、敢说话、说真话的学校发言人,要积极关注论坛热点事件,敢于主动发帖,充分发挥论坛的积极导向作用;敢于主动回帖,对管理相关的工作积极回应,营造论坛内和谐向上的氛围;努力练就拥有洞悉事务的"千里眼"、倾听学生心声的"顺风耳"、忙而不乱的"万灵脑",为培养社会主义合格建设者和可靠接班人而努力奋斗!

微信公众号心理育人平台的探索与实践

学生工作部（处） 潘　敏　王　培

一、工作简介

心理育人是新时代高校思想政治教育工作的重要组成部分，也是高校育人共同体的重要构成。随着信息技术的发展，大学生的需求发生了根本性的变化，他们更喜欢通过新媒体获取心理健康知识，满足心理需求，其中微信公众号以其独特的优势迅速成为倍受大学生欢迎的互联网信息传播平台。相比之下，传统的课堂授课形式单一，内容缺乏时效性，学生参与互动少；开展心理素质教育活动需要学生到场参与，难以组织，无法覆盖全体学生；另外，不少学生对心理咨询存在误解，抵触面对面的心理咨询，甚至部分学生不知道学校有心理中心，缺乏有效的心理服务信息传递渠道。由此看出，大学生不断增长的心理素质发展需求与宣传教育形式的不足，是当下需要解决的问题。

二、做法与成效

作为心理素质教育中心的专职老师，我们立足于学生的心理需求，着眼于新媒体效应，依托心理素质教育中心官方公众号"北邮阳光邮子"，构建集功能模块、内容制作、宣传推广于一体的微信公众平台，积极创新推文形式与内容，利用微信公众平台的优势充分发挥其心理育人功能。

1. 基于学生心理需求，开发多样功能模块

心理咨询模块。秉持"随时接待，学生不排队、不等待"的心理咨询原则，心理咨询模块开设了心理中心简介、心理咨询师简介、预约心理咨询和咨询反馈问卷4个子模块，能够随时满足大学生各具特色的心理咨询服务需求；同时，每年发布20余篇团体心理辅导、心理沙龙等系列推送，针对大学生常见的心理问题设置不同主题的团体心理辅导小组，活动主题涉及人际关系、自我成长、恋爱情感、情绪管理、正念团体、绘画养心、读书会等。

心理活动模块。依托"心理健康节""心理正能量，健康校园行"心理活动品牌，每年开展30余项线上及线下的心理活动，成功打造"青春·情感·健康"访谈会、心理咨询室参观月、班级心理素质拓展等经典活动，并通过"北邮阳光邮子"发布活动宣传及活动开展情况推送，不仅可以让学生根据自己的兴趣爱好有选择性地报名参加，还可以介绍活动详情，推广活动效果，进而营造良好的心理育人氛围，也同时丰富了高校心理素质教育的活动内容。

心理知识普及模块。通过开设"心系列""防疫心理微课"等栏目，创新教学模式，打造心理素质教育线上课堂，普及心理健康知识。与传统课堂授课方式相比，心理广播、心理绘本、音乐、电影等多样化的心理教学模式更为轻松活泼，更易被大学生接受与认可，进而达到寓教于乐的效果。学生还可以在自己感兴趣的文章下留言，并得到及时的回复和进一步的帮助。

家校合作模块。为加强家校沟通，做好家校合作，通过"北邮阳光邮子"发布"新生家长心理讲座""疫情下的心理云课堂"等系列活动推送，以心理讲座、心理沙龙和微课的形式为家长朋友们传递心理知识，增进亲子关系，促进学生的心理成长。

2. 积极发挥学生优势，加强推送内容制作

推送内容的精良与否，决定着微信公众平台的功能发挥和学生、家长的关注与推广。因此，我们组建心理协会，积极发挥学生优势，在推送排版风格上结合当下大学生的爱好特点、语言语境，制作出受大学生喜欢的推送。同时，激发学生的主动性，鼓励学生积极创作。回顾日常学习、生活中的实际情况，贴合学生的思想动态，发现问题并寻求答案，普及和宣传心理健康知识。此过程可以促进学生积极心理品质的提升与潜能的开发，利于保持学生的好奇心与学习兴趣，并且在获取知识与消化知识方面，较好地实现时间的自主性与方式的多样性。

3. 大力提升宣传，推广途径多样化

心理健康微信公众平台的推广方式与受众范围，直接影响着学生对其关注的程度以及其功能的发挥。因此，微信公众平台宣传途径的选择应多形式地开展。开展形式可通过以下途径实现：如新生入学时，在致新生与家长的宣传单中印有心理健康微信公众平台的二维码，或依托班级心理委员以及心理社团的作用，进行宣传推广。

三、思考与建议

截至目前，"北邮阳光邮子"微信公众号关注人数达 15 227 人，累计推文 989 篇，受到了学生和家长的喜爱，通过积极创新微信推文形式与内容，丰富心理人文化内容，把心理素质教育元素融入校园文化，实现内容日常化、生活化，营造了我校大学生关注心理健康的氛围，培养了学生心理健康方面的知识，有助于学生养成正确的心理健康观念，培养健全的心理素质，同时构建一种宣传、学习和普及心理正能量的环境。

依托微信公众号开展心理育人工作具有其必要性和时代性，有利于心理素质教育模式的丰富性与多样化，以及吸引学生更全方位地接触心理学知识，提升自己的心理素质水平，从而达到心理育人的效果。以微信公众号作为媒介进行心理知识的传播，扩展了心理素质教育的模式，提升了学生对心理学内容的自学能力与兴趣，实现了学习的时间与地点的自由性与灵活性。因此，深入挖掘微信公众号的育人模式和方法，能让心理素质教育更加深入人心，也能充分地发挥微信公众号的心理育人价值。

学院二级关工委助力学生部门运用新媒体有效开展思政教育的做法与经验

计算机学院（国家示范性软件学院） 姜欣欣

一、工作简介

随着新媒体技术融合的不断加速，当前高校大学生的教育和培养过程面临更为复杂的要求。在开展思想政治教育时，也需要综合考虑在当前新媒体融合的时代背景下，如何通过多种途径让学生的诉求得以全面表达。为了使思想政治教育真正取得实效，可以通过充分发挥新媒体平台在高校思政教育中的内在优势，破解传统的高校思政教育中存在的实践应用难题。

在开展大学生思政教育工作时，新媒体平台提供了跨时间、跨空间的更广阔的平台，同时它的碎片化、多样化、时效性、社交化等特点也在深刻地改变大学生思政教育的形式。新媒体平台快捷的接入方式，克服了传统教育模式中信息传播形式单一的缺点，同时使得各类信息的传播速度和影响广度都有了显著的提高，也提高了育人实效。学生是受教育的主体，新媒体平台的开放性也提高了其获取信息的主动性。关工委老教授可以通过新媒体平台，进一步拉近与学生的距离，更有针对性和时效性地开展工作。

北京邮电大学计算机学院（国家示范性软件学院）关工委自成立至今，一直积极协调学院各部门，通过运用新媒体技术拓展工作思路，在思政教育工作中起到了良好的作用，今后将在目前的工作经验基础上进行深入研究，继续传承创新，形成稳定的工作模式。

二、做法与成效

1. 开展"五老"采访视频录制

计算机学院（国家示范性软件学院）关工委积极响应学校关工委的工作要求，通过强有力的组织、指导和推动，积极打造了本院"读懂中国"特色活动，该活动成为我院关工委助力学院思政教育工作的重要抓手。学院开展了"五老"访谈，分别采访了宋俊德教授和张懿教授，2021年录制"宋俊德教授微视频专题片"并报送至学校关工委。同时，通过各项形式丰富的主题教育，展示和宣传了宋俊德教授和张懿教授的入党故事和助力教育事业发展的奋斗历程。访谈活动和视频展示宣传切实增强了我院师生对中国共产党和中国特色社会主义的思想认同、情感认同和价值认同。

2. 开展"心声向党"五老读党史活动

"五老"是党和国家的宝贵财富,是加强青少年思想政治教育的重要力量,开展"心声向党"五老读党史活动意义重大。坚持以史育人,把红色资源作为党史学习的生动教材是本次活动的初衷。我们邀请了林秀琴、吴伟明、马严、金跃辉四位教授阅读《中国共产党简史》部分章节,并录制音频,结合老教授读党史的感想,通过学院公众号进行推送,发布给全体学生收听。老教授读党史后发表的感言,表达了他们对党真挚的感情,这感情历久弥新,对同学们触动极大。

3. 开展"教授·人生"面对面专题讲座

为落实立德树人的根本任务,以教授的人生感悟教育学生,以教授的学识魅力感染学生,以教授的人格魅力引导学生,助力学子成长成才,我院关工委每年面向新生群体开展"教授·人生"面对面专题讲座。2020年、2021年分别邀请我校前任校长钟义信教授、校关工委赵青山书记和我院关工委马严教授面向2020级、2021级本科生和研究生新生做专题讲座,并通过视频方式面向全体学生在线直播。学生们通过"教授·人生"面对面讲座对于北邮历史、行业发展有了更直观的认识,激发了为祖国通信事业的发展腾飞不断学习的斗志。

4. 开展"五老"同志事迹征文活动

我院关工委每年面向全体师生征集"五老"同志事迹,挖掘、记录"五老"参与全面建成小康社会,特别是参与抗疫斗争的奋斗历程、感人事迹和真实感悟。学院关工委对"读懂中国"征文活动作品面向全体学生进行了在线推送宣传,《师恩浩荡,行者无疆——宋俊德教授》《中国通信事业的开拓者——陈俊亮院士》两篇学生作品站位较高、立意较新,富有一定的感染性和启迪性,在师生群体中引起了强烈的反响。

关工委各项主题活动的深入开展,让广大青年师生受到了深刻的党史、新中国史、改革开放史、社会主义发展史教育和爱国主义教育,坚定了"四个自信",立志做共产主义远大理想和中国特色社会主义共同理想的坚定信仰者和忠实实践者。

三、思考与建议

1. 加强工作队伍建设

新媒体平台只要利用得当,就能够最大限度地发挥教育功能,帮助关工委更好地进行思想政治教育工作。因此要加强关工委工作者的新媒体运营能力,深入了解大学生平时感兴趣的媒体和平台,尝试靠近大学生的思维方式,才能够以学生最喜闻乐见的方式对他们进行思政教育。比如,通过抖音、微博了解学生们平时比较感兴趣的话题,从而为校内相关平台的建设提供参考。

对关工委工作者要加强有关新媒体技术的培训,不断增强其对新媒体的应用能力。比如抖音帐号、微信公众号、微博帐号的运营等,这些都是需要经过系统培训才可以全面掌握的。传统的教师在这些方面涉及的比较少,他们在教学方面更在行,所以要重视关工委工作人员在这方面的培训,熟练地掌握新媒体运营的技巧才能够发挥新媒体在思想政治教育工作方面的积极作用。

在此基础上要掌握一些适当的传播技巧,将需要传播的知识以最恰当的方式展示出来,才能够提高思想政治教育工作的效果。比如,制作一些动画短片、微视频等,传递正能量或者新的理念。

2. 创新关工委工作平台

以往关工委的教育工作主要集中在传统课堂以及一些实践活动上,缺乏对于网络平台的关注和利用。学生只有在上网课的时候才会用到智慧树、学习通、慕课等平台,他们平时更喜欢一些流量大的平台,比如知乎、微博、微信等,所以学院关工委也应该将工作的传播范围扩大,尝试建立网络媒体的思想政治阵地。可以搭建平台,在学生们浏览比较频繁的平台也建立帐号,并在学校内部进行宣传,先吸引流量,有一定的基础以后再进行相关的宣传工作。通过带话题、发起讨论、发布视频等方式调动学生们的积极性,将关工委的工作从课堂上延伸到生活中,促进思想政治教育工作的有效开展。

大学生是社会重要的人才资源,是国家发展的重要后备力量,所以大学生的综合素质培养是一项重要的工作。在新媒体时代的背景下,关工委运用新媒体有效开展思政教育工作虽然面临着一些挑战,但更应该充分抓住机遇,建设思想政治教育的新媒体阵地,以提高关工委工作的效率和水平。

疫情常态化下毕业班辅导员如何应对学生的就业压力？

国际学院 朱 珠

在新冠疫情的影响下，就业活动的运行和流程发生了巨大的变化，给学生就业带来了更大的影响，面临实际问题的多元性，很多学生产生了焦虑的情绪，甚至有个别出现了悲观、失落的心态。在做辅导员的第8个年头，我愈发感到"内卷"现象冲击着我们生活的方方面面，体现在学生身上最显著的是学业内卷、考研内卷、保研内卷、出国内卷等。尤其是近年来随着我国教育水平的不断提升，毕业生数量连年增长，导致了大学生就业的"内卷"，作为毕业班辅导员，我们应该怎么做才能更有效地应对疫情给学生带来的就业压力，更好地指导学生呢？

一、查找问题的本质

本质1：明确就业的重要意义。就业是民生之本，关乎个人发展、家庭幸福、经济发展、社会稳定，为深入贯彻落实2022届全国普通高校毕业生就业创业工作网络视频会议部署要求，以及国家"稳就业""保就业"决策部署，要进一步做好高校2022届毕业生就业工作。

本质2：特殊的时代背景。新冠疫情是新中国成立以来传播速度最快、感染范围最广、防控难度最大的一次突发公共卫生事件，就业指导工作要基于疫情防控的要求和国家政策的导向联动考虑，统筹规划。

本质3：拓宽工作的内涵。面对新冠疫情，党中央进行了一系列的重大决策部署，在就业方面，习近平总书记强调："要坚持就业优先策略和积极就业政策，实现更高质量和更充分就业。"在国家政策的背后，要挖掘其教育内涵，包括深化思想政治教育、爱国主义教育、制度自信教育等内容，做到三全育人和就业帮扶相融合。

二、寻找问题的思路

一是把握稳中求进的关系。这里指的是维持安全稳定和做好就业工作的关系。"稳"指的是在新冠疫情的影响下，就业的指导工作首先要在稳定安全和能够保障学生健康的前提下进行，引导学生明确大局。在疫情防控期间，要遵守疫情防控的各项规定，充分发挥学校信息网络的优势，为学生做好网上服务。"进"指的是将就业工作放在全局的高度，跳出就业的圈子，站在政治高度去做好就业工作，我们辅导员在稳中求进的关系中要发挥好全员、全过程、全方位的育人作用，做好全员、全过程和全方位的就业。

二是专业指导中重视价值引领。就业工作也应该注重价值引领的问题,辅导员在就业帮扶中应突出思想政治的元素,用好疫情防控的生动素材和鲜活案例,把道路自信、理论自信、制度自信和文化自信的教育融入到就业工作中,并结合新冠疫情的不同阶段开展就业指导,根据学生居家、返校、毕业前的重要节点和学生普遍关切的问题做好线上和线下的就业指导和心理指导。

三是运筹帷幄中聚焦重点。《孙子兵法》里有"谋子"和"谋势"一说,不会下棋的人眼睛只盯着某一颗棋子,会下棋的人则眼观六路,把握全局。作为一线辅导员,我们不仅要运筹帷幄地"谋势",更要聚焦重点,促进学生精准就业。从全局出发大力拓宽就业渠道,引导和鼓励学生到国家需要的基层一线去就业和创业,营造爱国力行、勇担重任的氛围。对于存在心理问题的学生、建档立卡学生、身体残疾的学生进行特殊考虑,做好精准就业。

三、解决问题的路径

时间节点 1:在学生即将进入大四前,召开会议充分动员,营造浓厚的就业氛围。定期召开就业推进会、分析实时就业情况,根据疫情形势变化采取及时、准确、有效的就业举措。利用网络直播、视频会议等对毕业生进行就业形势分析、就业政策宣讲和就业发展指导。将参军入伍、24365 校园招聘服务、扩大重点领域的招聘等政策准确传达给每一位毕业生。就业动员会不是"一次性"的,而是实时地、不间断地充分动员毕业生就业,鼓励毕业生到基层去、到西部去、到祖国最需要的地方去。保证"就业工作不打烊""就业服务不断线",全方位营造浓厚的就业氛围。

时间节点 2:在学生居家返校前,全面摸排,暖心服务,精准帮扶毕业生就业。为了更好地掌握毕业生的就业状态和实际困难,可采取网络和电话的调研方式摸排毕业生就业现状、心态和能力,进一步了解学生的情况,对国家推动的就业支持政策进行及时的传达。针对就业过程中存在困难的毕业生开展简历修改、面试技巧指导等系列辅导。对未就业学生群体建立"一生一策"就业工作台账,为不同类别的毕业生制订不同的就业指导方案,精准地解决毕业生的就业困难,有针对性地提供就业指导。同时,辅导员要发挥优秀校友、优秀学生党员、优秀学生干部骨干、班主任等群体力量,开通有温度、有深度、有态度的关爱通道,根据不同学生的不同情况与毕业生家长保持联系,凝聚共识、形成合力,为毕业生提供及时、准确的就业指导,密切关注每一位毕业生的就业状态,与未就业毕业生实现 100% 对接,全力帮助毕业生就业。

时间节点 3:在学生返校后及各个阶段,要在疫情防控的要求下开展具体的规划。第一,学生返校后会出现两种情况。一种是在疫情仍然不适合人员流动的情况下,首先要在学生返校间,根据"一生一策"的情况逐一排查,做好这部分学生的思想动员,加大线上网络就业服务和个性化指导。另外一种情况就是疫情缓和的情况下开展就业推荐和双选会。特别是对大学生村官、大学生支援西部计划的一些基层项目,做好政策上的宣传,鼓励大学生投入到基层就业中。第二,在返校后的各个阶段,主要对重点学生,包含建档立卡的学生、有心理问题的学生、就业困难的学生进行一对一的指导,并针对全体学生进行就业目标、意向、困难的摸排,让已就业学生促未就业学生,充分发挥学生组织、团队的作用,筛选并定点推送与不同毕业生匹配的招聘信息,为毕业生提供更便利、更有效的就业渠道,增加毕业生就业路上的"源动力",在体现学校人文关怀的同时为毕业生提供更多的便利,增强毕业生的就业信心。除此之外,毕业班的辅导员要统计实时数据,上报学校就业指导中心、学院、党支部,增强就业信息的联动,实现全员和全方位的帮扶。

  时间节点 4：在学生毕业前，对于已经就业的学生，要加强价值引领教育。从疫情引发的经济下行压力与党中央坚强领导的成效出发，结合国际国内形势，开好一堂主题班会，上好一次党课，组织好一次活动，引导学生增强"四个意识"，坚定"四个自信"，做到"两个维护"，着力关注未就业学生的思想动态和心理状况，将对离校时未落实工作单位的高校毕业生可按规定将户口和档案在学校保留两年和学校"离校不离心，联系不断线"等政策和方略告诉学生，要切实增强信心，引导学生用发展的眼光去看问题，稳定情绪、继续努力，在学校、家庭等的共同支持下争取成功就业。

四、经验启示

  一是重视价值引领，增强责任感和使命感。辅导员应该引导学生客观看待形势变化，把党和国家的政策吃透，并结合疫情防控这堂思政大课，用好先进人物和事迹，引导毕业生到国家重点领域、重要行业和重大工程就业，鼓励毕业生到基层和新兴领域就业，开展以成才观、职业观、就业观为重点的主题教育活动，引导毕业生把个人追求融入现代化国家建设的新征程。

  二是掌握学生的就业心理，做好择业教育。新冠疫情的冲击，对就业造成了影响，辅导员应该全面掌握疫情下毕业生的就业心理，引导学生客观地看待形势的变化，全方位调研学生对自身发展的要求，精准掌握学校就业的"基本盘"，分专业、分区域，有针对性地推送就业岗位，全面提升人岗配备的"精准度"，引导学生加强对就业的关注，增强就业意识。

  三是多措并举，打好就业服务的"组合拳"。开展毕业生就业服务工作时，辅导员应该做到"每周有调查、每天有谈话、每刻有指导"的三精准服务；详细掌握每一名学生的就业动态，及时提供靶向精准就业服务，做到学生就业特点清、就业目标明、就业进展详、就业成效实；多举措拓宽学生就业的途径，尤其是重点行业和领域，在物联网、大数据、人工智能和实体经济深度融合方面为学生创造就业机会，支持毕业生实现多渠道就业。